Marco Schöller

Methode und Wahrheit in der Islamwissenschaft

Marco Schöller

Methode und Wahrheit
in der Islamwissenschaft

Prolegomena

2000

Harrassowitz Verlag · Wiesbaden

Die Deutsche Bibliothek – C -Einheitsaufnalune
Ein Titeldatensatz für diese Publikation ist bei Der Deutschen Bibliothek
erhältlich

Die Deutsche Bibliothek
A catalogue record for this publication is available from Die Deutsche
Bibliothek

e-mail: cip@dbf.ddb.de

© Otto Harrassowitz, Wiesbaden 2000
Kreuzberger Ring 7c-d, 65205 Wiesbaden, produktsicherheit.verlag@harrassowitz.de
Das Werk einschließlich aller seiner Teile ist urheberrechtlich geschlitzt. Jede
Verwertung außerhalb der engen Grenzen des Urheberrechtsgesetzes ist ohne
Zustimmung des Verlages unzulässig und strafbar. Das gilt insbesondere für
Vervielfältigungen jeder Art, Übersetzungen, Mikroverfilmungen und für die
Einspeicherung in elektronische Systeme.

Printed in Germany
ISBN 978-3-447-04335-9

Desto merkwürdiger ist die Poesie der Araber worden, die eine der Hauptrollen in der Welt gespielt hat ... Welch ein weites Feld der Verschiedenheiten in dieser Dichtkunst gibt auch ein Erdstrich von Samarkand bis nach Marokko, ein Zeitraum lange vor Mohammed bis auf unsre Zeiten, ein Abstand von dem feinsten Hofdichter zur Zeit so vieler Kalifen und Fürsten, die der Poesie huldigten, bis zu einem Beduin der Wüste, der auch seine weisen Sprüche im Munde führet. Über eine Menge solcher Verschiedenheiten ist ein allgemeines Urteil sehr mißlich.

(Johann Gottfried Herder)

Was die Geisteswissenschaften vor allem brauchen, ist keine wissenschaftstheoretische Schönheitsoperation, sondern mehr Mut zu sich selbst.

(Odo Marquard)

Um aber über Lösungsstrategien in einer intersubjektiv argumentierbaren Weise entscheiden zu können, müssen die logische Struktur und der empirische Anspruch solcher Lösungsstrategien bzw. Probleme klar sein. Damit wird die Theoretizität als metatheoretisches Ziel unausweichlich.

(Siegfried J. Schmidt)

Inhalt

Vorwort IX

Einleitung 1

I Rationalität und das Erbe des Historismus 7
   Historismus und Sinnferne 12
   Gleichheit und kulturelle Differenz 24
   Nutzen und Nachteil des interkulturellen Vergleichens 29

II Prolegomena zu einer islamwissenschaftlichen Methodik ... 39
   Diskursanalyse in der Islamwissenschaft und Diskursivität
   im Islam 41
   Exkurs: Diskursanalyse und andere Formen
   der (Re-)konstruktion 70

III Methode und Wahrheit in der Islamwissenschaft 85
   Erklären und Verstehen 86
   Offenheit: Methode und Theorie 95
   Innensicht und Außensicht 102
   Fremdheit und Vertrautheit 109
   Philologie und philologische Methoden 113
   Objektivität und Wahrheit 120

Coda (auch mit Blick auf die interkulturelle Kommunikation) ... 125

Literaturverzeichnis 127

Personenregister 147

Vorwort

Dieses Buch ist eine Erregung. Daß es gerade jetzt geschrieben werden konnte, ist das Ergebnis einer Reihe von Zufällen, wobei die folgenden Seiten zum einen als Reaktion auf einige in letzter Zeit erschienene Aufsätze und Monographien, zum anderen als privates Vademecum kulturwissenschaftlicher Methodik entstanden sind. Das Thema – die Methoden- und Theoriedebatte innerhalb der Islamwissenschaft(en) – beschäftigt mich seit dem Beginn meines Interesses für die islamische Kultur. Meine Lehrer Wolfdietrich Fischer (Erlangen) und John Burton (St. Andrews) haben mir gezeigt, was es heißt, diese Kultur ernstzunehmen und ihr unvoreingenommen zu begegnen.

Mein Dank geht an Thomas Bauer (Münster), Werner Diem (Köln), Sabine Dorpmüller-Wosap (Münster), Monika Gronke (Köln), Stefanie Gsell (Köln), Uwe Lindemann (Bochum), Harald Motzki (Nijmegen), Peter Pink (Köln), Guido Steinberg (Berlin) und Beate Wiesmüller (Köln), die alle eine Fassung des Manuskripts gelesen haben. Ihre vielfältigen Anregungen oder Einwände haben es mir ermöglicht, notwendige Korrekturen vorzunehmen, die Argumentation zu verdeutlichen und Widersprüche zu beseitigen. Bei Mohamed Elkhadiri (Köln), der während der Erstellung des Manuskripts oft zum Opfer meiner Geistesabwesenheit wurde, möchte ich mich ebenfalls bedanken. Lucia konnte sich meiner ungesunden Arbeitsweise *sul sacro suolo della patria* und in Erlangen entziehen.

Dieses Buch widme ich dem Andenken an meine Großtante Maria Schöller (1901–1998).

Köln und Regensburg; im Muḥarram 1421/April 2000

Einleitung

Seit einiger Zeit wird die Islamwissenschaft (Islamkunde, Orientalistik, Orientforschung, Kunde von den Sprachen und Kulturen des Vorderen Orients, &c.)[1] von einer Methodendebatte beherrscht. Dies zeigte sich zuletzt während des Deutschen Orientalistentags in Bonn 1998 und im Zusammenhang mit der noch andauernden Diskussion um die problematische „Aufklärungshypothese" von Reinhard Schulze[2]. Der thematische Rahmen, wie er bereits für den kommenden Deutschen Orientalistentag (Bamberg, im März 2001) abgesteckt ist – „Orientalistik zwischen Philologie und Sozialwissenschaft" –, macht deutlich, daß man eher nicht mit einem baldigen Ende dieser Debatte rechnet, sondern im Gegenteil mit ihrer stetigen Belebung.

Im Zentrum dieser Methodendebatte steht die Frage nach der Theoretizität der islamwissenschaftlichen Forschung und ihrer Methode(n). Daß sich eine solche Debatte entwickelt hat, ist an sich nicht überraschend: „Kein Teilbereich der Literatur- und Kulturwissenschaften hat in den letzten Jahrzehnten einen ähnlichen Boom erlebt wie die Theoriebildung, die die Entwicklung aller Philologien betrifft".[3] Die bekanntermaßen dürftige Eigendynamik der Islamwissenschaft, die angesichts der enormen Weite ihres Gegenstandsbereichs nicht erstaunt, hat diese Debatte nur mit einiger Verzögerung aufkeimen lassen, bewirkt dafür aber seit geraumer Zeit ein umso heftigeres Anzetteln innerfachlicher Grabenkämpfe. Viele der ins Feld geführten Themen, Modelle und theoretischen Ansätze sind allerdings kaum ins Allgemeine gewendet worden und blieben spezifischen Kontexten und Fragestellungen verhaftet.

Alle an der gegenwärtigen Methodendebatte Beteiligten sind sich, mit wenigen (unentschuldbaren) Ausnahmen, darin einig, daß die Erforschung der islamischen Welt bis in die Gegenwart hinein im allgemeinen stark von europäischen Interessen und westlichen Vorurteilen geprägt worden ist[4]. Als Auslöser der islamwissenschaftlichen Methodendiskus-

---

1 „Islamwissenschaft" bzw. „islamwissenschaftlich" dienen im folgenden als bequeme Kürzel, sollen aber nicht bedeuten, daß es eine *besondere* Wissenschaft zur Erforschung der islamischen Kultur gäbe; sie beziehen sich vielmehr auf jede wissenschaftliche Untersuchung, insoweit sie sich, im konkreten Fall, mit Phänomenen der islamischen Kultur beschäftigt.
2 Vgl. Hagen/Seidensticker (1998) (mit ausführlicher Bibliographie).
3 Nünning (1998), v.
4 Über diesen Punkt ist das Wesentliche bereits gesagt worden, siehe Waardenburg (1962); Grunebaum (1966); Said (1978); Kerr (1980); Rodinson (1991); Stauth

sion lassen sich, neben dem allgemeinen Trend zur Theoriebildung, zwei Motivationen angeben: eine wissenschaftstheoretische und eine pragmatisch-politische. Die erste Motivation erklärt sich aus den verschiedenen Positionen hinsichtlich dessen, was eine Wissenschaft, deren Aufgabe die Erforschung einer nichteuropäischen Kultur ist, leisten *kann*; die andere Motivation hängt dagegen mit den Positionen hinsichtlich dessen zusammen, was diese Wissenschaft leisten *soll*, also mit der Sorge um die außerwissenschaftlichen Implikationen und Konsequenzen der erreichten Ergebnisse. Hier fließen die Grenzen zwischen Methoden- und Ideologiekritik leicht ineinander, und beide Anliegen sind nur schwer voneinander zu trennen.

Grundsätzlich, so scheint es, ist die Islamwissenschaft bei der Methodenfrage in zwei Lager geteilt. Diese beiden Lager sind, auch und gerade außerhalb der Islamwissenschaft, inzwischen gut etabliert. Das erste Lager beruft sich auf die spezifisch neuzeitliche Tradition der (kritischen) Rationalität und ihre szientischen Methoden sowie auf die universelle Bedeutung der Vernunft, weshalb ihre Anhänger – vorläufig – „Rationalisten" genannt werden können[5]. Die zweite Gruppe, die sich auf die Tradition der Philologie und Hermeneutik samt deren Methoden sowie auf die universelle Bedeutung der Kultur beruft, möchte ich dagegen als „Kulturalisten" bezeichnen[6]. Im weiten Feld der Geistes- und Kulturwissenschaften hat das Lager der Kulturalisten, vor allem dank der sogenannten Postmoderne, in den letzten Jahren viel an Boden gewonnen[7]. Dies ganz im Unterschied zur Islamwissenschaft, wo das Feld eher von den Rationalisten dominiert ist, deren Einfluß noch zu wachsen scheint.

(1993); Hourani (1994); Nagel (1998a), 223ff.; Rotter (1998). Perspektiven besonderer Art eröffnet die Studie Daniel (1975), der eine weitere Verbreitung zu wünschen ist.

5 Hans P. Duerr schlägt dagegen die Bezeichnung „Szientisten" vor (1985, 11).
6 Was sich hinter diesem Begriff verbirgt, sollte ich, so hoffe ich, im Verlauf dieses Buches deutlich werden. Mein Gebrauch des Begriffs „Kulturalisten" bzw. „Kulturalismus" ist nicht zu verwechseln mit dem des „(Methodischen) Kulturalismus", wie er in Hartmann/Janich (1996a) verwendet wird; er ähnelt vielmehr dem „kulturalistischen Ansatz", wie er – in Gegenüberstellung zu einem „universalistischen Ansatz" – in Rohbeck (2000), 204ff. diskutiert wird.
7 Die kulturalistische Position wird sich allerdings als eine veritable *Kulturwissenschaft* erweisen müssen, nicht als die Analyse westlichen Konsumverhaltens oder als Trendforschung wie etwa Hansen (2000). Bedenkenswerte Vorschläge dazu liefern Grunebaum (1962) und Gombrich (1991); wichtige kulturtheoretische Überlegungen enthält auch Schwemmer (1987). Die unlängst erschienene, sehr umfassende Arbeit von Thomas Göller, *Kulturverstehen. Grundprobleme einer epistemologischen Theorie der Kulturalität und kulturellen Erkenntnis*, Würzburg 2000, wurde mir erst nach Abschluß des Manuskripts bekannt.

Einleitung 3

Die beiden Positionen der Rationalisten und Kulturalisten sollten dabei aber nicht, wie es oft geschieht, auf die plakative Gegenüberstellung von Sozialwissenschaft und Philologie verengt werden[8]; der Kontrast, auch innerhalb des Wissenschaftsbetriebs, ist weitaus grundlegender und weitreichender.

Außerhalb der Islamwissenschaft krankt diese Auseinandersetzung, deren Teilnehmer sich nicht selten zu polemischen Äußerungen verführen lassen, an der mangelnden Anerkennung und oftmaligen Falschzeichnung anderer Positionen; innerhalb der Islamwissenschaft stechen dagegen viele Beiträge durch ihren Mangel an Argumentation und die gebetsmühlenartige Wiederholung der immer gleichen Vorwürfe an die Gegenseite hervor. Daß sich daran nicht wenige nichteuropäische, aus islamischen Ländern stammende Wissenschaftler beteiligen, die sich westliche Denkmuster samt deren Rationalitätskriterien vollkommener zu eigen gemacht haben als viele ihrer europäischen Kollegen, macht die Sache nicht eben einfacher: Sie sind bei ihrer Erforschung und Deutung der islamischen Kultur oft von der Vorstellung geleitet, grundlegende Elemente des Islam in die Sphäre des Rationalismus „heimholen" zu müssen[9], einerseits um dadurch die islamische Kultur als der europäischen ebenbürtig zu kennzeichnen, andererseits um sie als zukunftsträchtig im Sinn westlich-aufklärerischer Kriterien darzustellen[10].

Die Verflechtung der islamwissenschaftlichen Forschung mit politisch sensiblen Fragestellungen und ideologischen Tendenzen darf deshalb bei der Konzeption ihrer Methode(n) und den Schritten einer Theoriebildung nicht ausgeblendet werden. Ich habe mich entschieden, diese Verflechtung mit Blick auf die interkulturelle Kommunikation zu thematisieren. Spätestens seit der Rushdie-Affäre Ende der 80er Jahre und den Auseinandersetzungen um die Verleihung des Friedenspreises des Deutschen Buchhandels an Annemarie Schimmel (1995)[11] ist klar, daß die Islam-

---

8 So etwa in Nagel (1998b). Vgl. auch unten Seite 113f.
9 Vgl. al-Azm (1993); Heller/Mosbahi (1998); Tibi (1992) und (1996). Etwas differenzierter sind die Arbeiten al-Azmeh (1996) und (1998).
10 Besonders prägnant zeigt sich diese Einstellung in den Arbeiten George Makdisis zur Entstehung der abendländischen Scholastik und ihren angeblichen Verbindungen zur vormodernen islamischen Gelehrsamkeit. Leider verfügt Makdisi weder über einschlägige Quellen, um seine These zu stützen, noch wird er sich dem Vorwurf entziehen können, viele Phänomene sowohl des islamischen als auch der abendländischen Kultur völlig anachronistisch und mit mutiger Oberflächlichkeit interpretiert zu haben, siehe z. B. Makdisi (1990). Derselbe Leitgedanke scheint mir, nebenbei gesagt, auch hinter Reinhard Schulzes „Aufklärungshypothese" zu stehen, besonders deutlich etwa in Schulze (1998).
11 Vgl. Ahmed/Hafez (1995) und Wild (1996).

wissenschaft, gewollt oder ungewollt, auch Aufgaben der politischen Meinungsbildung wahrnimmt, die um das Problem der interkulturellen Kommunikation bzw. Verständigung kreisen. So wurde bereits 1973 von der UNESCO gefordert, die Orientalistik sei für den „effektiven Dialog zwischen den Kulturen" zuständig, wobei der Orientalist ein „Fachmann des Austausches" sein müsse [12].

Auf den folgenden Seiten soll daher, kurz gesagt, die Argumentation nachgeholt werden, die in der Islamwissenschaft noch weitgehend aussteht. Das geschieht, wie ich sogleich hinzufüge, von der Position eines Kulturalisten aus, und ein Großteil der zu behandelnden Problematik bezieht sich auf die Erforschung der *nichtgegenwärtigen* islamischen Kultur. Diese kulturelle Vergangenheit, deren Gewicht in den islamischen Ländern der Gegenwart ein ungleich größeres ist als in Europa – welche europäische politische Gruppierung argumentiert schon mit Parolen aus dem 13. Jahrhundert? –, ist deshalb nicht ein fakultatives Element der sogenannten „gegenwartsbezogenen Orientforschung", sondern ohne ihre Einbeziehung „stehen alle Behauptungen über die historischen Voraussetzungen der Gegenwart auf tönernen Füßen"[13].

Außerdem möchte ich betonen, daß trotz aller wissenschaftstheoretisch und philosophisch relevanten Problematik, die auf den folgenden Seiten hier und da eine Rolle spielt, keinesfalls eine Behandlung dieser Fragen im eigentlichen Sinn angestrebt ist. Wenn ich mich in diese Bereiche begebe, so geschieht dies nur, insofern sie einen Bezug zur islamwissenschaftlichen Methoden- und Theoriediskussion aufweisen, also wenn ohne ihre Behandlung grundlegende Vorannahmen und Rahmenbedingungen der kulturwissenschaftlichen Untersuchung nicht ausreichend gefaßt werden können. Allerdings hat sich die Islamwissenschaft nicht wie andere Fächer den Luxus geleistet, und sollte es auch in Zukunft nicht tun, die Beschäftigung mit der Theorie zu einem Selbstzweck zu erheben, „a calling in itself": „Just as there are professors of literature who never engage in the actual interpretation of literary works ... so there are professors of history who have never ... done research in or written about an actual historical event or period"[14]. Die von der konkreten Forschungsarbeit losgelöste Theoriebildung ist zwar ein notwendiges Mittel zum Zweck, aber auch nicht mehr.

Der erste Eindruck also, den dieses Buch ohne Zweifel vermitteln wird, ist der eines Panoptikums älterer und neuerer, mehr oder weniger geläufiger Ansätze, Methoden und Theorien. Der Anthropologe Clifford

---

12 Siehe Harb (1977).
13 Endreß (1997), 31. Vgl. auch Wirth (1977).
14 Himmelfarb (1995), 140f.

Geertz hat eine solche Zusammenstellung einmal, frei zitiert, einen „tropischen Wolkenbruch zufälliger Namen aus der gesamten Szene methodologischer Gewissensprüfung in Kunst und Wissenschaft" genannt[15]. Als einzige Rechtfertigung dafür, in die Rolle eines Regenmachers geschlüpft zu sein, kann ich behaupten, ein solcher Wolkenbruch tue not in der noch relativ theorie- und methodenfernen Islamwissenschaft. Daß ein Wolkenbruch mit großem Getön einhergeht und oft schon nach kurzer Zeit seine Energie entladen hat, ist das eine; daß er den Boden für Tage aufweicht und die dünnen Triebe junger Pflänzchen zum Erstarken bringt, ist, so hoffe ich, das andere.

---

15 Geertz (1993), 133.

I
Rationalität und das Erbe des Historismus

Von islamwissenschaftlicher Seite gibt es nur wenige explizite Beiträge zur Methoden- und Theoriedebatte, obwohl ihre Notwendigkeit allseits anerkannt ist. Einige von ihnen beziehen sich auf die Methodologie bestimmter Themenkomplexe, etwa die Untersuchung und Rekonstruktion der islamischen Ereignisgeschichte[1], oder liefern deskriptive Überblicksdarstellungen der institutionellen Vielfalt des Faches[2], andere begnügen sich im wesentlichen mit der Konstatierung einer „Krise" der herkömmlichen Orientalistik[3]. Weil das Problem aber weit über die Grenzen des Faches hinausreicht und zudem die pragmatisch-politische Verstrickung der Islamwissenschaft thematisiert werden soll, muß die Analyse der unterschiedlichen Positionen anderswo ihren Ausgang nehmen.

Hervorragend geeignet zu diesem Zweck scheinen mir die Arbeiten des Historikers und (dezidierten) Rationalisten Jörn Rüsen, wie sie besonders in dem Sammelband *Die Vielfalt der Kulturen* vorliegen. Rüsen hat sein Bekenntnis zu den „Standards kritischer Rationalität" und dem „Universalismus normativer Gesichtspunkte" wiederholt programmatisch formuliert[4]. Jüngst legte er im Zusammenhang mit der Untersuchung des „Geschichtsbewußtseins im interkulturellen Vergleich" zwei Beiträge vor, die einerseits die pragmatisch-politischen, andererseits die wissenschaftstheoretischen Motivationen der rationalistischen Position dar- und offenlegen[5]. Hauptgegenstand seiner Überlegungen sind die Überwindung des Ethnozentrismus, die Förderung der interkulturellen Kommunikation und die Bildung der dazu erforderlichen Theorie.

Nicht ohne Grund beschäftigt sich Rüsen vor aller theoretischen Ausarbeitung seines Standpunkts mit den pragmatisch-politischen Motivationen der Geschichtsforschung und -darstellung sowie deren Rolle im interkulturellen Diskurs. Er schreibt: „Interkulturelle Kommunikation ist das Gebot der Stunde im Bereich der Geschichtskultur. Das hat praktische Gründe"[6]. Diese praktischen Gründe seien, unter anderem, „kultu-

---

1 Frye (1974); Koren/Nevo (1991); Humphreys (1991); Endreß (1997).
2 Wirth (1977) und Roemer (1988).
3 Rodinson (1983) und Rosenthal (1983b).
4 Zum Beispiel in Rüsen (1975b), (1983), (1988) und (1990).
5 Rüsen (1998a) und (1998b).
6 Rüsen (1998a), 12. Vgl. auch Rüsen (1983), 29f.

relle Orientierungsprobleme der Lebenspraxis" im Zeichen der Globalisierung und die Genese multikultureller Gesellschaften, deren zukünftige friedvolle Entwicklung nur durch wechselseitige Anerkennung und eben nicht durch die „ethnozentrische Logik der Identitätsbildung" bzw. die „ethnozentrische Affirmation identitätsbildender Selbsteinschätzung und spiegelbildliche Abwertung der Anderen"[7] gewährleistet sei.

Diese eminent politische Bedeutung der Geschichtsphilosophie und Geschichtskultur (wie überhaupt aller kulturellen Bereiche) liegt der rationalistischen Position seit jeher inne, die zwischen der vernunftgeleiteten Aufarbeitung der Geschichte und ihrer außerwissenschaftlichen (zum Beispiel gesellschaftlichen) Relevanz, aufgrund des universalistischen Anspruchs der eingeforderten Rationalität[8], nicht trennen kann und will[9]. Daraus läßt sich folgerichtig nicht nur der „moralische" oder vielmehr ideologische Charakter von Geschichte und Geschichtsdeutung ablesen, sondern ebensosehr ihre Bedeutung für die jeweilige Formation der Moral oder, wie Rüsen sagt, „die Orientierung der Lebenspraxis"[10]. Dies als Resultat der Aufklärung, durch die eine vermeintlich voraussetzungslose Vernunft zur Richterin über menschliche Wertvorstellungen eingesetzt wurde, die sich naturgemäß nur auf innerweltliche Gegebenheiten beziehen konnte, ein Vorgang, den Jürgen Habermas prägnant als das „Eintreten der Vernunft in die sozialintegrative Rolle der Religion" bezeichnet hat[11]. Die reichste und vielfältigste solcher Gegebenheiten war und ist die Geschichte, deren dominante Stellung, wiederum folgerichtig, zur neuzeitlichen Geschichtsphilosophie[12] und

---

7 Rüsen (1998a), 24f.
8 Der doppeldeutige Rationalitätsbegriff – die Einnahme eines vernunftzentrierten, letztlich transzendentalen Standpunkts einerseits, Zweck- oder Handlungsrationalität als die bestmögliche Erreichung von Zielen durch die Wahl richtiger, „vernünftiger" Mittel andererseits – kann hier nicht geklärt werden, vgl. aber Putnam (1981), 103ff. und 174ff.; Frank (1987); Luhmann (1991); Hartmann (1996), 94ff.; Zitterbarth (1996), 273ff.; Rohbeck (2000), 119ff.
9 So schrieb bereits Johann Gottfried Herder: „Ist indessen ein Gott in der Natur: so ist er auch in der Geschichte" (Herder 1953, 230), und Friedrich Schiller konnte behaupten: „Fruchtbar und weit umfassend ist das Gebiet der Geschichte; in ihrem Kreise liegt die ganze moralische Welt" (Schiller 1789, 73).
10 Vgl. Faber (1975), 10 und Rusch (1987), 446f.; Jaeger (1998), 730ff., handelt dementsprechend von der „lebensweltliche[n] Konstitution der Geschichte" und der „Orientierungsfunktion des historischen Wissens".
11 Habermas (1991), 433. Vgl. auch Rüsen (1994).
12 Zu unterschiedlichen Interpretationen von Rolle und Funktion der Geschichtsphilosophie in der europäischen Geistesgeschichte, siehe Marquard (1982a) und Rohbeck (2000).

zum Historismus führte: „Wohin unser Verstand im weiten Felde der Geschichte schweift, suchet er nur sich und findet sich selbst wieder"[13]. In jüngster Zeit beruft man sich von rationalistischer Seite allerdings weniger auf die Geschichte, sondern, so auch Rüsen, auf die Kultur im allgemeinen; Rüsen ist dabei zuzustimmen, wenn er das Jahr 1989 als den Zeitpunkt der Umorientierung bestimmt, die dem Faktor „Kultur" eine „neue und höhere politische Bedeutung" verliehen habe: „Der Kalte Krieg der politischen Systeme wird durch den Kalten Krieg der Kulturen ersetzt"[14]. Zudem entspricht dieser Begriffswechsel der „kulturalistischen Wende" in der Sozialwissenschaft, wo man vielfach dazu übergegangen ist, den Gesellschaftsbegriff durch den Kulturbegriff abzulösen[15]. Da „Kultur" aber als nichts anderes als eine bestimmte Konfiguration gesellschaftlich verwurzelter und weltbildprägender (eigen)geschichtlicher Deutungen und handlungsleitender Überzeugungengesehen wird[16], dürfen wir uns durch die modische Ersetzung des Begriffs „Geschichte" (oder, je nach fachlicher Ausrichtung, „Gesellschaft") durch „Kultur" im Diskurs der Rationalisten nicht täuschen lassen; es ist ein Etikettenschwindel. Die Ausführungen Gustav Droysens zum Begriff der „Kulturgeschichte", den er im Prinzip und aus Gründen, denen sich die Rationalisten bis heute verpflichtet fühlen, ablehnt[17], zeigen, daß Droysen dort konsequent geblieben ist, wo man heute einen ungeliebten Begriff erst rehabilitiert und schließlich adaptiert hat.

Die von den Rationalisten reklamierte moralische (oder vielmehr politisch-ideologische) Signifikanz der Geschichte, nun „Kultur" genannt, ist gar nicht verschieden von der Bürde, welche der Geschichte (besonders in Form der Universalhistorie) von Schiller oder den späteren Vertretern des Historismus aufgeladen worden war[18], einer Bürde, die, wie Alain

---

13 Herder (1953), 250.
14 Rüsen (1998a), 14, mit dem Verweis auf Samuel Huntingtons Kampfschrift *The Clash of Civilizations* (deutsch als *Der Kampf der Kulturen*, München-Wien 1996). Zu diesem Pamphlet vgl. Simson (1997).
15 Vgl. Jung (1999), 168. Im „Methodischen Kulturalismus" wird dagegen der Wissenschaftsbegriff durch den Kulturbegriff ersetzt, auch dies eine „kulturalistische Wende"; siehe Hartmann/Janich (1996b), 58.
16 Vgl. Nünning (1998), 290-2 und Marzolph (1998), 298f. Der Begriff „Kultur" hat für jede Kulturwissenschaft axiomatischen Charakter, kann aber an dieser Stelle nicht weiter expliziert werden (dazu vgl. Geertz 1973, 4f. und Heinrichs 1990b, 18). Für die Islamwissenschaft, die sich *per definitionem* mit einer *bestimmten* Kultur beschäftigt, ist besonders die Frage nach der Reichweite dieser Kultur relevant. Vgl. auch Kohl (1993), 130ff. und (neuerdings) Kuper (1999).
17 Droysen (1972), 27-30 und 70ff.
18 Vgl. Marquard (1982a).

Finkielkraut zurecht feststellt, von den Schultern der Religion genommen und nicht nur auf die Geschichte, sondern auch auf die Literatur (in Form der Weltliteratur) übertragen wurde[19]. Rüsen selbst bekräftigte schon vor einigen Jahren die Bedeutung der Universalgeschichte für die aktuelle Situation, in der „ganz unterschiedliche kulturelle Deutungssysteme aufeinanderstoßen":

> „Die Aufgabe, die der Geschichtsschreibung hier zukommt, läßt sich folgendermaßen beschreiben: Sie muß einen Interpretationsrahmen ausarbeiten, der Weltgeschichte als einen Entwicklungsprozeß hin zu dieser einen Weltgesellschaft begreifen läßt, und sie muß diesen Interpretationsrahmen so konzipieren, daß die in ihm entworfene Geschichte der Menschheit von den einzelnen Teilsystemen als ihre eigene anerkannt wird"[20].

Dies entspricht in bemerkenswerter Weise den Forderungen, wie sie im Namen der UNESCO schon im Jahr 1973 an die Orientalistik gerichtet wurden, und zwar daß „die Zeit gekommen ist, die verschiedenen Kulturen der Menschheit, einschließlich der abendländischen, in eine neue Betrachtungsweise einzubeziehen, die die Merkmale jeder Kultur bewahren soll, um gemeinsam ihre Zukunft bauen zu können". Bezogen auf die Orientalistik bedeute dies konkret, daß sie „einen neuen Inhalt bekommen" solle[21].

Mit seinen Ausführungen zur Weltgeschichte will Rüsen, so scheint mir, den Begriff der Weltgeschichte retten und ihn dabei zugleich von der eurozentrischen Teleologie Hegels fernhalten, dem wir den einprägsamen Satz verdanken: „Die Weltgeschichte geht von Osten nach Westen, denn Europa ist schlechthin das Ende der Weltgeschichte, Asien der Anfang"[22]. Was für eine Art Teleologie involiert aber Rüsens Behauptung, die Weltgeschichte sei der „Entwicklungsprozeß hin zu dieser einen Weltgesellschaft"? Wenn dies nicht als ein *zielgerichteter* und überdies *fortschrittlicher* Verlauf – also ganz im Sinn Hegels[23] oder Droysens[24] – gemeint ist, was ich nicht annehme, sollte es dann einfach als Beschreibung dessen verstanden werden, was sich konkret ereignete und zur heutigen Weltgesellschaft führte?[25] Dann aber spielt die islami-

---

19 Finkielkraut (1987), 136ff.; vgl. auch Weisstein (1968), 12ff.
20 Rüsen (1983), 37.
21 Referiert in Harb (1977), 450.
22 Hegel (1986), 134.
23 „Die Weltgeschichte stellt nun den *Stufengang* der Entwicklung des Prinzips, dessen *Gehalt* das Bewußtsein der Freiheit ist, dar" (Hegel 1986, 77).
24 Vgl. Droysen (1972), besonders 24ff.
25 Ebenfalls teleologisch ausgerichtet erscheint mir das Vorhaben der sogenannten Modernisierungstheorie, die, im Verbund mit einer „transkulturellen Psycho-

sche Kultur so gut wie keine Rolle in dieser Weltgeschichte, denn sie trug nichts zur heutigen Globalisierung bei, sondern wurde von ihr überrollt und in ihren Grundfesten so sehr erschüttert, daß ihre kulturelle Identität dabei größten Schaden genommen hat[26]. Wer die Weltgeschichte als Entwicklungsprozeß zur Weltgesellschaft begreift, für den *muß* die Weltgeschichte die Geschichte des Abendlandes sein, denn die Globalisierung *ist* vom Westen verursacht und geprägt. Es ist deshalb mehr als fragwürdig, an einem entwicklungsorientierten Konzept der Universalgeschichte festzuhalten[27] und andere Kulturen gewissermaßen einzuladen, sich diesem in aller Freundschaft anzuschließen, ja dieses sogar als ihr eigenes anzuerkennen.

Das Konzept der Weltgeschichte ist aber nicht nur von aufklärerischen Idealen („Idee der Menschheit"[28]) durchdrungen, sondern auch von der Tradition des Historismus. Daß sich die Anhänger der kritischen Rationalität, trotz unterschiedlicher Begrifflichkeit, durchaus in die Nachfolge des Historismus stellen, macht Rüsen klar, wenn er schreibt:

„Ich verstehe unter Historismus ein Konzept des historischen Denkens, das sich in den Kulturwissenschaften institutionalisiert hat und das die *Einheit der Menschheit durch die Vielheit der Kulturen* definiert. Ranke hat dieser Vorstellung einen bemerkenswerten Ausdruck verliehen, indem er sagte:»[...] in der Herbeiziehung der verschiedenen Nationen und Individuen zur Idee der Menschheit und der Kultur ist der Fortschritt ein unbedingter«. Diese Vorstellung entstand schon in der späten Aufklärung, und sie gewann ihre ausgearbeitete Form im 19. Jahrhundert. In heutiger Sicht ist diese Form zu eng, und sie war auch eurozentrisch, doch die zugrundeliegende Idee ist gültig. Sie ist es wert, erneuert und weiterentwickelt zu werden"[29].

In dieser Passage finden sich wichtige Schlagworte versammelt, durch die sich die Position der Rationalisten charakterisieren läßt, etwa „Historismus", „Einheit der Menschheit" und „Fortschritt". Zudem zeigt der Passus die Schwierigkeiten auf, welche sich den Rationalisten bei ihrem Versuch ergeben, die Universalität ihres vernunftgeleiteten Anspruchs

---

logie", eine evolutionäre „Stadientheorie" beinhaltet: „Alle Menschen durchlaufen dasselbe Schema; aber Menschen in einfachen Kulturen stoppen auf dem universalen Entwicklungspfad früher ab als Menschen in komplexen Kulturen" (Oesterdickhoff 1997, 125). Vgl. auch Rohbeck (2000), 64ff.

26 Wie eine weltgeschichtliche Untersuchung und Einbindung der islamischen Kultur *unter dieser Voraussetzung* möglich ist, war das Anliegen von Marshall Hodgson, siehe Hodgson (1974) und (1993).
27 Zum Konzept der Universalgeschichte vgl. neuerdings Rohbeck (2000), Kap. 1 und 4.
28 Vgl. Rüsen (1983), 41ff.
29 Rüsen (1998a), 35f.

angesichts seiner erwiesenen Partikularität – die bei Rüsen ja durch die Eigenschaft „eurozentrisch" anerkannt ist – zu bewahren, aber: „die zugrundeliegende Idee ist gültig". Daraus wird leicht ersichtlich, daß die Problematik der Position Rüsens in der Verteidigung einer universellen Perspektive bei gleichzeitiger Anerkennung anderer (und letztlich aller) Perspektiven liegt[30]. Beides zusammen aber ist offenbar unmöglich. ·

Historismus und Sinnferne

Das Konzept des Historismus, nach Rüsen die „Historisierung" kultureller Elemente bei gleichzeitiger Beibehaltung einer übergreifenden Perspektive[1], schließt zwei meist unausgesprochene (also unreflektiert gesetzte) Vorbedingungen ein, nämlich das szientifische Ideal der Objektivität sowie das Vorhandensein von Distanz bzw. ihre künstliche Schaffung. Von der ersten Bedingung – nämlich der Objektivität des Historikers[2] – gilt aber, wie Hans-Georg Gadamer und andere ausführlich nachgewiesen haben, daß sie praktisch unmöglich ist und daher auch als theoretische Forderung unsinnig[3]. Die in den letzten Jahrzehnten unternommenen Versuche, das Objektivitätsideal auch in den Bereich einer an sich hermeneutisch orientierten Theorie der Interpretation hinüberzuretten, wie es etwa Emilio Betti anstrebte[4], können aufgrund ihrer

---

30 Vgl. ebd. 28: „Im Idealfall führt diese Anerkennung [unterschiedlicher Perspektiven] ... zur Ausarbeitung einer übergreifenden Perspektive, die von allen akzeptiert wird, deren unterschiedliche Identitäten im Spiele sind". Dies erinnert an das Konzept der modernen „Weltgesellschaft" bei Niklas Luhmann, der allerdings das Dilemma erkannt hat: „Es muß also eine Erkenntnistheorie gefunden werden, die es erlaubt, [den] Beobachter ... *in der Welt* zu lokalisieren, obwohl alle Beobachter, er eingeschlossen, *verschiedene* Weltentwürfe erzeugen. Es kann deshalb keine pluralistische Ethik geben, oder wenn, dann nur als Paradox einer Forderung, die zu sich selbst keine Alternativen zuläßt" (Luhmann 1997, 155). Vgl. Gellner (1977), 31 und Rohbeck (2000), 207ff. Bereits 1961 hat Paul Ricœur in seinem Aufsatz „Civilisation universelle et cultures nationales" den Konflikt zwischen Weltkultur und Nationalismen analysiert (Ricœur 1966, 286-300).
1 Rüsen (1998a), 33. Vgl. zum Historismus im allgemeinen Hardtwig (1990); Hamilton (1996); Tessitore (1998).
2 Vgl. Faber (1975); Acham (1983), 120ff.; Bunzl (1997), Kap. 1; Jaeger (1998), 735ff.
3 Gadamer (1990), 352-66, zum Teil im Anschluß an Husserl (1982), Kap. I, und Bultmann (1950), 230. Vgl. auch Marrou (1962), 226ff.; Ricœur (1966), 23ff.; Rusch (1987), 440.
4 Betti (1990a) und (1990b).

offensichtlichen Unzulänglichkeiten in fast jeder Hinsicht als gescheitert angesehen werden[5].

Die zweite Bedingung hingegen – die bei jeder Historisierung entstehende Distanz – zieht die Konsequenz nach sich, daß die inhaltlichen (oder auch nur formalen) Elemente kultureller Objekte von ihrem sinnstiftenden Potential getrennt werden, das den Rezipienten unmittelbar affiziert oder von dem er, aufgrund der Überlieferung oder Wirkungsgeschichte, bereits eine gewisse Vorstellung hat. Dies setzt nicht nur erneut das uneinlösbare Ideal der Objektivität voraus, sondern auch, wie die Geschichte des Historismus schon während des 19. Jahrhunderts belegt, daß das unmittelbar sinnstiftende Potential alles Geschichtlichen weitgehend verlorengegangen war und ist[6]. Nicht zufällig ist deshalb der Historismus (bis in unsere Tage) die Epoche des Museums und der scheinbar objektiven, in Wirklichkeit aber nur „zum wertfreien Objekt machenden" Geschichts- und Überlieferungsdeutung[7]. „Wertfrei" bedeutet hier aber nicht etwa „wertungsfrei", einer einflußreichen Grundannahme Max Webers zufolge[8], sondern tatsächlich kaum etwas anderes als „wertlos", weshalb die sinnstiftende Kraft der Geschichte unter der Vorgabe des Historismus nur als irrationaler, anti-aufklärerischer Mythos oder als Ideologie zum Vorschein kommen kann; Theodor Adorno spricht vom „latenten Subjektivismus", dem Residuum des Irrationalen, in einer Wissenschaft, „die auf ihre szientifische Vorurteilslosigkeit besonders viel zugute sich tut"[9]. Neuzeitliche Mythen verleugnen dabei bewußt die Ansprüche des Historismus, ja sie machen diese Verleugnung zu einem Charakteristikum ihrer selbst; eine Ideologie hingegen basiert, nach Ansicht ihrer Vertreter, auf wissenschaftlichen Grundlagen und rationalistischen Kriterien[10].

Mythologie ist freilich nicht eine noch nicht überwundene Stufe auf dem Weg zur vollkommenen Entfaltung des Logos (bzw. der „Entzauberung der Welt"[11]), die durch das Fortschreiten des historischen Den-

---

5 Vgl. Bianco (1991), Kap. 2 und Bianco (1998), Kap. 10.
6 Eine Parallele zur Genieästhetik: „Der ästhetische Mythos der freischaffenden Phantasie, die das Erlebnis in die Dichtung verwandelt, und der Kult des Genies, der ihm zugehört, bezeugt nur, daß im 19. Jahrhundert das mythisch-geschichtliche Traditionsgut kein selbstverständlicher Besitz mehr ist" (Gadamer 1990, 138).
7 Vgl. Rothe (1988) und Lübbe (1996).
8 Vgl. Weber (1917).
9 Adorno (1962), 140. Vgl. auch Acham (1983), 255ff.
10 Vgl. Nünning (1998), 227f. und Boudon (1988), besonders Kap. 8.
11 Weber (1913), 433.

kens, auch in seiner gegenwärtigen Form einer kritischen Rationalität, zunehmend beseitigt werden könnte, sondern untrennbar mit dem rationalistischen Projekt selbst verbunden: die affirmativen Kriterien einer wie auch immer eingeschränkten, sogenannten kritischen Rationalität tragen die Affirmation ihres Gegenteils *wesenhaft* in sich[12]. Die Rede von einer „autonomen Vernunft" oder vom „selbständigen Verstandesgebrauch"[13], die in dieser Form auf Hegel zurückgeht – „Die Vernunft ist das ganz frei sich selbst bestimmende Denken"[14] –, ist ein Widerspruch in sich und ignoriert nicht nur die irrationale Seite der Vernunft, sondern auch die allem Vernunftgebrauch vorgängige Existenz des Menschen in einer vor-ausgelegten Welt. In der von Bassam Tibi postulierten „Islamologie" hat die Vorstellung von der „eigenständigen Vernunft" ebenfalls Einzug gehalten, allerdings als unreflektierte Übernahme eines ideologisch aufgeladenen Konzepts[15].

Weil die Sinngebung ein elementarer Bestandteil der menschlichen Welt- und Selbstwahrnehmung ist (ohne die das menschliche Dasein gar nicht zu denken wäre), drängt das positivistische Rationalitätskonzept der Moderne diesen Sinngebungsprozeß in die Bereiche des Irrationalen bzw. des Mythos ab, die es ja gerade zu überwinden sucht[16]. So gesehen hat diese Form rationalistischen Denkens eine so nie zuvor bestehende Mythologisierung überhaupt erst hervorgebracht und, als ihre untrennbare Kehrseite, dauerhaft verankert; dies gilt in besonderem Maß auch für die westliche Geschichtsphilosophie: „Geschichtsphilosophie: das ist der Mythos der Aufklärung"[17]. Zugleich wurde damit der Sinngebungsprozeß erstmals völlig und *unkontrolliert* in den Bereich des Mythos und der Ideologie verwiesen, was ihre ungeheure Anziehungskraft im 19. und 20. Jahrhundert erklärt[18].

---

12 Vgl. Marquard (1979); Horkheimer/Adorno (1988); Blumenberg (1990); Habermas (1991), Kap. 5.
13 Rüsen (1983), 39 und 41.
14 Hegel (1986), 25.
15 Siehe zum Beispiel Tibi (1996), der für sich „die Rationalität der kulturellen Moderne" reklamiert (ebd. 12). Er schreibt über das politische Denken im Islam, es sei „zugleich schriftgläubig und interpretativ, also nicht eigenständig" (ebd. 101). Was aber mag „eigenständig" als Gegensatz zu „interpretativ" hier bedeuten?!
16 Vgl. Habermas (1963), besonders S. 172f.
17 Marquard (1982a), 14.
18 Vgl. Bacher (1985). Dies trifft umso mehr zu, als sich nichtwestliche Ideologien westlichen (wissenschaftlichen) Kriterien unterwerfen, um auf diese Weise die Anerkennung zu erhalten, unwiderlegbar zu sein. Ein gutes Beispiel dafür wären die rezenten Versuche, islamische Inhalte wissenschaftlich zu begründen oder zu

Diese Problematik läßt sich, in einem Satz, bestimmen als die ungewollte, aber zwangsläufige Mythisierung der in einem nach Objektivität strebenden Ansatz ausgeblendeten Elemente, was zugleich eine Ideologiekritik hervorruft, die ihrerseits genau auf diese Elemente zielt, die jedoch auf der Grundlage dieses Ansatzes weder begründbar noch vor ihrem Hintergrund eigentlich verständlich ist[19]. Das heißt, in diesem Ansatz wird auch die Ideologiekritik selbst nichts anderes sein als eine weitere Ideologie, die aber gerade deshalb ihre kritische Aufgabe nicht wahrnehmen kann. Dieser Gefahr unterliegen, auch in der Islamwissenschaft, vor allem sozialwissenschaftliche Theorien, wenn sie ohne Einbindung in einen weiteren, kulturwissenschaftlichen Rahmen angewendet werden, weil sie, weit davon entfernt dem ideologischen Denken Einhalt zu gebieten, dieses geradezu unkontrolliert verstärken[20].

Für das Verstehen einer anderen Kultur ist die Schaffung der spezifischen, nicht nur heuristischen Distanz, wie sie durch den Historismus verursacht wird, *der allergrößte Nachteil*. Zwar scheint es, als sei Distanz im Sinn allgemein gültiger Objektivitätskriterien geradezu der einzige Weg zu einem „vorurteilsfreien" Verständnis einer Sache, doch das Gegenteil ist der Fall. Zum einen, weil es ein vorurteilsfreies Verstehen einer Sache nicht gibt und das Absehen des Forschers vom eigenen Standpunkt schlechterdings unmöglich ist[21]; zum anderen, weil diese Distanz die Offenheit einschränkt, die zum eigentlichen Verstehen einer Sache notwendig ist. Wie die Beschreibung, so erfordert auch das Verstehen, neben der Distanz, Nähe; die Bedeutung eines Gegenstands (oder eines Phänomens) ist nur erfaßbar, wenn wir uns in seiner Nähe aufhalten, denn nur dann können wir von einer Sache affiziert werden. Dabei ist es unwichtig, ob diese von uns als positiv oder negativ wahrgenommen bzw. erfahren wird, denn es kommt zunächst darauf an, *sich überhaupt auf etwas einzulassen*. Nichts anderes meint die „Horizontverschmelzung" Gadamers, der darauf verweist, daß sich der eigene Weltkreis (der „Horizont") in eine dialektische Beziehung zum Untersuchungsgegenstand fügen und dessen Wirkungsgeschichte, also dessen Wirkungsmächtigkeit berücksichtigen muß[22].

---

rechtfertigen; dies gilt auch für den Fundamentalismus, der sowohl ein Produkt der *Moderne* als auch die Antithese zum *Modernismus* ist; siehe die Beiträge in Meyer (1989); Rotter (1996) und (1998); Büttner (1998).
19 Vgl. Albert (1964), 196 (Albert selbst ist im übrigen nicht dieser Auffassung).
20 Vgl. Acham (1983), 309ff. und Trigg (1985), 118ff.
21 Gadamer spricht in diesem Zusammenhang von der „Anerkennung der wesenhaften Vorurteilshaftigkeit alles Verstehens" (1990, 274).
22 Vgl. Gadamer (1990), 312.

Nun soll hier nicht Theorien der Einfühlung, Empathie oder sympathetischen Teilnahme das Wort geredet werden[23], aber die bisherige Geschichte der Islamwissenschaft zeigt doch, daß die historisierende Distanz und die westliche „Sinnferne" beträchtliche Verzerrungen bewirkt haben, ausgelöst auch durch eine mangelnde Offenheit gegenüber dem Forschungsgegenstand. So hat einerseits der Trieb zur Objektivierung dazu geführt, daß im Bereich der islamischen Kultur Kategorien zur Anwendung kamen, die scheinbar objektiv, tatsächlich aber nichts als Abstraktionen westlicher Denkmuster waren. Andererseits wurde die islamische Kultur auf die Maße des westlichen Horizonts *reduziert*, wodurch die Möglichkeit, an ihr den eigenen Horizont bemessen, revidieren oder erweitern zu können, preisgegeben wurde[24]. Im Gegenteil war die „Sinnferne" westlicher Forscher offenbar so groß, daß man nicht ernsthaft daran dachte, von der Bedeutung eines Gegenstands unmittelbar „betroffen" zu sein oder diesen *produktiv* auf den eigenen Verständnishorizont zu beziehen.

Ähnliches wurde im Bereich der Islamwissenschaft bereits gefordert, namentlich von Tilman Nagel, der im Vorwort seiner *Geschichte der islamischen Theologie* schreibt, er habe versucht „zu skizzieren, warum uns die Gedankenwelt der muslimischen Theologen etwas angeht, ja daß deren Erkenntnisse, aber auch Irrwege, ein nicht aussonderbarer Teil unserer eigenen Geschichte sind"[25]. Allein der Bezug auf die Theologie und der Begriff „Irrwege" zeigen jedoch, daß Nagel mit seiner Aussage nicht dasselbe meint wie die Rede von der Sinn-Nähe vor einem hermeneutischen Hintergrund. Dies wird besonders am Ende seines Buches deutlich, wo Nagel die zukünftige Aufgabe der Islamwissenschaft wie folgt definiert: „Die Aufgabe, die vor uns liegt und erst vereinzelt angepackt wurde, ist nichts Geringeres, als eine Geschichte *der rationalen Ausdeutung* der Offenbarungsreligion zu schreiben"[26].

Für den Philologen, und erst recht für jeden Kulturwissenschaftler, aber gilt: „Wer einen Text verstehen will, ist vielmehr bereit, sich von ihm etwas sagen zu lassen"[27]. Das ist der Hauptsatz eines kulturwissenschaftlichen Ansatzes, wobei „Text" ggf. durch „kulturelles Phänomen"

---

23 Vgl. Bultmann (1950), 214ff. und Marrou (1962), 101 und 241.
24 Dieses Phänomen ist kaum zu unterscheiden von der Tatsache, daß der Horizont der islamischen Kultur oft *verfremdet* wurde, um so den eigenen Horizont überhaupt erst formen und *bestimmen* zu können, was gemeinhin als das Kennzeichen des „Orientalismus" gilt.
25 Nagel (1994), 11f.
26 Ebd. 265 (Hervorhebung von mir).
27 Gadamer (1990), 273.

oder „Symbol" (bzw. Symbolsystem) ersetzt werden kann. Dieser Hauptsatz ist bewußt zweideutig formuliert, denn er soll nicht nur ausdrücken, daß man beim Verstehensprozeß (d. h. der Interpretation) die spezifische Gegebenheitsweise des je zu Verstehenden nicht völlig außer acht lassen darf, wie es in einigen zeitgenössischen literaturwissenschaftlichen Ansätzen der Fall ist, sondern auch, daß man jede Interpretation als Chance versteht, an ihr den eigenen Horizont verändern oder erweitern zu können, eben „indem man sich etwas sagen läßt" und dabei, möglicherweise, aber nicht zwingend, etwas dazulernt.

Diese Offenheit gegenüber dem zu Verstehenden, die durchaus mehr ist als das vielbeschworene hermeneutische *principle of charity* bzw. Gadamers „Vorgriff der Vollkommenheit"[28] und diese vielmehr einschließt, bedeutet aber ausdrücklich nicht, daß man von dem Wahrheitsanspruch des zu Verstehenden überzeugt wird oder ist, noch daß man selbst den eigenen Horizont unter allen Umständen und Bedingungen an diesem zu Verstehenden ausrichtet. Es bedeutet lediglich, daß man sich vom zu Verstehenden anleiten läßt, zu verstehen, was es daran zu verstehen gibt.

Zugleich sollte auf diese Weise der methodische Grundsatz gesichert sein, daß die Erforschung einer Kultur *nicht mit Fragestellungen an das zu Verstehende zu beginnen hat* (unabhängig davon, auf welcher Theorie diese Fragestellungen beruhen), ganz im Gegensatz also zu einer weitverbreiteten Ansicht wie sie etwa, um nur ihn zu zitieren, von Aaron Gurjewitsch beschrieben worden ist: „Die Historiker stellen den Menschen der Vergangenheit bzw. den aus einer zu untersuchenden Epoche überlieferten Quellen genau jene Fragen, mit der sich die Gegenwart beschäftigt. ... Auf kluge und präzise Fragen, die Menschen einer vergangenen Epoche gestellt werden, erhalten die Historiker Antworten"[29]. Vielmehr muß die kulturwissenschaftliche Tätigkeit mit der Herausarbeitung der Fragestellungen beginnen, auf die das zu Verstehende eine Antwort gibt und durch deren Charakter es bestimmt ist[30]. Unter dieses

---

28 Ebd. 298-300 und Pasternack (1992), besonders 158-60.
29 Gurjewitsch (1993), 83. Der französische Orientalist Louis Gardet sprach deshalb von der „capacité de questionnement" und definierte die Geisteswissenschaften als „sciences d'interrogation" (Gardet 1977, 16f.).
30 Vgl. Gadamer (1991), 101ff. und (1993), 52: „Daher gibt es kein Verstehen irgendeiner Aussage, das nicht aus dem Verständnis der Frage, auf die sie antwortet, ihren alleinigen Maßstab gewinnt". Bereits Rudolf Bultmann formulierte den Grundsatz: „Echtes Verstehen wäre also *das Hören auf die im zu interpretierenden Werk gestellte Frage, auf den im Werk begegnenden Anspruch*" (1950, 226).

Replikmodell des Verstehens fallen im übrigen sowohl diejenigen Fragestellungen, die im Lauf der Zeit obsolet wurden, aber nichtsdestoweniger weiterhin beantwortet wurden[31], als auch Fragestellungen (und Antworten), die an der Oberfläche nicht sichtbar oder intendiert sind. Auf diese Weise sichert das Prinzip der Offenheit bei der Interpretation von Texten – unserer hauptsächlichen Quelle kultureller Phänomene einer vergangenen Kultur – zugleich einen Mittelweg zwischen der zurecht kritisierten Beschränkung auf „die Intention des Autors" (wie etwa in den Ansätzen Friedrich Schleiermachers und Wilhelm Diltheys) und der entgegengesetzten Methode einer völligen und bewußten Mißachtung inhaltlicher Komponenten, die so etwas wie eine Intention erkennen oder auf diese schließen lassen[32].

Beispiele für die Nichtbeachtung dieser methodischen und hermeneutischen Binsenweisheiten sind in der Islamwissenschaft Legion. Man suchte und fand in der islamischen Kultur in vielen Fällen nur das, wofür westliche Kriterien und Fragestellungen vorhanden waren: Der eigene Horizont diente als Folie für die Interpretation des zu Verstehenden, nicht *vice versa*; Fragestellungen waren vorformuliert, kulturelle Phänomene wurden nur mittels vertrauter Denkmuster wahrgenommen. Man suchte und fand aber auch oft nur, was man finden *wollte*, wenn also Islamwissenschaft, in den Worten Georg Stauths, als „kulturelle Selbstaffirmation in verinnerlichter Gelehrsamkeit"[33] betrieben wird. Im folgenden dafür einige Beispiele, die sich leicht vermehren ließen:

(1) Der intensiven westlichen Erforschung der islamischen Theologie (*kalām*) und der hellenistisch-islamischen Philosophie steht das mangelnde Interesse für die islamische Prophetologie[34] und, bis vor kurzem, das islamische Recht (*fiqh*) gegenüber, beides Felder, die im Zentrum des islamischen Weltverständnisses stehen[35]. Ein ähnliches Ungleichgewicht kann hinsichtlich der Naturwissenschaften (einschließlich der Medizin) im Islam konstatiert werden, deren rege Erforschung vornehmlich von westlichem Erkenntnisinteresse geleitet ist, wobei jedoch zum Teil irreführende Annahmen über Art und Rolle der naturwissenschaftlichen Beschäftigung im Islam zugrundegelegt werden[36].

31 Vgl. Marquard (1981a), 118.
32 Vgl. Schmidt (1992b), 160f. und unten Seite 62ff.
33 Stauth (1993), 64.
34 „Prophetologie" bezieht sich hier nicht auf die (im Islam anerkannten) alt- oder neutestamentlichen Propheten, sondern allein auf die zentrale Gestalt Muḥammads.
35 Vgl. Dilger (1977) und Schimmel (1985).
36 Vgl. van Nieuwenhuijze (1993).

(2) Das westliche, letztlich romantische (erlebnisästhetische) Faible für „lyrische" Dichtung stand der Untersuchung und ästhetischen Würdigung der arabischen Reim- und Kunstprosa (*inšā'*, *saǧ'*) sowie der Lehrdichtung im Wege, obwohl diese in der vormodernen islamischen Kultur einen Platz gleich der „eigentlichen" Poesie einnahmen[37]. Gleichzeitig waren die übliche Okkasionalität poetischer Produktion (Gelegenheits-, Widmungs-, Auftragsgedichte) sowie deren stilistische Ausschmückung, also der gesamte Bereich des Dekorativen und ein wichtiges Element der arabischen und persischen Literaturgeschichte, durch die europäische Erlebnisästhetik diskreditiert[38]. Insofern teilt besonders die arabische Literatur das Schicksal der abendländischen Barock- und Rokokoliteratur, deren Würdigung sich erst in den letzten Jahren, unter den günstigen Vorzeichen der Postmoderne, von den Scheuklappen einer nachaufklärerischen Ästhetik befreien konnte[39].

(3) Auf die mit dem Historismus eng, wenn auch unterschwellig verbundene, romantische Erlebnisästhetik (samt ihrem grobschlächtigen Originalitätsbegriff[40]) geht die ungerechtfertigte Bevorzugung der alt- und früharabischen Poesie zurück, da einzig die Anfänge einer über tausendjährigen Literaturtradition als „originell" oder, mit einigem Anachronismus, als „erlebt" gewertet zu werden vermochten; sehr förderlich wirkten dabei aber auch die im deutschen Sprachraum empfundene Wahlverwandtschaft „zwischen germanischem Romantizismus und vorislamischem Arabertum", etwa im Fall Theodor Nöldekes[41]. Die beiden meistverwendeten Begriffe hinsichtlich eines Großteils der arabischen Literatur waren demnach „Konventionalität" und „Mangel an Originalität", gerade auch in den Arbeiten arabischer Forscher, die sich die westlichen Maßstäbe zu eigen gemacht hatten[42].

(4) Auf die religionskritische Haltung, die mit dem Historismus und seinen Aufklärungsidealen Hand in Hand geht, läßt sich die Bevorzu-

---

37 Die Vernachlässigung der Kunstprosa erklärt sich aus der Abneigung gegen Rhetorik und Sprachkunst infolge der romantischen Erlebnisästhetik, vgl. Gadamer (1990), 77. Zur arabischen Lehrdichtung siehe van Gelder (1995) und unten Seite 37f.
38 Vgl. Gadamer (1990), 141-52 und 164: „Man hat sich nur dessen zu erinnern, daß das Schmückende, das Dekorative, seinem ursprünglichen Sinne nach das Schöne schlechthin ist. Es gilt, diese alte Erkenntnis wiederherzustellen".
39 Vgl. Bauer (1998a), 14 und unten Seite 38 Anm. 27.
40 Valéry (1996), 18: „Le goût exclusif de la nouveauté marque une dégénérescence de l'esprit critique, car rien n'est plus facile que de juger de la nouveauté d'un ouvrage".
41 Stauth (1993), 66.
42 Dazu vgl. Bauer (1992), Kap. 12, besonders S. 246ff.

gung der *religionsfernen vor*islamischen oder der *religionskritischen* (bzw. blasphemischen) islamischen Dichtung zurückführen[43]. Religiöse Dichtung wurde dagegen nur insoweit wahrgenommen, als sie dem Bereich der mystischen Spekulation angehört (also als Parallele zur abendländischen Mystik gesehen werden konnte), wohingegen die spezifisch islamische religiöse Dichtung, etwa das Prophetenlob (*madḥ an-nabī*), so gut wie keine Beachtung fand.

(5) Auf dieselbe Haltung, die im Namen der Vernunft und als Folge der Überwindung des Christentums jeglichen Glaubensinhalt suspekt macht, geht das Vorurteil einer von der Religion dominierten Kultur und ihres davon „erstickten" Geisteslebens zurück[44], die es so in der islamischen Kultur bis zum Anbruch der Moderne nachweislich nicht gegeben hat. Gerade die Erkenntnis, daß in einer Kultur und im Verständnis ihrer Mitglieder mehrere, religiös oder säkular geprägte, Vorstellungen (oder „Diskurswelten") unvermittelt nebeneinander stehen und verschiedene Lebensbereiche unterschiedlich kennzeichnen, wie es im Islam der Fall war[45], ist nach westlich-modernistischen Kategorien nicht vorgesehen, die durch die nachaufklärerische Polarität von „Glaube (religiöse Sphäre)" vs. „Vernunft (weltliche Sphäre)" bestimmt sind[46]. Nicht zu Unrecht hat Michael Carter in einem jüngst erschienenen, bedenkenswerten Aufsatz diese Diskurswelten als Spielarten eines islamischen Humanismus bezeichnet[47].

(6) Das geltende Modell der modernen akademischen Prosa, deren literarische Ausgestaltung als überflüssig oder gar als mögliche Verzerrung von Sachverhalten gilt, ist für die oftmals behauptete Dichotomie von „Literarisierung/Popularisierung" vs. „Schlichtheit/Wissenschaftlichkeit" verantwortlich[48], die sich in dieser Form auf die islamische Geistes- und Kulturgeschichte nicht anwenden läßt; sie läßt sich weder

---

43 Vgl. Bürgel (1996).
44 Beispielhaft in Bürgel (1991). Besonders deutlich wird dies auch am Rande vieler kleinerer Beiträge, wo dem gewissenhaften Leser schlaglichtartig das jeweilige Vorverständnis der Autoren offenbar wird, etwa in Amman (1998). Dort wird zum Beispiel, völlig abwegig, die Verwendung der Reimprosa ab dem 3./9. Jahrhundert mit dem Kommentar versehen, daß diese „durch den Koran geheiligt sei" (ebd. 210).
45 Vgl. Paret (1979) und Bauer (1996).
46 Hierbei spielt auch die rationalistischen Kriterien verpflichtete, aber oft ungerechtfertigte Vorannahme von Kohärenz eine Rolle, vgl. unten Seite 88.
47 Carter (1997). Zu dem von der Islamwissenschaft dringend noch besser zu explizierenden Konzept des islamischen Humanismus vgl. auch Boisard (1979) und Kraemer (1986).
48 Vgl. Haarmann (1971) und Amman (1998), 213.

diachronisch aufweisen noch als Merkmal einzelner Textgattungen, etwa der Historiographie[49]. Anders als nach den Vorgaben des westlichen Szientifismus ging man im islamischen Kulturraum oft von einer Entsprechung von Form und Inhalt aus, wonach sich ein gewichtiges Argument in dementsprechend kunstvoller Sprache (*ornatus*) zeigen sollte. Das erklärt auch, warum Ibn Ḫaldūns (gest. 808/1406) von westlichen Rationalisten gepriesene Gesellschafts- und Geschichtstheorie (im Traktat *al-Muqaddima*[50]) durchweg in kunstvoller Reimprosa verfaßt ist, obwohl viele arabische Gelehrte durchaus auch in scholastischer Manier die allertrockensten Traktate zu produzieren in der Lage waren.

(7) Westliche Epochen- und Stilbegriffe wie „Mittelalter" oder „Klassik" wurden auf die islamische Kultur übertragen, was jedoch nicht nur deshalb problematisch ist, weil eine solche Übertragung einen interkulturellen Vergleich voraussetzt, der zum gegenwärtigen Zeitpunkt nur ansatzweise sinnvoll erscheint[51], sondern auch deshalb, weil die entsprechenden westlichen Begriffe lediglich als Kürzel für derart komplexe, facettenreiche und *spezifische* Konstellationen dienen[52], daß ihre Übertragung auf andere Kulturen generell fragwürdig ist; darüber hinaus ist auch die westliche Periodisierung selbst zunehmend in die Diskussion geraten[53]. Wenn überhaupt, so kann man davon sprechen, daß *bestimmte Elemente*, die für die westliche Periodisierung kennzeichnend sind, auch in der islamischen Kultur vorliegen: typische Elemente der „Renaissance" etwa lassen sich in der islamischen Kultur mit der Zeit zwischen dem 3./9. und 5./11. Jahrhundert in Verbindung bringen[54]; Elemente des „Hochmittelalters" oder der „Scholastik" mit dem 6./12. und 7./13. Jahrhundert; Elemente des „Barocks" spätestens mit dem 10./16. Jahrhundert und der Zeit danach. Ob sich dann aber überhaupt eine der westlichen vergleichbare Periodisierung erarbeiten läßt, kann erst nach einer umfassenden Rekonstruktion der islamischen Kultur, auf

---

49 Gerade die Zusammenstellung der Begriffe „Literarisierung" und „Popularisierung" ist im Bereich der islamischen Kultur unzutreffend, weil dort „Literarisierung" zur Komplexität in der Sprache und bei der Vermittlung von Inhalten führte, also die Texte gerade nicht „popularisierte", sondern sie bei zunehmender „Literarisierung" auf einen immer kleiner werdenden Kreis von Rezipienten, nämlich den darin bewanderten Experten, beschränkte. Unverzichtbar sind in diesem Zusammenhang die Ausführungen in Radtke (1992), 186-95 und Meisami (1999).
50 Deutsch als *Buch der Beispiele*, Leipzig 1992.
51 Vgl. Heinrichs (1990b) und Bauer (1998a), 93f. Siehe auch unten S. 36ff.
52 Vgl. Simm (1988) und Zima (1992), 246ff.
53 Vgl. die Beiträge in Gumbrecht/Link-Heer (1985).
54 Vgl. Mez (1922) und Kraemer (1986).

der Grundlage einer umfassenden Diskursanalyse, entschieden werden; diese müßte in jedem Fall an *binnenkulturellen* Kriterien orientiert sein. Die in jüngster Zeit zunehmend anzutreffende Verlegenheitslösung besteht in der Ausklammerung dieser Thematik und der pauschalen Deklaration der Zeit zwischen dem 1./7. und 12./18. Jahrhundert als „vormodern" oder „klassisch"[55].

(8) Rationalität und aufklärerisches Denken wurde in der islamischen Kultur konstatiert, wo man sie, nach westlichen Gesichtspunkten, erwartete oder finden wollte, wo sie aber in diesem Sinn nicht existierten, etwa in den Schriften von Averroes (Ibn Rušd, gest. 595/1198)[56] und Ibn Ḫaldūn[57]. Zugleich wurde aufklärerisches Denken dort nicht gefunden, wo man es nicht erwartete oder finden wollte, wo es aber durchaus vorhanden war und westlichen Maßstäben genügen mochte, z. B. in der Rechtswissenschaft[58], der Koranexegese (*tafsīr*) oder im Studium der Überlieferung (*ʿilm al-ḥadīth*). Gerade die Bezeichnung der islamischen Rechtswissenschaft als „Religio-Jurisprudenz" oder ihrer Vertreter als „Sakral-Juristen"[59] ist deshalb abwegig und nichts als ein rhetorischer Taschenspielertrick; desgleichen handelt es sich bei ʿaqīda nicht um ein „religiöses Dogma"[60] – ein im vormodernen Islam eigentlich unbekanntes, jedenfalls wirkungsloses Konzept –, sondern um ein Glaubensbekenntnis in katechetischer Form.

(9) Die an der Theorie orientierte Erkenntnishaltung vieler Forscher führte bei der Beschreibung und Interpretation von kulturellen (insbesondere geistesgeschichtlichen) Phänomenen zu einer einseitigen Verwertung spekulativer Aussagen oder theoretischer Texte, unter Vernachlässigung anderer Quellen, die über die praktische Reichweite und tatsächliche Bedeutung der jeweiligen Theorien Auskunft hätten geben können[61]. Ein besonders dreistes Beispiel dafür bietet Bassam Tibi in

---

55 Vgl. Gerber (1999), 1ff. Diese Begriffe sind nicht wertend gemeint, sondern sollen besagen, daß sich in dem genannten Zeitraum eine Kontinuität beobachten läßt, die im 13./19. Jahrhundert durch das *direkte* Einbrechen der westlichen Welt in den islamischen Kulturraum deutlich aufgebrochen wurde.
56 Beispielhaft dafür ist die Fiktion eines „islamischen Rationalismus" in Tibi (1996); zur Berichtigung dieser Perspektive siehe Butterworth (1997).
57 Vgl. die kritischen Beiträge al-Azmeh (1982) und Woköck (1999).
58 Die Darstellungen in Alexy (1991) und Viola/Zaccaria (1999) lesen sich daher über weite Strecken wie eine Paraphrase einschlägiger Traktate der muslimischen Gelehrten zur Methodik der Rechtsfindung (*uṣūl al-fiqh*).
59 Tibi (1996), 24, 67 und 101.
60 Ebd. 102.
61 Zur praktischen Umsetzung islamischer Glaubensvorschriften vgl. Haarmann (1978).

seiner Abhandlung *Der wahre Imam*. Hier bekräftigt der Autor einerseits, daß es die historischen Tatsachen seien, „die uns in erster Linie und viel mehr interessieren als Ideale. Politische Ideen, welche außerhalb der Geschichte liegen, können ohne eine praktische Umsetzung keine Bedeutung gewinnen"[62]; andererseits verfaßt er seine 160-seitige Darstellung des vormodernen Islam auf der Basis von neun Primärquellen aus der Feder von insgesamt fünf (!) Autoren – dem Philosophen al-Fārābī (gest. um 339/950), dem šāfiʿitischen Rechtsgelehrten al-Māwardī (gest. 450/1058), dem bedeutenden Theologen al-Ġazālī (Ghazel, gest. 505/1111), dem neo-ḥanbalitischen Eiferer Ibn Taymīya (gest. 728/1328) und dem bereits oben erwähnten Ibn Ḥaldūn –, deren Werke ausnahmslos dem theologisch-philosophischen, staatsphilosophischen und geschichtstheoretischen Bereich angehören![63] Von der praktischen Umsetzung politischer Ideen erfährt man dagegen bei Tibi kein Wort, denn sein Buch ist nichts als eine (teils sehr fragwürdige) Rekonstruktion der politischen Ansichten der genannten Gelehrten. Man stelle sich vor, jemand unternähme eine Rekonstruktion der politischen Geschichte im Abendland und beschränkte sich dabei auf die Theorien von Thomas von Aquin, Savonarola, Luther, Hugo Grotius und Giambattista Vico? Ein anderes Beispiel für die Verzerrung der Perspektive durch eine einseitige Hinwendung zu theoretischen Schriften bieten auch viele westliche Untersuchungen der *iġtihād*-Problematik sowie des Charakters des islamischen Rechts im allgemeinen[64].

Daß diese schiefe Sicht auf die islamische Kultur möglich war, lag, wie gesagt, an der unreflektierten Anwendung sogenannter objektiver, tatsächlich jedoch eurozentrischer Kriterien und dem verdeckten Wirken entsprechender Vorurteile; daß diese Sicht bisher nur in Ansätzen behoben werden konnte, liegt wiederum an der oben schon konstatierten „Sinnferne". Sinnferne heißt zunächst, daß die historisierende Distanz bzw. Objektivation die zu verstehende Kultur aus dem Horizont der Sinnstiftung rückt, vor welchem ein eigentliches Verständnis dieser Kultur erst erwachsen kann. Sinnferne heißt aber auch, daß man aufgrund unverrückbarer Prinzipien (im Fall der Rationalisten etwa diverser „Universalisierungsstrategien"[65]) oder ideologischer Verengung (wie im Fall des Säkularisten Tibi oder der islamischen Fundamentalisten) den

---

62 Tibi (1996), 43. Dies im Gegensatz, wie Tibi schreibt, zu den „europäischen Orientalisten, die ... in der Regel Philologen sind" (ebd. 189).
63 Vgl. auch die Kritik an Tibis Arbeiten in Stauth (1993), 202 Anm. 13.
64 Dazu Gerber (1998) und (1999). Eine gute Darstellung liefert auch Weiss (1998).
65 Rüsen (1998a), 34.

Sinn kultureller Phänomene „fernhält", wenn er den eigenen Vorurteilen oder Ansprüchen nicht untergeordnet werden kann. Immer jedoch handelt es sich um einen Mangel an Offenheit, die nicht nur für das Verstehen einer anderen Kultur, sondern bei jeder hermeneutischen Tätigkeit unabdingbar ist: „Es gilt, der eigenen Voreingenommenheit innezusein, damit sich der Text selbst in seiner Andersheit darstellt und damit in die Möglichkeit kommt, seine sachliche Wahrheit gegen die eigene Vormeinung auszuspielen"[66].

Gleichheit und kulturelle Differenz

Ein anderer Begriff, den Rüsen in seiner Argumentation stark macht (vgl. den oben auf Seite 11 angeführten Passus), lautet „Einheit der Menschheit". Im vollen Wortlaut ist dort von der „Einheit der Menschheit durch die Vielheit der Kulturen" die Rede. Was zunächst wie das Credo des Multikulturalismus und die griffige Fassung der Oneworld-Formel erscheint, wird bei näherem Hinsehen zur vagen Aussage, deren Implikationen ebenso vielschichtig wie vieldeutig sind. Rüsens Ziel, den „Kampf der Kulturen" in die geordneten Bahnen einer vernunftgeleiteten Form interkultureller Kommunikation zu lenken, erfordert die Vermittelbarkeit von Universalität und Partikularität, die dank der entstehenden „Perspektivendifferenz" zu wechselseitiger Bereicherung führe:

> „Diese ... Bereicherung ist nur unter einer bestimmten Bedingung möglich, die durch die universalistische Kategorie der Gleichheit zum Ausdruck gebracht wird. Die Teilnehmer an der Argumentation müssen sich gegenseitig die gleiche Vernunftfähigkeit des Argumentierens unterstellen, also eine Gleichheit im Vernunftgebrauch für die Plausibilität ihrer Geschichten"[1].

Die hier von Rüsen in Aussicht gestellte „Bereicherung" scheint auf den ersten Blick der von mir geforderten Offenheit zu entsprechen, durch die der eigene Horizont produktiv erweitert werden kann. Außerdem besteht die verpflichtende Gleichheit in der Herstellung eines für alle Menschen geltenden Rahmens der interkulturellen Kommunikation, der auf der Gleichheit des Vernunftgebrauchs bzw. des vernünftigen Argumentierens basiert. Als solche ist diese Gleichheitsforderung, wie es bei Anwendung rationalistischer Kriterien schlechthin nicht anders sein kann, *normativ*, das heißt (mit Niklas Luhmann gesprochen) „die Berufung auf

---

66 Gadamer (1990), 274.
1 Rüsen (1998a), 29.

Rationalität dient in der laufenden Kommunikation dazu, *die Unverhandelbarkeit einer Position zu markieren*"². Rüsens Ansatz erinnert zunächst an die Theorie des kommunikativen Handelns von Jürgen Habermas. Gerade von Habermas wurde aber die hier auftretende Aporie deutlich gemacht, denn es ist nicht abzusehen, wie sich „eine Gleichheit im Vernunftgebrauch" im Sinn einer interkulturell gültigen Argumentationsform anders als durch einen „Glauben an die Vernunft" erreichen ließe, der wiederum nicht argumentativ zu begründen ist, sondern auf einer rationalistischen *Einstellung* beruht. Die Teilnahme an der interkulturellen Kommunikation, die auf vernünftigen Argumentationsstrategien fußt, ist also nicht argumentativ zu leisten und daher interkulturell *nicht vermittelbar*³. Anders gesagt: „Die Akzeptierung von rationalen Argumenten erfolgt nicht nur durch die Mittel des Verstandes, sondern sie ist selbst maßgeblich durch eine Art von solidarisch-egalitärer Moralität bewirkt"⁴. Hieraus erklärt sich die dezisionistische Begründung der Theorie Rüsens: „Die Teilnehmer ... *müssen* sich gegenseitig die gleiche Vernunftfähigkeit ... unterstellen". Aber es drängt sich unweigerlich die Frage auf: Warum sollten sie?

Bei einigem Nachdenken erweisen sich Rüsens Aussagen als das Gegenteil dessen, was sie auf den ersten Blick zu bedeuten scheinen. Das Gleichheitspostulat bei Rüsen erfordert offenbar, neben den rationalen Argumentationsstrategien, universell geltende Kriterien, an denen sich die interkulturelle Kommunikation und eine Theorie derselben orientiert. Bezogen auf das historische Denken heißt dies, nach Rüsen, daß die universellen Elemente (bzw. Prinzipien) des historischen Denkens „theorieförmig zu Idealtypen"⁵ ausgearbeitet werden: „Die Unterschiede [*sc.* die kulturellen Differenzen] liegen nicht in den Prinzipien, sondern in deren Konfiguration"⁶. Die allumfassende Theorie, die diese Aufnahme kultu-

---

2 Luhmann (1997), 189 (Hervorhebung von mir).
3 Vgl. Habermas (1963), 173f.
4 Acham (1983), 262.
5 Der Begriff geht auf Max Weber zurück, siehe Weber (1904), 190ff.; Marrou (1962), 161ff.; Vossler (1983), 79ff.; Schöllgen (1998), 39ff. Bereits Norbert Elias kritisierte die Weberschen Idealtypen als theoretische „Kunstgebilde ..., die der untersuchende Forscher gewissermaßen den beobachteten Menschen aufoktroyiert" (Elias 1983, 28). Diesen stellt Elias sein Konzept gesellschaftlicher Figurationen gegenüber, siehe ebd. 27ff. „Typologien der Standardisierung" haben also als theoretische Setzung nichts in der Kulturwissenschaft verloren, wie etwa in Hansen (2000), 43ff. gefordert.
6 Rüsen (1998a), 34 und unten Seite 29f. Die zehn „Faustregeln, auf die bei interkulturellen Überlegungen zu achten sich lohnen dürfte", wie sie Holenstein (1985), 124ff. auflistet, zeigen zum Teil große Ähnlichkeit zu Rüsens Theorie.

reller Differenzen in einen übergreifenden Rahmen leistet, folge neben einem auszuarbeitenden Schema von Idealtypen dem Prinzip der Inklusion. Als Paradigmen sogenannter Universalisierungsstrategien[7], die notwendig zu einer solchen Theorie gehören, nennt Rüsen die methodischen Forschungsregeln der westlichen Geschichtswissenschaft, eine ästhetisch verstandene Kunst sowie die hermeneutische Methode der Kulturwissenschaften (in der „Tradition" des *Historismus*)[8], also insgesamt nichts anderes als Kriterien bzw. Strategien nach der Maßgabe des westlichen Rationalismus und seines methodischen Instrumentariums, mithin lediglich ein modifizierter Aufguß des aufklärerischen Denkens[9].

Die unausgesprochenen Vorverständnisse und Konsequenzen dieses Ansatzes sind vielfältig. Grundsätzlich leidet dieser Ansatz unter den pragmatisch-politischen Vorzeichen, unter denen er steht, was besonders bei Rüsens ausführlicher Diskussion von Exklusion und Inklusion deutlich wird[10]. Er versteht das Prinzip der Exklusion als das kennzeichnende Prinzip des Ethnozentrismus, also die postulierte Zugehörigkeit zu einer Gruppe (Ethnie, Kultur, &c.) über „scheinbar objektive naturale Kriterien"[11] unter Ausschluß anderer Gruppen; Rüsen steckt hier in der Zwickmühle, den wissenschaftlichen Kriterien die Objektivität absprechen zu müssen, die er selbst einfordert, obwohl es ihm tatsächlich nicht um diese Kriterien, sondern um ihre aus seiner Sicht falsche, *außerwissenschaftliche Instrumentalisierung* geht. Sein eigener Ansatz ist davon ebenfalls nicht frei, denn der Ethnozentrismus könne überwunden werden, wenn mittels des Prinzips der Inklusion alle kulturellen (ethnischen, sprachlichen, &c.) Eigenheiten („Differenzen") in einer übergreifenden, einheitlichen Theorie zusammengeführt werden und sich auf einer Ebene gleichwertig gegenüberstehen: Das Rüsensche Postulat der Gleich*heit* ist aber tatsächlich die politische Forderung nach Gleich*wertigkeit*. Weil es sich bei Rüsens Ansatz um eine Theorie, (nicht um eine Ideologie) handelt, die nicht nur die Gleichwertigkeit der Kulturen einfordert, sondern zugleich auch die Mittel zur Erlangung der wissenschaftlichen Erkenntnisse angibt, die zur Bestätigung dieser Theorie nötig sind, schließt sie nahtlos an die meisten nachaufklärerischen Theorien an, die, im Guten

---

7 Vgl. auch Rüsen (1990), 311ff.
8 Rüsen (1998a), 34f.
9 Diesen impliziten Eurozentrismus finden wir bei Max Weber vorgeprägt: Der geeignetste „Idealtypus" (vgl. auch oben Anm. 5) sei das „*rational deutbare* Sichverhalten" bzw. die Deutung „aus *rational verständlichen* Zusammenhängen" (Weber 1913, 429; Hervorhebungen von mir).
10 Zu diesen Begriffen vgl. Hahn (1994), 159f. und Luhmann (1994).
11 Rüsen (1998a), 15.

wie im Bösen, nichts anderes von der Wissenschaft verlangen als die Aufweisung ihrer eigenen Gültigkeit, die aufgrund politischer Motivationen bereits feststeht[12].

Für die Wissenschaft (und besonders die kulturwissenschaftliche Forschung) bedeutet eine derartige Theorie keine Bereicherung, wie Rüsen meint, sondern eine beträchtliche Verarmung: Zum einen werden viele Elemente der eigenen oder einer anderen Kultur beiseitegelassen, verfälscht oder unterdrückt, wenn sie mit den hinter der Theorie stehenden (pragmatisch-politischen) Motivationen nicht zu vereinbaren sind, und zum anderen erweist sich eine übergreifende Theorie im Sinne Rüsens, die geeignet wäre, die verschiedensten kulturellen Phänomene in sich aufzunehmen, als viel zu abstrakt und grob gerastert als daß sie in der Lage wäre, diesen Phänomenen wirklich gerecht zu werden[13]. Wenn diese Theorie auch noch explizit an den Kriterien der westlichen Wissenschaft samt ihren historischen Vorverständnissen ausgerichtet ist, so werden sich die anderswo zu findenden Phänomene („kulturelle Differenzen") nur am Maßstab der eigenen Kultur bzw. der westlichen Rationalität messen lassen, was in der Islamwissenschaft nicht wenig Unheil angerichtet hat.

Auch die Hypostasierung dieses Maßstabs zu einer „universalistischen Theorie" von Idealtypen, die lediglich einige Strukturelemente aussondert, durch die ein bestenfalls oberflächlicher Vergleich kultureller Phänomene möglich wird, kann darüber nicht hinwegtäuschen. Tatsächlich ist es so, daß eine Theorie im Sinne Rüsens (und anderer Rationalisten) gerade das nicht zu leisten vermag, wozu sie entwickelt wurde, nämlich die Anerkennung anderer Kulturen, ihre Erforschung und ihr besseres Verständnis[14]. Weil sie auf denselben Voraussetzungen beruht wie der westliche Ethnozentrismus, indem beide aus dem Geist des Rationalismus hervorgegangen sind[15], führt sie, obwohl ins Gegenteil gewendet, zu denselben Resultaten:

---

12 In der Soziologie wurde die dementsprechende Debatte als „Werturteilsstreit" bekannt. Auch die Brisanz und Relevanz des über lange Jahre in der deutschen Geschichtsforschung geführten, sogenannten „Historikerstreits" besteht zu einem Gutteil in dieser Problematik.
13 Vgl. Gadamer (1993), 101. Dieses Problem erbt Rüsen von Webers Idealtypenlehre, vgl. dazu Schöllgen (1998), 59f.
14 Dies gilt auch für die Religionsphänomenologie, vgl. unten Seite 104f.
15 Ethnozentrismus für sich betrachtet hat allerdings nichts mit Rationalismus oder rationalistischen Denkmustern zu tun, sondern findet sich, unter den verschiedensten Bedingungen, in so gut wie jeder Kultur; vgl. Holenstein (1985), 109ff. und Böckelmann (1998).

„Westliche kulturelle Besonderheit überwältigt das Anderssein der nicht-westlichen Kulturen und unterwirft sie einem Anpassungszwang, der kulturelle Differenz einebnet und die Identität der Anderen geradezu tödlich bedroht, und sie zerstört sich mit ihrer Ausdehnung des eigenen Besonderen ins Allgemeine sogar selbst"[16].

In diesem Sinn müßte man also die rationalistischen Universalisierungsstrategien nicht als eine Loslösung vom Eurozentrismus oder als dessen Überwindung begreifen, sondern als dessen systematische Ausweitung: „l'universaliste est, trop souvent, un ethnocentriste qui s'ignore"[17].

Auch der Begriff der „kulturellen Differenz" in Rüsens Theorie ist unglücklich gewählt. Als Differenz bezieht er sich zwangsläufig auf etwas, von dem ein Phänomen verschieden oder abgegrenzt sein muß, um als Differenz wahrgenommen zu werden. Hier schwingt also noch immer das Prinzip der Exklusion mit, dessen Überwindung ja gerade gefordert wird[18]. Selbst die Aufhebung solcher Differenzen in einer übergreifenden Theorie (zum Beispiel der interkulturellen Kommunikation) würde ihre grundsätzliche Wahrnehmung als Differenz nicht aufheben, sondern weiter festschreiben. Der Unterschied zum Ethnozentrismus läge somit nur in der *Bewertung* der jeweiligen Differenzen, die einmal als gleichwertig (nach dem Prinzip der Inklusion) und einmal als minderwertig (nach dem Prinzip der Exklusion) ausfallen würde. Wenn man aber behauptet, wie es hier implizit geschieht, der Wissenschaft könne und solle diese wertende Aufgabe zufallen[19], muß man sich der Gefahr einer mehr oder weniger starken Ideologisierung bewußt sein, die freilich umso weniger rational und umso bedrohlicher ist, als sie mit den Mitteln der Wissenschaft allein weder verhindert noch bekämpft werden kann (vgl. oben Seite 15), ihrerseits aber in wissenschaftlichem Gewand auftritt.

---

16 Rüsen (1998a), 20.
17 Todorov (1989), 31. Oder, etwas weniger poetisch, in den Worten Hans Peter Duerrs: „Wer die ›Nichtidentität‹ wahren will, indem er sie in eine ›Identität von Identität und Nichtidentität‹ verkapselt, der will auch sie noch sich einverleiben" (Duerr 1985, 36).
18 al-Azmeh (1998), 76-9, der hier von „Ethnologie kulturalistischen Differentialismus" oder der „Demonstration des Exotischen" spricht, kritisiert diesen Ansatz wegen seiner *anti*aufklärerischen Tendenzen.
19 Max Weber trat für die Scheidung des „Seienden" vom „Seinsollenden" (bzw. die Unterscheidung zwischen Erkennen und Bewerten ein), siehe Weber (1904); für die Konsequenzen dieses Standpunkts und seine Rolle im Werk Webers vgl. Merleau-Ponty (1974), Kap. I und Rüsen (1975b). Diese Position wurde bekanntlich von Edmund Husserl scharf kritisiert, vgl. Husserl (1982), Kap. I § 2, und läßt sich heute nur mit Mühe aufrechterhalten.

Zwar ist, wie uns Michel Foucault und die moderne Sprachwissenschaft gelehrt haben, jedes Phänomen nichts als die Summe seiner Differenzen zu anderen Phänomenen; alles andere ist leerer Essentialismus, der zurecht, selbst von rationalistischer Seite, gebrandmarkt worden ist[20].

Dennoch kommt es darauf an, zumal bei komplexeren kulturellen Phänomenen, welche Differenzen zur Grundlage des Verständnisses genommen werden, was uns schließlich wieder zur Frage nach der Offenheit hinführt. In der Islamwissenschaft waren es gewöhnlich die Differenzen (oder Parallelen) zum westlichen Denken, auf deren Grundlage die Erforschung der islamischen Kultur betrieben wurde. Dies geschah entweder unbewußt, verursacht durch das jeweilige Vorverständnis oder Erkenntnisinteresse des Forschers, oder bewußt, in jüngerer Zeit vor allem in Anlehnung an die Moden der Komparatistik und Interdisziplinarität.

Interkulturelle Differenzen und Vergleiche sind aber nur bedingt geeignet, eine Kultur besser zu verstehen, da es sich dabei sozusagen um den makroskopischen Blick handelt, ähnlich dem Photo, das ein Satellit von der Erdoberfläche zu machen imstande ist: dort läßt sich zwar ein zeitungslesender Mann ausmachen, doch können wir nicht entziffern, was in seiner Zeitung geschrieben steht. Das heißt, wir erfahren dadurch, daß in verschiedenen Kulturen die gleichen oder ähnliche Medien verwendet werden, aber wir wüßten nicht, was diese Medien transportieren; ohne Zweifel wäre dies kaum ausreichend für den Erkenntnisanspruch einer Kulturwissenschaft.

Nutzen und Nachteil des interkulturellen Vergleichens

Die Theorie der interkulturellen Kommunikation und der dazu notwendigen Geschichtsdeutung, wie sie von Rüsen vorgeschlagen wird, besteht im wesentlichen, wie er selbst sagt, in einem Vergleichsverfahren. Dieser Vergleich basiert auf der Auflistung konstitutiver Elemente des historischen Denkens (bzw. ihrer Idealtypen[1]) und wird von Rüsen wie folgt beschrieben:

> „Wenn man mit einer solchen Theorie vergleichend vorgeht, dann sieht man zunächst einmal, daß in den unterschiedlichen Phänomenen und Phänomen-Zusammenhängen die gleichen konstitutiven Faktoren des historischen Denkens auftauchen. Die Unterschiede liegen dann nicht in den Prinzipien, sondern in deren

---

20 Vgl. al-Azmeh (1998), 74-89.
1 Rüsen (1998a), 32. Zum Begriff des „Idealtypus" siehe oben Seite 25.

Konfiguration. Unterschiedlichkeit ist dann eine Frage der Beziehung zwischen gleichen Elementen. In diesem Vergleichverfahren können Gemeinsamkeit und Anderssein nicht mehr entlang einer einzigen Linie der kulturellen Differenz ausgemacht und bestimmt werden; sie kreuzen diese Linie dauernd"[2].

Und weiter:

„Eine Typologie kultureller Unterschiede ist methodisch unverzichtbar als hypothetisches Konstrukt des Kulturvergleichs ... Die Besonderheit von Kulturen besteht also in unterschiedlichen Konstellationen der gleichen Elemente. Ein theoretischer Zugang zu kultureller Differenz, der durch eine solche Vorstellung von Kulturspezifik bestimmt wird, kann die Falle des Ethnozentrismus vermeiden"[3].

Leider können hier weder die Theorie Rüsens in ihrer Breite noch die einzelnen „theorieförmigen Vergleichsparameter" vorgestellt werden. Es sollte jedoch klar geworden sein, daß diese Vergleichsparameter vor allem auf strukturelle und funktionale Elemente zielen (nach Rüsen: Praktiken des historischen Erzählens, Funktionen der Geschichte im Lebenszusammenhang, sprachliche Form historischer Überlieferung, Typen historischer Sinnbildung, Strategien des Geschichtsbewußtseins, historische Topoi, Faktoren narrativer Sinnbildung). Als solcher erinnert Rüsens Ansatz stark an die aus der strukturalen Anthropologie[4], Völkerpsychologie[5], Religionswissenschaft[6] und Literaturwissenschaft[7] bekannten Vorgehensweisen. Der Vorteil dieser Theorie scheint in ihrer Unparteilichkeit und Absehung von inhaltlichen Komponenten zu liegen,

---

2 Rüsen (1998a), 32. In diesem Passus zeigt sich wieder, daß die politisch gewollte Gleichwertigkeit in der Theorie als die wissenschaftliche Erfassung „gleicher Elemente" auftaucht, womit also erneut eine normative Vorgabe in eine erkenntnistheoretische Kategorie verwandelt worden ist. An anderer Stelle bezeichnet Rüsen diese Theorie als „Explikation der Konzepte und Strategien des Vergleichs", die auf den „anthropologischen Universalien des historischen Denkens" fuße (Rüsen 1998b, 43 und 50f.).
3 Rüsen (1998b), 48f.
4 Vgl. Lévi-Strauss (1973), 286, wonach „die Wahrheit des Menschen doch in dem System ihrer Unterschiede und ihrer gemeinsamen Eigenschaften liege".
5 Oesterdickhoff (1997).
6 Zur Rolle des Vergleichs in der Religionswissenschaft siehe Waardenburg (1986), 108-43; Lanczkowski (1992), 1ff.; Neusner/Sonn (1999), 11ff.
7 Der hier gemeinte interkulturelle Vergleich hat dabei recht wenig mit der Komparatistik als Methode der Literaturwissenschaft zu tun, der einerseits eine allgemeine Theorie des literarischen Vergleichs zugrunde liegt und die andererseits in der Praxis, *binnenkulturell* ausgerichtet ist, und zwar auf die europäischen Literaturen, siehe Weisstein (1968); Heinrichs (1990a), 16f.; Zima (1992). Mit zunehmender Ausweitung der untersuchten Literaturen verfällt auch die Komparatistik auf den Gebrauch einer letztlich reduktionistischen Typologie, zumal wenn die Möglichkeit des genetischen Vergleichs nicht gegeben ist.

wobei alle auftretenden Phänomene in der gleichen Weise behandelt, eingeordnet und miteinander in Beziehung gesetzt werden können. Die klassifikatorische, übergreifende Matrix ist unabhängig von diesen Phänomenen gültig und wird demnach dem typisch rationalistischen (aber uneinlösbaren) Anspruch von wissenschaftlicher Objektivität gerecht. Wie objektiv ein solches Raster tatsächlich sein mag, zeigt der Vergleich (*sit venia verbo*) mit der inzwischen berühmten (wenngleich fiktiven) Taxonomie, die Michel Foucault einem Text von Jorge Luís Borges entnommen und an den Anfang seines Werks *Die Ordnung der Dinge* gestellt hat:

„Dieser Text zitiert »eine gewisse chinesische Enzyklopädie«, in der es heißt, daß »die Tiere sich wie folgt gruppieren: a) Tiere, die dem Kaiser gehören, b) einbalsamierte Tiere, c) gezähmte, d) Milchschweine, e) Sirenen, f) Fabeltiere, g) herrenlose Hunde, h) in diese Gruppierung gehörige, i) die sich wie Tolle gebärden, k) die mit einem ganz feinen Pinsel aus Kamelhaar gezeichnet sind, l) und so weiter, m) die den Wasserkrug zerbrochen haben, n) die von weitem wie Fliegen aussehen«"[8].

Die Schwächen einer Theorie des Vergleichs sind jedoch, über das bisher Gesagte hinaus, eklatant. Gadamer hat bereits auf die folgenden Mängel der vergleichenden Methode im allgemeinen hingewiesen:

„Das Wesen des Vergleichens setzt die Ungebundenheit der erkennenden Subjektivität, die über das eine wie über das andere gleichzeitig verfügt, bereits voraus. Es macht auf eine erklärte Weise gleichzeitig. Man muß deshalb bezweifeln, ob die Methode des Vergleichens der Idee der historischen Erkenntnis wirklich genügt. Wird hier nicht ein Verfahren, das in bestimmten Bereichen der Naturwissenschaften zu Hause ist und auf manchen Gebieten der Geisteswissenschaften, z.B. Sprachforschung, der Rechtswissenschaft, der Kunstwissenschaft usw., Triumphe feiert, aus einem untergeordneten Hilfsmittel zu zentraler Bedeutung für das Wesen historischer Erkenntnis emporgesteigert, die oft nur oberflächlicher und unverbindlicher Reflexion eine falsche Legitimierung verschafft? Man kann hier dem Grafen Yorck nur recht geben, wenn er schreibt: »Vergleichung ist immer ästhetisch, haftet immer an der Gestalt«".

„Ich erinnere an die naive Art der Vergleichung, in der sich das historische Verhalten zumeist bewegt. Das 25. Lyceumsfragment Friedrich Schlegels lautet: »Die beiden Hauptgrundsätze der sogenannten historischen Kritik sind das Postulat der Gemeinheit und das Axiom der Gewöhnlichkeit. Postulat der Gemeinheit: Alles recht Große, Gute und Schöne ist unwahrscheinlich, denn es ist außerordentlich und zum mindesten verdächtig. Axiom der Gewöhnlichkeit; Wie es bei uns steht und um uns ist, so muß es überall gewesen sein, denn das ist ja alles so natürlich.« – Im Gegensatz dazu erhebt sich das wirkungsgeschichtliche Bewußtsein über solche Naivität des Angleichens und Vergleichens, indem es sich die

---

8 Foucault (1990), 17. Vgl. Philp (1990), 60f. und Lanigan (1992), Kap. 7.

Überlieferung zu Erfahrung werden läßt und sich für den Wahrheitsanspruch, der in ihr begegnet, offen hält".[9]

In diesen Zitaten verweist Gadamer also auf zwei Schwachpunkte der vergleichenden Methode, die auch Rüsens Ansatz kennzeichnen: zum einen hafte die Vergleichung an der Gestalt (übersetzt in Rüsens Terminologie: Struktur, Konfiguration), zum anderen sei sie durch unreflektierte Vorannahmen bestimmt, etwa durch das „Axiom der Gewöhnlichkeit" (in Rüsens Terminologie: „anthropologische Universalien"). Über diese grundsätzlichen Mängel hinaus lassen sich drei weitere Nachteile einer auf der vergleichenden Methode beruhenden Theorie ausmachen, die nachfolgend kurz umrissen werden sollen.

(1) Der interkulturelle Vergleich mag bestenfalls der Einordnung (Klassifizierung) kultureller Phänomene dienen – hier hat er eine gewisse Berechtigung –, er erklärt aber weder ihre Entstehung noch ihre über sie selbst hinausgehende Bedeutung. Neben der Einengung der Wahrnehmung kultureller Phänomene durch generalisierende (d. h. beschränkende) Vergleichsparameter und universelle Kategorien ergibt sich somit eine weitere Verarmung unseres Verständnisses dieser Phänomene, indem Fragen nach ihrem Auftreten und ihrer Signifikanz so gut wie unbeantwortbar werden[10].

(2) Das Vergleichen setzt die genaue Kenntnis aller zu vergleichenden Elemente voraus, was hinsichtlich der außereuropäischen Kulturen, aus vielerlei Gründen, eher die Ausnahme als die Regel ist. Im europäischen Kontext sind die wesentlichen Rahmenbedingungen vorhanden (Aufarbeitung des gesamten Materials, Editionen so gut wie aller als Manuskript vorliegenden Texte, &c.), die eine umfassende Untersuchung kultureller Phänomene gestatten und damit die Methodik des Vergleichs teilweise fruchtbar werden lassen, obwohl stets die Gefahr bleibt, daß eine Vergleichbarkeit das Verständnis von Phänomenen vorgaukelt, von dessen eigentlichem Verständnis wir noch weit entfernt sind. In der Islamwissenschaft sind diese Rahmenbedingungen (noch) nicht gegeben. Ihre Erstellung sowie die Rekonstruktion der islamischen Kultur in ihrer ganzen Vielfalt muß zuvor geleistet werden, bevor man sich an den systematischen Vergleich mit anderen, besser erforschten Kulturen wagen darf. Wie weit der mühselige Weg zu einer solchen Rekonstruktion noch ist, mag sich jedermann an einer kursorischen Lektüre des umfassendsten Nachschlagewerks unseres Faches, der *Encyclopaedia of Islam* (zweite Auflage, Leiden 1954ff.), verdeutlichen.

9 Gadamer (1990), 238 und 367.
10 Vgl. Geertz (1988), 45, zitiert unten Seite 104f.

(3) Die Vergleichbarkeit kultureller Phänomene ist nur dann gegeben, wenn entweder das *Tertium comparationis* so eng gewählt ist, daß es allen vorhandenen Phänomenen potentiell gerecht wird, oder wenn von den zu vergleichenden Phänomenen so weit abstrahiert wird, daß sie sich den Vergleichsparametern unterordnen lassen. Der erste Fall bedeutet den Zusammenbruch der Rüsenschen Theorie, da nun eine unübersehbare Menge von Vergleichsparametern notwendig wäre, die wiederum die Praktikabilität (und den Erkenntniswert) der Theorie zunichte machten; im zweiten Fall hingegen wäre eine Nivellierung kultureller Elemente und, wie schon gesagt, eine Verarmung an spezifischen Phänomenen die Folge. Der ernsthafte Kulturalist, getreu der hermeneutischen *subtilitas* und seinem Interesse für das Einmalige (vgl. unten Seite 67ff.), wird die Methode des interkulturellen Vergleichens deshalb nur zur Illustration eines Sachverhalts anwenden und die Vergleichsparameter dementsprechend eng ziehen, wohingegen der Rationalist kulturspezifische Phänomene (samt deren Bedeutung) seiner an Idealtypen orientierten Theorie opfert:

„Wo die positivistischen Anstrengungen fortgeführt würden, um eine universell gültige Erkenntnis zu erreichen, da ergäbe sich nichts als eine Verarmung der Geschichte, ihrer den Menschen betreffenden Inhalte, ihrer Unergründlichkeit, ihrer Fruchtbarkeit. Es wäre dann nämlich nötig, die Wahrheit auf den kleinsten gemeinsamen Nenner zu beschränken, der allen verschiedenen Vorstellungen innieliegt (einige elementare »Fakten«, reduziert auf ihre objektivierbaren Komponenten und ihres Werts sowie ihrer Bedeutung beraubt). Wir sind dagegen der Ansicht, daß sich der Historiker nicht damit zufriedengeben darf, was jeder, egal wer, in der gleichen Weise beurteilen würde, vielmehr muß er selbst alles das verstehen, was zu verstehen er in der Lage ist"[11].

Im Bereich der Islamwissenschaften ist es jedenfalls schwierig, zu sehen, wie eine kulturübergreifende Typologie dem besseren Verständnis dienen könnte; dasselbe gilt für die Periodisierung. Bisher hat sie, wie oben beschrieben, eher zu vielen schiefen Deutungen, Verzerrungen oder, schlicht gesagt, Phantasmen geführt. Wer das grundlegend intertextuell ausgerichtete Schrifttum der islamischen Kultur – unsere hauptsächliche Materialbasis – kennt, muß einsehen, daß eine interkulturell brauchbare Typologisierung der islamischen Kultur, insbesondere mittels strukturell, funktional oder formal bestimmbarer Kategorien, eher im Ausnahmefall und nicht generell möglich ist.

Demgegenüber ist eine andere Art beschreibender Ordnung (anhand von Diskursen, Topoi, Problemstellungen) vorstellbar, die allerdings aufgrund der komplexen Vernetzung des Ideen- und Symbolhaushalts dieser

---

11   Marrou (1962), 240f.

Kultur derart spezifisch sein wird, daß ihre interkulturelle Vergleichbarkeit im Regelfall nicht zu einem besseren Verständnis beitragen kann, will man nicht Äpfel mit Birnen vergleichen; selbst das westliche methodische Instrumentarium wird dabei nicht ohne weiteres zur Anwendung kommen können[12]. Der modische Ruf nach interdisziplinären Studien, theoretischen Modellen sowie interkulturellen Vergleichen (anhand rationalistischer, an Strukturen ausgerichteter Kriterien) in der Islamwissenschaft ist daher das Ergebnis einer nicht schlechthin verkehrten, aber doch voreiligen Orientierung an den weit besser gestellten, europäischen Nachbardisziplinen.

Allerdings sind es in letzter Zeit nicht nur erkenntnistheoretische, sondern in erster Linie ästhetische Ansätze, die, ausdrücklich oder nicht, auf interkulturellen Vergleichen und allgemeinen Urteilen beruhen. Ein gutes Beispiel dafür bietet die Lyrikanthologie von Raoul Schrott[13], der glaubt, der interkulturellen Verständigung (oder Kommunikation) dadurch dienen zu können, daß er einerseits abstrakte Vergleichsparameter verwendet, die keinerlei kognitiven Wert haben (z. B. Dichtung als rhythmische und gereimte Rede), und derart pauschalisierend verfährt, daß es jedem Kulturwissenschaftler die Sprache verschlagen muß[14], andererseits aber nichteuropäische Texte in seiner Übersetzung so verfremdet, daß sie, wie im Fall der von Schrott behandelten altarabischen Gedichte, nicht mehr viel mit diesen, wohl aber sehr viel mit unserer westlichen Dichtungstradition gemein haben.

Dabei hat sich Schrott weder von den Vorgaben der romantischen Erlebnisästhetik gelöst, was allemal notwendig wäre, noch genügt, schlicht gesagt, seine Sachkenntnis, um dem Anspruch einer multikulturellen Poetik gerecht werden zu können; die meisten Elemente seiner Darstellung widersprechen allem, was wir heute über die arabische Dichtung und die arabisch-islamische Kultur im allgemeinen wissen. Hier sollen nur zwei besonders eklatante Mißgriffe Schrotts hervorgehoben werden: Zum einen behauptet er von der arabischen Kultur: „Originalität und Plagiat waren in einer Kultur, die das vorhandene Wissen an möglichst

---

12 André Miquel ist deshalb zuzustimmen, wenn er von der arabisch-islamischen Historiographie schreibt: „elle semble aujourd'hui ne s'ouvrir qu'avec difficultés, sinon avec réticences, à un type d'études et de méthodes historiques inspiré de l'Occident" (zitiert in Duby 1988, 237).
13 Schrott (1997).
14 Vgl. ebd. 13: Nach Schrott habe es (für die jeweils Dichtenden) „relativ ähnliche Rahmenbedingungen" im antiken Griechenland, unter den arabischen Stämmen und im mittelalterlichen Lehnswesen gegeben.

viele weiterzugeben hatte, keine Kriterien"[15]. Das Gegenteil ist richtig, denn die Begriffe Originalität und Plagiat standen im Zentrum der arabischen Stil- und Literaturkritik[16]. Zum anderen vergleicht Schrott die in der altarabischen Dichtung zum Ausdruck kommende Mentalität öfters mit der höfischen Liebe des westlichen Mittelalters, was aus den verschiedensten Gründen unzutreffend und irreführend ist[17].

Schrotts wohlgemeintes Anliegen demonstriert, beispielhaft, auch mehr als deutlich das paradoxe Scheitern der multikulturellen Position, wo der Abbau von Fremdheit zum Preis der *tatsächlichen Verfremdung* kultureller Phänomene erkauft wird, wobei sich allerdings, gegenüber dem Orientalismus, die Qualität der Verfremdung in ihr Gegenteil gewendet hat: was dem Orientalismus bewußt fremd scheinen sollte, soll nun dem eigenen Horizont gezielt *ent-fremdet* werden, was aber nichts anderes bedeutet als eine erneute Verfremdung: Eurozentrisch das eine wie das andere Vorgehen. Und arrogant obendrein, denn Schrotts Aussage, mit der er sich einem allzu genauen Bemühen um die Einordnung kultureller Phänomene entwindet – „Der Rest ist Pedanterie, nicht Poesie"[18] – läßt sich, in meinem Verständnis, nicht anders paraphrasieren als: „Ich bin nicht bereit, einem kulturellen Phänomen, das sich meinem vorgängigen Verständnis und einer simplen Übertragung auf unsere Denkmuster sperrt, allzuviel Aufmerksamkeit und Mühe zu widmen". Das aber bedeutet nicht die Anerkennung einer Kultur, sondern, wenn man es recht bedenkt, ihre *Geringschätzung*.

Trotzdem soll nun auch vom Nutzen des methodischen Vergleichs die Rede sein. Mir scheint das interkulturelle Vergleichen in zweierlei Hinsicht hilfreich zu sein: zum einen als Illustration (die als solche nichts erklärt, sondern nur der Veranschaulichung dient), zum anderen als Mittel, durch das tatsächlich das bessere Verständnis eines Phänomens erreicht werden kann. In beiden Fällen wird man einen solchen Vergleich aber nicht generell, etwa als Teil einer universalistischen Theorie (sensu Rüsen) oder einer systematischen Komparatistik, anwenden dürfen, sondern nur bei Erfüllung gewisser Bedingungen, die den Vergleich im

---

15 Schrott (1997), 215.
16 Siehe bereits Grunebaum (1944).
17 Siehe Bauer (1998a), 7f. und (1998c). Nicht besser steht es im übrigen um Schrotts jüngsten Versuch im Bereich der Religionsgeschichte (Schrott 1999): sprachlich überzeugend, aber im Inhalt kabbalistisch, ganz wie es bereits Geertz (1973), 30 so treffend formulierte: „a combination of intuitionism and alchemy, no matter how elegantly the intuitions are expressed or how modern the alchemy is made to look".
18 Schrott (1997), 23.

Einzelfall rechtfertigen. Zur Bestimmung des ersten Vergleichsfalls, der Illustration, mag die vielzitierte Formel von Otto Hintze weiterhelfen:

„[M]an kann vergleichen, um ein Allgemeines zu finden, das dem Verglichenen zugrunde liegt; und man kann vergleichen, um den einen der verglichenen Gegenstände in seiner Individualität schärfer zu erfassen und von dem andern abzuheben. Das erstere tut der Soziologe, das zweite der Historiker"[19].

Hier werden es aber vor allem funktionale oder gestalthafte (bzw. strukturale) Elemente sein, die den Vergleich sinnvoll machen, zum Beispiel der Vergleich zwischen Rechtssystemen[20] oder der Rolle von Heiligen Schriften in verschiedenen Kulturen[21]. Im zweiten Fall bietet sich der interkulturelle Vergleich nur bei einer *ungewöhnlich großen Ähnlichkeit* zwischen Phänomenen an, d. h. wenn man nicht, gewissermaßen aus Prinzip, Idealtypen oder Konfigurationen miteinander vergleicht, sondern wenn eine wirkliche Vergleichbarkeit gegeben ist, die im konkreten Fall nur durch Interpretation, nicht schon durch Analyse erkannt wird: „Erst ein Rückgriff hinter das Offensichtliche muß Gleichheit oder Vergleichbarkeit bestätigen. Erst Parallelen jenseits der Oberflächenähnlichkeit ... machen Vergleiche oder gar Gleichsetzungen sinnvoll"[22]. Was damit gemeint ist, soll das folgende Beispiel zeigen.

Das Schaffen des Hamburger Ratsherrn und Dichters Barthold Heinrich Brockes (1680-1747), der im allgemeinen der Frühaufklärung zugerechnet wird, ist in vielerlei Hinsicht mit dem Œuvre arabischer Literaten der mittleren und späten Mamlūkenzeit vergleichbar. Beginnend bei der Verwendung blumiger Buchtitel über die Anwendung von formalen und stilistischen Kunstgriffen bis hin zu einzelnen Themen und der Vielzahl poetischer Formen sowie der Vermischung von Poesie und Prosa sind die Ähnlichkeiten auffallend. Brockes neunbändiges Werk *Irdisches Vergnügen in Gott* (Hamburg 1721-48)[23] ist nichts anderes als eine veritable *Adab*-Anthologie[24], seine mit belehrenden Elementen angereicherten Beschreibungen (*Die kleine Fliege, Ein klares Tröpfgen, Kirsch-Blüthe bey der Nacht, Der Lammes-Kopf*), seine Blumenlyrik (*Vergnügen in Blumen, Die Trauben-Hyacinth, Beym Anblick einer schönen Leucoje*), seine Naturdichtung (*Die auf ein starckes Ungewitter erfolgte Stille, Betrachtung der Gestalt der Erde bey dem Ende des Win-*

---

19 Zitiert in Bichler (1990), 179.
20 Vgl. für das islamische Recht Lazarus-Yafeh (1984) und Neusner/Sonn (1999).
21 Vgl. Schöller (1998), 23ff. und Kap. 2; siehe auch Nagel (1994), 11.
22 Fähndrich (1977), 361.
23 Brockes (1999). Zu Brockes vgl. auch Hoffmeister (1987).
24 Zum Begriff *adab* siehe unten Seite 44.

ters), seine Auftragsgedichte (*Der Elbestrom*, 1710 für den Hamburger Rat geschrieben), seine Huldigungsgedichte (an den Kaiser in Wien, im Jahr 1721), seine Gelegenheitsdichtung (*Der späte Frost im Jahre 1740 den 10 April, Erinnerung einiger Umstände bey einer gefährlichen Wasser-Fahrt von Ritzebüttel nach Hamburg 1745, Einige Natur-Kräffte, zu Ehren ihres allmächtigen Beherrschers, bey dem Jahrs-Wechsel des 1731. Jahrs betrachtet, Zur Neuen-Jahrs-Betrachtung des 1735sten Jahres*), seine Dedikationsgedichte, seine religiöse Dichtung, seine Lieder und Gebete, seine Kantaten, sein erbauliches Werk *Des seligen Herrn Barthold Heinrich Brockes Schwanen-Gesang in einer Anleitung zum vergnügten und gelassenen Sterben* (Hamburg 1747), seine Lehrdichtung (über die Elemente der Natur, *Betrachtung der Blätter, Der Zahn*), und schließlich seine Epigramme erinnern in ihrer Gesamtheit wie in vielen Details, in Form *und* Inhalt so stark an das Schaffen arabischer Autoren wie wenig sonst in der europäischen Literaturgeschichte. Selbst sein Gedicht *Gräntzen der Vernunft* schließt zwanglos an vergleichbare Verse aus der islamischen Kultur an:

> „Wer bist du? was ist dein Verstand? ist er von solcher Schaerff und Kraft,
> Daß er das innerste der Dinge, des Geists, der Coerper Eigenschaft
> Und die Natur zu fassen faehig? GOtt hat ihn dir in diesem Leben
> Gewiß in einem reichen Maaß und in so hohem Grad gegeben,
> Daß es ein wahres Wunder ist, allein er hat doch seine Schranken
> Worueber er nicht kommen kann. ...
> So sprecht in wahrer Selbst-Erkaenntniß; halt ein, mein Geist! hier ist dein Ziel!
> Wilst du, was nicht zu fassen, fassen; dieß ist verwegen und zu viel!
> Drum denck' in Demuth an die Wahrheit: Der Schoepfer will und kann allein
> Bewundert, nicht begriffen, seyn"[25].

Bei anderer Gelegenheit spielt Brockes mit der Phonetik, zum Beispiel in seinem Gedicht *Die auf ein starckes Ungewitter erfolgte Stille*, wo er „ein schoenes angenehmes Wetter, mit gaenzlicher Vermeidung des sonst maennlich- und etwas hart lautenden R, beschreibet; in Beschreibung eines Ungewitters aber, diesen Buchstaben haeufig, und zwar, nach Erforderung der Sachen, mehr oder weniger wiederholet"[26]. Auch hierin eine deutliche Nähe zu den Experimenten arabischer Dichter, die sich oft und nach allen Regeln der Kunst derartigen Spielereien hingaben[27].

---

25 Brockes (1999), 228f. (vv. 13-18, 25-28).
26 Ebd. 54.
27 Dabei ist kein Zufall, daß gerade die Partien in Brockes Schaffen, die der arabischen Literatur am nächsten kommen, etwa seine Lehrdichtung, vom Herausgeber mit folgendem Kommentar bedacht werden: „Die didaktischen Teile der Naturgedichte und überhaupt der lehrhafte Teil der Brockesschen Dichtung ist in diese moderne Analyse-Perspektive nicht recht integrierbar und gilt als der un-

Nichts vermöchte besser die Vergleichbarkeit von Brockes' Kunstwollen mit der Herangehensweise arabischer Literaten auszudrücken als die treffliche Bemerkung von Uwe Ketelsen: „In seiner emphatischen Hinwendung zur Natur war er ein rechter Midas: worauf sein beobachtender Blick traf, das verwandelte sich zum Text"[28]. Die Vergleichbarkeit, ja die erstaunliche Ähnlichkeit des Schaffens Brockes' mit den Hervorbringungen arabischer *litterati* des 8./14. bis 11./17. Jahrhunderts mag in der Tat, wenn man ihren jeweiligen Kontext untersucht, dazu beitragen, Phänomene der arabisch-islamischen Kultur und die Bedingungen, unter denen ihre Entstehung möglich war, besser zu verstehen; und *vice versa*. Dennoch wird die methodische Relevanz des interkulturellen Vergleichens im weiteren Rahmen einer kulturalistischen Theorie eingeschränkt bleiben, im ersten Fall, weil er lediglich zur Veranschaulichung bereits deutbarer Phänomene dient, im zweiten Fall, weil er in den wenigsten Fällen und nur nach eingehender Untersuchung statthaft ist. Er hat also eine heuristische, oder nach Droysen, dienende, keine methodische Funktion[29].

Bereits 1958 hatte der Erlanger Orientalist Jörg Kraemer in seiner bis heute wegweisenden Antrittsvorlesung *Das Problem der islamischen Kulturgeschichte*, die in der Islamwissenschaft leider nicht die gehörige Beachtung gefunden hat, davor gewarnt, daß „die kultur-unitarische Einstellung das geschichtliche Blickfeld, anstatt es zu erweitern, in unzulässiger Weise zu verengen droht"[30]. In diesem Zusammenhang entwickelt er das Konzept der „islamischen Kulturoriginalität"; nimmt man dieses Konzept ernst, so bildet die islamische Kultur „*trotz noch so vieler wirklicher und scheinbarer Ähnlichkeiten mit dem mittelalterlichen Abendlande*, doch eine Welt für sich, die als solche gewertet und ernst genommen zu werden verdient"[31].

---

interessanteste, historisch veraltete Teil seines Werks" (Brockes 1999, 292); sein Stil wird als „Eklektizismus" gewertet und teilt aufgrund seiner „metaphorischen Ausdrucks- und ausschmückenden Beschreibungstechniken" das Schicksal der Behandlung der Barockliteratur in den europäischen Literaturwissenschaften, vgl. (mit weiterführender Literatur) Schulz-Buschhaus (1985) und Kiesant (1993).
28 Zitiert in Brockes (1999), 293.
29 Bichler (1990), 175.
30 Kraemer (1959), 2.
31 Ebd. 23 (Hervorhebung von mir).

II
Prolegomena zu einer islamwissenschaftlichen Methodik

Bisher war fast ausschließlich davon die Rede, welche Theorien und Ansätze sich, in meinem Verständnis, nicht als Grundlage einer islamwissenschaftlichen Methode eignen[1]. Demgegenüber wurde der methodische Grundsatz aufgestellt, daß die Erforschung einer Kultur nicht mit Fragestellungen an das zu Verstehende zu beginnen hat, sondern vielmehr mit der Herausarbeitung derjenigen Fragestellungen, auf die das zu Verstehende eine Antwort ist.

Im folgenden müssen wir uns daher der Frage zuwenden, welche methodischen Ansätze und Vorgehensweisen diesen Grundsatz gewährleisten können. Ein derartiger Ansatz müßte zunächst einen wesenhaft *rekonstruktiven* Charakter haben, der uns die zu verstehenden Phänomene überhaupt erst zugänglich macht. Dies kann, abgesehen von der sprachlichen und materiellen Aufarbeitung durch die Methoden der Philologie, Archäologie, &c., mittels einer Diskursanalyse geschehen, die als Beschreibung bzw. empirische Phänomenologie der zu verstehenden Sinn- und Aussagestrukturen auf verschiedenen Ebenen zu sehen ist. Diese Phänomenologie wird allerdings ohne die Heranziehung anderer Ansätze und Methoden, etwa der Theorie des kulturellen Gedächtnisses, der Mentalitätsgeschichte, der Rezeptionsästhetik und der Hermeneutik, nicht den Ansprüchen einer Kulturwissenschaft genügen und muß deshalb von diesen ergänzt werden. Anders gesagt, die Methode der Diskursanalyse wird erst durch ihre Aufnahme in bedeutungs- und sinnzentrierte, interpretativ orientierte Ansätze zu einem Instrument des Verstehens im kulturwissenschaftlichen Sinn.

Die meisten der im folgenden vorgestellten Positionen und Ansätze sind nicht ohne den Rückgriff auf die entsprechenden Diskussionen in der Literaturwissenschaft denkbar, der in diesem Zusammenhang ohne

---

1 Für den Begriff „islamwissenschaftliche Methode" gilt, was eingangs über „Islamwissenschaft" und „islamwissenschaftlich" gesagt wurde, siehe oben Seite 1 Anm. 1. Dazu Rodinson (1977), 84: „L'orientalisme est sur sa fin en tant que champ d'études fermé, ayant une méthode qui lui est propre, ayant des caractéristiques spécifiques ... Mais les études sur les peuples, les langues, les cultures, les sociétés de l'Orient continuent, menées par des spécialistes aussi bien Occidentaux qu'Orientaux, en collaboration autant que possible".

weiteres eine Vorreiterrolle zugebilligt werden muß, sei es, daß sich die kulturwissenschaftliche Methoden- und Theoriebildung seit langem an den Entwicklungen literaturwissenschaftlicher Ansätze orientiert, oder sei es, wie es besonders in jüngster Zeit nicht selten geschieht, daß in der Literaturwissenschaft Tendenzen aus dem Bereich der Kulturwissenschaften und der Anthropologie aufgenommen, weitergeführt und verfeinert werden[2]. Daß in diesem Aufgreifen „fachfremder" Ansätze sowohl eine Herausforderung als auch eine Gefahr liegt, hat Ulrich Marzolph auf den Punkt gebracht:

> „Andererseits ist es mir, diese persönliche Bemerkung sei gestattet, aus der eigenen Erfahrung heraus wichtig, in der Islamwissenschaft auch ein Forschungsfeld zu sehen, das in der Lage sein muß, aus den spezifischen Bedürfnissen und Fragestellungen des Fachgebietes erwachsene eigene – und gegebenenfalls muß das auch heißen: neue – Forschungsmethoden zu entwickeln. An vielen der bewegenden kulturgeschichtlichen Debatten der letzten Jahre hat sich die Islamwissenschaft engagiert beteiligt ... Dabei sind zweifelsohne wichtige Einsichten für das eigene Fachgebiet zustande gekommen, Fragen und Methoden der Forschung sind aber weitgehend importiert. Wenn ... die Islamwissenschaft ... theoretische Erkenntnisse benachbarter Wissenschaftszweige für sich nutzbar macht, verdeutlicht dieser Sachverhalt somit auch das Dilemma, daß Forschungsmethoden und -perspektiven offenbar nach wie vor weitgehend in anderen Fachgebieten entwickelt werden und daß die Islamwissenschaft Gefahr läuft, sich darin zu erschöpfen, übernommene Fragestellungen und Methoden auf ihr eigenes Material anzuwenden"[3].

Daraus, und nicht zuletzt aus Rücksicht auf die besonderen Bedürfnisse der Islamwissenschaft, erklärt sich die eklektizistische Natur der für eine islamwissenschaftliche (*qua* kulturwissenschaftliche) Methode nötigen Modelle, Theorien und Ansätze.

Die Rechtfertigung eines solchen Eklektizismus leitet sich von der Überzeugung her, daß Methoden nicht vom methodologischen Ideal abhängen, sondern von der Sache[4]; mit anderen Worten: „Die wahre Methode folgt der Natur der zu erforschenden Sachen, nicht aber unseren Vorurteilen und Vorbildern"[5]. Ihre spezifische Zusammenstellung und ihre Adaption an die Bedürfnisse der Islamwissenschaft, insofern sie sich mit einer bestimmten Kultur beschäftigt, wird dabei auch einen neuen Ansatz bzw. eine neue Forschungsmethode hervorbringen, die ihrerseits, so ist zu hoffen, befruchtend wirken können. Bei alledem habe ich mir den von Oswald Schwemmer formulierten „Mittelweg" zu eigen gemacht, „auf dem man die formale Raffinesse der vorliegenden wissen-

---

2 Vgl. Böhme/Scherpe (1996).
3 Marzolph (1998), 297f. Vgl. auch Endreß (1997), 31.
4 Vgl. Adorno (1962), 130 und Harth (1996).
5 Husserl (1910), 309f.

schaftslogischen Literatur nur an solchen grundlegenden Problemen aufnimmt, die sich noch als Probleme zum »Gegenstand selbst« verstehen lassen"[6].

Diskursanalyse in der Islamwissenschaft und Diskursivität im Islam

Die Diskursanalyse mit ihren Anwendungsmöglichkeiten, wie sie im Anschluß an die Arbeiten Michel Foucaults zur europäischen Geistes- und Kulturgeschichte der Neuzeit entwickelt wurden[1], erlaubt es, die Erforschung der islamischen Kultur auf eine neue methodische Grundlage zu stellen. Foucault selbst war allerdings, bei allem Interesse an diskursiven Formationen und klassifikatorischen Strategien, ein unsystematischer Geist, und seine Terminologie ist nicht selten inkonsequent[2]. Außerdem wird die hier vorgestellte Diskursanalyse, wie die meisten anderen im Anschluß an Foucault entwickelten Diskurstheorien, Foucaults eigentlichen Intentionen nicht gerecht, weil er sich mit dem, was er unter Diskursanalyse verstand, *gegen* die aus seiner Sicht mangelhafte oder verfehlte Aufarbeitung der westlichen (d. h. der *eigenen*) Geistes- und Kulturgeschichte wandte; sein Anliegen ist wesentlich destruktiv[3].

Die Islamwissenschaft, die es auf ihrem derzeitigen Stand mit europäischen Nachbardisziplinen nicht aufnehmen kann, sollte sich mit der Übernahme einiger Elemente seines Vorgehens beschränken und damit, sozusagen auf erster Ebene, arbeiten. Wenn nun der Einwand vorgebracht wird, daß dadurch die eigentlichen Intentionen Foucaults mißachtet würden, müßte ich dem zustimmen; allein, hier rechtfertigt der Zweck die Mittel. Richard Rorty hat dies, in gewohnter *common sense* Manier, auf den Punkt gebracht:

„As far as I can see, all he [*sc.* Foucault] has to offer are brillant redescriptions of the past, supplemented by helpful hints on how to avoid being trapped by old historiographical assumptions. These hints consist largely in saying: do *not* look for

---

6 Schwemmer (1987), 17.
1 Siehe Knusch (1991); Fohrmann/Müller (1992); Dean (1994); Goldstein (1994); Winko (1996); Keller (1997); Vogl (1997); Nünning (1998); Bublitz/Bührmann (1999).
2 Dies gibt Foucault selbst zu, wenn er auf „die wilde Benutzung der Termini ... durch mich" hinweist (Foucault 1981, 48). Ein Großteil der Sekundärliteratur zu seinem Werk ist deshalb damit beschäftigt, dessen schillernde Begrifflichkeit zu bestimmen. Zur diskursanalytischen Terminologie siehe auch Link (1999).
3 Vgl. Bunzl (1997), Kap. 4 und unten Seite 70.

progress or meaning in history; do *not* see the history of a given activity, of any segment of culture, as the development of rationality or of freedom; do *not* use any philosophical vocabulary to characterize the essence of such activity or the goal it serves; do not assume that the way this activity is presently conducted gives any clue to the goals it served in the past"[4].

Es geht im folgenden also nicht um eine Darstellung der Diskursanalyse Foucaults, die seinem Anliegen nach Möglichkeit gerecht werden will[5], sondern um die Methodik einer Diskursanalyse, die von Foucaults Arbeiten zwar inspiriert, ihnen aber nicht interpretativ verpflichtet ist[6]; sie steht eher einer historisch-philologischen Diskursanalyse bzw. einer textualisierenden Geschichtsbetrachtung und Kulturdeutung (Diskursgeschichte) nahe. Auf die bewußte Ausblendung eines der zentralen Punkte von Foucaults Anliegen, nämlich der Aufweisung des sich hinter und in der Diskursivität verbergenden Machtwillens, sei ausdrücklich hingewiesen[7].

Das Ziel einer solchen Diskursanalyse ist im wesentlichen eine systematische Kulturphänomenologie auf der Basis von Aussagen und Diskursen. Damit entspricht sie den Anliegen von Clifford Geertz und Jacques Waardenburg, obwohl beide nicht von diskursiven, sondern von symbolischen Ordnungen ausgehen[8]:

„What is needed is some systematic, rather than merely literary or impressionistic, way to discover what *is* given ... What we want and do not yet have is a developed method of describing and analyzing the meaningful structure of experience ... as it is apprehended by representative members of a particular society at a particular point in time –, in a word, a scientific phenomenology of culture"[9].

Zwei Hauptbegriffe kennzeichnen die hier in knappen Zügen zu entwickelnde Diskursanalyse: *Aussage* und *Diskurs*. Aussagen sind dabei in je verschiedener Weise und auf unterschiedlichen Funktionsebenen konditioniert. Da jede dieser Konditionierungen die Kenntnis von etwas erfordert, das über die einzelnen Aussagen hinausgeht, sind Aussagen für

---

4 Rorty (1986), 47.
5 Dazu siehe Major-Poetzl (1983) (mit ausführlicher Bibliographie zum Werk); Frank (1983), 226ff.; Brede (1985); Kammler (1986); Kallweit (1988); Deleuze (1992); Veyne (1992); Prado (1995); Payne (1997), Kap. 2 und 4.
6 Im übrigen hat Mitchell Dean recht, wenn er schreibt: „It is a quite senseless task to be faithful to a form of thought which itself seems designed to put the most loyal follower off track" (Dean 1994, 13).
7 Zu dieser Thematik vgl. Schäfer (1995) und (kritisch) Putnam (1981), 150ff..
8 Geertz (1966), 5: „It is through culture patterns, ordered clusters of significant symbols, that man makes sense of the events through which he lives". Vgl. auch Geertz (1973), 3ff.; Waardenburg (1974) und (1983).
9 Geertz (1966), 7.

sich und daher unter Absehung von anderen Aussagen nicht bestimmbar. Mehrere Aussagen bilden, bei Vorliegen gewisser Regelmäßigkeiten, ein Aussagesystem. Dieses ist eine diskursive Formation, die einen bestimmten Diskurs als solchen prägt, der wiederum definiert werden kann als „eine Menge von Aussagen, die einem gleichen Formationssystem zugehören"[10].

Eine diskursive Formation zeichnet sich ab, „wenn man eine Gesamtheit von zwischen den Instanzen des Auftauchens, der Abgrenzung und der Spezifizierung aufgestellten Beziehungen aufstellen kann; wenn man zeigt, wie irgendein Gegenstand des in Frage stehenden Diskurses darin seinen Platz und das Gesetz seines Erscheinens findet"[11]. Die diskursive Formation charakterisiert „die Ebene der gesagten Dinge auf der spezifischen Ebene der Aussagen"[12]. Das heißt, Aussagen werden im Vergleich mit anderen Aussagen und deren Konditionierungen betrachtet: „Aussagen und Aussagefunktionen ... zu beschreiben, die Bedingungen zu analysieren, unter denen sich diese Funktion vollzieht, die verschiedenen Gebiete und Weisen zu durchlaufen, wie sie sich gliedern, heißt es darauf abgesehen zu haben, das hervorzubringen, was sich als diskursive Formation individualisieren kann"[13].

Problematisch ist bei alledem der Begriff des Diskurses, obwohl Paul Veyne durchaus recht hat, wenn er schreibt: „Foucault deckt keinen geheimnisvollen Diskurs auf, der anders wäre als der, den wir alle vernehmen: er lädt uns nur ein, genau zu beobachten, was da gesagt wird"[14]. Foucault selbst liefert mehrere Diskursdefinitionen, die allerdings nicht eindeutig faßbar werden[15]. Mir scheint jedoch, als habe Foucault unter

10 Foucault (1981), 156.
11 Ebd. 67.
12 Ebd. 169.
13 Ebd. 168.
14 Veyne (1992), 28.
15 Vgl. Foucault (1981), 116: „Schließlich glaube ich, daß ich, statt allmählich die schwimmende Bedeutung des Wortes Diskurs verengt zu haben, seine Bedeutung vervielfacht habe: einmal allgemeines Gebiet aller Aussagen, dann individualisierbare Gruppe von Aussagen, schließlich regulierte Praxis, die von einer bestimmten Zahl von Aussagen berichtet", und an anderer Stelle: „[Der] Terminus *Diskurs*, den wir hier mit verschiedenen Bedeutungen benutzt und abgenutzt haben ...: auf die allgemeinste Weise ... bezeichnete er eine Menge von sprachlichen Performanzen. Wir verstanden unter Diskurs einmal, was (eventuell sogar alles, was) an Zeichenmengen produziert worden war. Aber wir verstanden darunter auch eine Menge von Formulierungsakten, eine Folge von Sätzen oder Propositionen. Schließlich – und diese Bedeutung hat schließlich überwogen ... – wird der Diskurs durch eine Menge von Zeichenfolgen konstituiert, insoweit sie

anderem bereits die diversen Funktionen im Sinn, die der Begriff Diskurs *für unsere Zwecke* erfüllen kann. Es handelt sich dabei um drei unterschiedliche Diskursarten: erstens den Diskurs$_1$ im allgemeinen Sinn innerhalb eines zwar abgrenzbaren, aber sehr weiten Bereichs, zweitens den Diskurs$_2$ im gattungsgebundenen Sinn und drittens den Diskurs$_3$ im spezifischen Sinn als eine „individualisierbare Gruppe von Aussagen", die einerseits Teil eines allgemeinen Diskurses$_1$ sowie eines oder mehrerer Diskurse$_2$ sind oder sein können, andererseits aber mit diesen weder deckungsgleich noch identisch sind. Von jedem dieser Diskurstypen gilt, was Foucault über die Kennzeichen einer diskursiven Formation und der sie konstituierenden Aussagen sagt.

Der Diskurs$_1$ im allgemeinen Sinn bezeichnet die Gesamtheit von Äußerungen innerhalb eines Bereichs, der sich lediglich in Hinblick auf Stoßrichtung, Argumentation, Form oder Thematik grob einordnen läßt, das heißt Diskurse als „spezifische, gesellschaftlich ausdifferenzierte Formen der Wissensproduktion"[16]. Die Begrenzung eines solchen Diskurses orientiert sich an der in einer Kultur auftretenden Ordnung des Wissensvorrats und wird sich zunächst an der *dort jeweils herrschenden* Ordnung bzw. Systematik ausrichten[17]. So konnte Foucault vom klinischen Diskurs oder vom Diskurs der Naturgeschichte sprechen[18], und in der islamischen Kultur ließen sich, beispielsweise, der juristische Diskurs oder der *adab*-Diskurs (d. h. der „literarische" Diskurs[19]) nennen. In diesem Sinn ist ein Diskurs ein „System des Denkens und Argumentierens", das durch einen „gemeinsamen »Redegegenstand«, durch »Regularitäten der Rede« und durch »Relationen zu anderen Diskursen« bestimmt ist. Diskurse sind also keine Einzeltexte oder Textgruppen, sondern Komplexe, die sich aus Aussagen und den Bedingungen und Regeln ihrer Produktion und Rezeption ... zusammensetzen"[20]. Die Kriterien, wonach ein Diskurs bestimmt, was sagbar ist, und auf welche Art und Weise dies geschieht, wirken dabei als dem Diskurs inhärente und diesen von innen heraus konditionierende Determinanten[21].

Aussagen sind" (ebd. 156). Vgl. zum Diskursbegriff auch Frank (1992); Keller (1997), 310ff.; Schrage (1999); Link (1999), 148ff.
16 Keller (1997), 312.
17 Für die islamische Kultur vgl. Heinrichs (1990b), 21ff. und (1995).
18 Vgl. Foucault (1981), 156. Dies entspricht einer Differenzierung des Diskursbegriffs gegenüber seiner früheren Studie *Die Ordnung der Dinge*, wo Foucault noch allgemein vom „wissenschaftlichen Diskurs" (Foucault 1991, 15) spricht.
19 Vgl. Fähndrich (1990) und Heinrichs (1990b), 17.
20 Winko (1996), 464 (nach Michael Titzmann).
21 Vgl. auch Habermas (1991), 296.

Diese Determinanten selbst sind nicht an bestimmte Aussagen gebunden, zeigen sich aber mittels dieser oder lassen sich in diesen aufzeigen. Auf sie richtet sich das eigentliche Interesse Foucaults, denn er verbindet mit der Aufdeckung dieser Determinanten, die selbst nicht hervortreten, obwohl sie Diskurse konditionieren, das Anliegen, die positivistische Darstellung der Literatur-, Geistes- und Kulturgeschichte zu unterminieren – oder vielmehr positivitisch zu *überbieten*[22] –, worin das destruktive Potential der Foucaultschen Diskursanalyse deutlich wird[23]. Der grundlegende Unterschied zwischen einer islamwissenschaftlichen und der Foucaultschen Diskursanalyse besteht nun darin, daß sich, beim Anliegen Foucaults, die westliche Kultur und ihre neuzeitliche Selbstsicht von den Methoden ihrer Untersuchung schlechterdings nicht trennen lassen (denn diese Selbstsicht beruht entweder auf eben dieser Untersuchung oder determiniert diese in ihrer Ausrichtung), weshalb sich ihm auch ideen-, problem- oder begriffsgeschichtliche Untersuchungen verbieten, da diese gerade von den Ideen (Problemen, Begriffen, &c.) geleitet sind, deren Untersuchung sie anstreben.

In gewisser Weise ist also Foucault auf der Suche nach dem archimedischen Standpunkt – „the mysterious standpoint of Foucault's own allegedly objective 'Archeology of Knowledge'[24] –, von dem aus sich die *eigene* Kultur bei gleichzeitiger Absehung von allen *eigenen* Kategorien rekonstruieren ließe[25]; daß dies, aufgrund der Selbstreferentialität, nur bis zu einem bestimmten Grad möglich ist, macht die Bedeutung der Foucaultschen Diskursanalyse so umstritten und angreifbar[26]. Die Islamwissenschaft ist demgegenüber in einer privilegierten Position, insofern es ihr die Methodik der Diskursanalyse erlaubt, die jeweils eigenen Katego-

---

22 Vgl. Veyne (1992), 28ff.
23 In einer für die Islamwissenschaft fruchtbaren Diskursanalyse käme dieses destruktive Potential nicht in bezug auf die islamische Kultur, sondern in der Aufdeckung der Determinanten des islamwissenschaftlichen Diskurses zum Tragen, vgl. Said (1978), 2f. und Stauth (1993), 10 und 63. (Edward Said selbst wird aber dem Anliegen der Diskursanalyse kaum gerecht, siehe die zutreffende Kritik in Fähndrich 1988). Im innerislamischen Rahmen war es namentlich Mohammed Arkoun, der sich bei seiner *critique de la raison islamique* in diesem Sinn auf den Diskursbegriff Foucaults berufen hat, siehe Wild (1986) und Arkoun (1996).
24 Putnam (1981), 156.
25 Vgl. Habermas (1991), 359: „Heidegger und Foucault wollen ... einen *Sonderdiskurs* in Gang setzen, der beansprucht, sich *außerhalb* des Horizonts der Vernunft abzuspielen, ohne doch ganz und gar unvernünftig zu sein".
26 Zu diesem Gesichtspunkt, wie auch zu vielen anderen Problemen des Foucaultschen Ansatzes, siehe die wichtige kritische Abhandlung Dreyfus/Rabinow (1987) sowie Trigg (1985), 192-5.

rien zu *ent-*eignen und trotzdem ideen-, motiv-, problem- oder begriffsgeschichtliche Untersuchungen anzustellen, denn sie steht in keiner *genetischen* Verbindung zu ihrem Untersuchungsgegenstand. Sie ist ihm allein vor dem Horizont der Sprache verhaftet (vgl. unten Seite 109), was das Verfahren der Diskursanalyse zwar zu einer analytisch konzipierten Vorarbeit, aber auch zu einem *Bestandteil* der hermeneutischen Tätigkeit macht.

Der Diskurs$_2$ im gattungsspezifischen Sinn bezeichnet den Diskurs, wenn er sich als formal oder stilistisch abgrenzbare Rede- und Vortragsart bzw. Text- oder Literaturgattung darstellt[27]; er entspricht deshalb dem „Architext" in der Terminologie von Gérard Genette[28] oder den „Text-Traditionen" und „Textsorten" bei Jürgen Trabant[29]. Ein solcher Diskurs$_2$ tritt innerhalb der Diskurse$_{1+3}$ auf, und es ist wahrscheinlich, daß ein Diskurs$_1$ mehrere Diskurse$_2$ einschließt, mindestens jedoch einen. Diskurs$_2$ soll also bedeuten, daß eine bestimmte Zahl von Aussagen innerhalb eines *äußerlich* determinierbaren Diskurses erscheint. Anders gesagt, ein Diskurs$_2$ wäre der Schnittpunkt aus einer Anzahl anderer Diskurse$_{1+3}$, dessen Abgrenzung aufgrund formaler Kriterien erfolgt; Beispiele aus der islamischen Kultur wären der epigraphische oder der poetische Diskurs[30]. Im übrigen kommt es dabei nicht darauf an, wie wir nach unserem Verständnis einzelne Gattungen definieren und welcher Gattung wir im Einzelfall welches Werk zuordnen, sondern allein darauf, welche Gattungen in der zu untersuchenden Kultur bekannt waren und welchen Gattungen die Texte nach dem *dort* herrschenden Verständnis zugeordnet wurden[31]. Siegfried J. Schmidt spricht in diesem Zusammenhang von Textäußerungen und Textsorten als „gruppenspezifisch bzw. allgemein-

---

27 Foucault selbst scheint, obwohl er in Diskursen eine „regulierte Praxis" erblickt, worunter sich auch Gattungskonventionen fassen ließen, einen direkten Zusammenhang zwischen dem Diskurs- und formalen Kriterien (etwa dem Gattungsbegriff) abzulehnen, denn der Diskurs bilde „keine rhetorische oder formale, unbeschränkt wiederholbare Einheit, deren Auftauchen und Verwendung in der Geschichte man signalisieren (und gegebenenfalls erklären) könnte" (Foucault 1981, 170). Immerhin scheint es mir möglich, Diskurs$_2$ als eine Unterart der „Positivitätstypen" zu verstehen, von denen Foucault im Rahmen der „Positivität des Diskurses" spricht (ebd. 183-86).
28 Genette (1993), 9 und 13f.
29 Vgl. Trabant (1998), 36 und 63f.
30 Zur Epigraphik: Blair (1998); zum poetischen Diskurs: Stetkevych (1975).
31 Nicht erforderlich ist also eine Definition von Gattungen und die Einordnung von Einzeltexten *aus unserer Sicht*, einem in der Literaturwissenschaft in seiner Gültigkeit umstrittenen Verfahren. Allerdings kann aus unserer Sicht bestimmt werden, welche gesellschaftlichen Funktionen Gattungen als intersubjektiv typisierte Sprechweisen besitzen, vgl. dazu Günthner/Knoblauch (1997).

gesellschaftlich erwartbaren (rekurrenten) Manifestationsformen"[32], die *qua* Texte als „sprachliche Kommunikatbasen" dienen, und „hier geht es um eine nur historisch-empirisch zu lösende Frage, wer wann unter welchen Bedingungen Texten bestimmte Merkmale wahrnehmend zugeordnet und sie wertend ... eingeschätzt hat"[33].

Diskurstyp$_2$ wurde ausführlich von Jan Assmann behandelt, der auf der Grundlage von Diskursen$_2$ und ausgehend von den Formen der Thematisierung, Textualisierung und soziokultureller Funktionen „Textwelten" rekonstruiert[34]. Für den Diskurs$_2$ gilt das schon in bezug auf Diskurs$_1$ Gesagte, allerdings mit dem Unterschied, daß ein Diskurs$_2$ nicht durch einen gemeinsamen Redegegenstand faßbar und daher nicht über die in ihm auftretenden Aussagen, sondern nur über die *formalen* Bedingungen der Möglichkeit ihres Auftretens bestimmt und individualisierbar ist. Diese Bedingtheit besteht in den „speziellen Schreibregeln des betreffenden Textgenres" bzw. „in seiner Schreibstrategie"[35]. Das bedeutet nicht, daß es im Diskurs$_2$ keine Bedingungen nichtformaler Natur gäbe, wie sie zum Beispiel in den darin auftretenden Subdiskursen erscheinen, die durchaus einen gemeinsamen Redegegenstand aufweisen können (beim poetischen Diskurs: Lobgedicht, Trauergedicht, Liebesgedicht, &c.; beim epigraphischen Diskurs: Bauinschrift, Grabinschrift, &c.). Es bedeutet lediglich, daß die spezifische Diskursivität eines Diskurses$_2$ nicht über den jeweils – in den Subdiskursen etwa – konkretisierten Redegegenstand bestimmbar ist. In seiner Untersuchung des Wahnsinns in der europäischen mittelalterlichen Literatur hat Dirk Matejovski den literarischen Diskurs als Diskurs$_2$ im Sinne eines *formal* bestimmbaren Diskurses genau beschrieben:

„Dabei wissen sich die literarischen Texte vor den Einflüssen medizinischer, theologischer und juristischer Deutungsfelder weitgehend zu bewahren, indem sie einen eigenständigen Diskurs über den Wahnsinn begründen. Diese Differenz gegenüber den anderen Formen der gesellschaftlich vermittelten Wissensarchivierung ist sicherlich zum einen auf *die spezifischen Konstitutionsbedingungen literarischer Texte, ihre Poetizität also*, zum anderen auf ihre Funktion innerhalb bestimmter Prozesse sozialer Verständigung zurückzuführen. Allen Texten war ablesbar, daß sie sich weder als literarische Monaden noch als didaktisierende Sozialtraktate begreifen lassen, *sondern ein poetisches Eigenrecht beanspruchen, das sich einzig einer literaturwissenschaftlichen Hermeneutik erschließt*"[36].

---

32 Schmidt (1991), 90. Vgl dort auch den Exkurs 96ff.
33 Schmidt (1992b), 163.
34 Jan Assmann (1995), Kap. 2.
35 Chartier (1988), 36.
36 Matejovski (1996), 302f.

Der Diskurs₃ im spezifischen Sinn schließlich ist, wie die Aussagen selbst, ein schwer zu fassendes Gebilde; nicht zuletzt deshalb, und trotz seiner herausragenden Bedeutung, wird er in den meisten sozialwissenschaftlichen Adaptionen der Diskursanalyse nicht als solcher wahrgenommen[37]. Ein Diskurs₃ ist einerseits beschränkter als die einzelnen Diskurse₁₊₂, geht aber andererseits über diese hinaus: Ein Diskurs₃ bildet sowohl den Schnittpunkt verschiedener Diskurse₁₊₂, bestimmt aber auch deren Konfiguration und ist manchmal sogar deren Voraussetzung. Im Gegensatz zu den Diskursen₁₊₂ ist er *nur* über den Redegegenstand oder ein näher zu bestimmendes Aussagenfeld faßbar, das ein deutliches semantisches oder funktionales Zentrum besitzt. Es mag sich dabei durchaus, anders als bei Foucault vorgesehen, um einen problem- oder begriffs-, stoff- oder motivzentrierten Diskurs handeln; er kann aber auch durch ein Kollektivsymbol oder durch Symbolserien bestimmt sein[38]. Darüber hinaus mag man, in Anlehnung an die Mentalitätsgeschichte, darunter Diskurse verstehen, die ein Gefühl, eine Einstellung oder biologische Konstanten (Geburt, Krankheit, Tod, &c.) betreffen, wie dies im Bereich der Islamwissenschaft schon wiederholt mit bemerkenswerten Ergebnissen gezeigt wurde[39]. Es ist unerheblich, ob Diskurse₃ in der Kultur, in der sie auftreten, als solche erkannt wurden oder nicht[40]; es ist auch möglich, daß sie im Bereich der Diskurse₂ zu eigenen Subdiskursen geführt haben.

Für die kulturwissenschaftliche Untersuchung sind die Diskurse₃ von größter Wichtigkeit. Sie sind nicht nur, im Gegensatz zu den Diskursen₁₊₂, von praktisch unbegrenzter Anzahl, sondern in ihnen wird sich die Spezifizität einer Kultur erst eigentlich zeigen. Darin liegt auch der Vorteil der Diskursanalyse gegenüber dem Rüsenschen Modell einer interkulturellen Typologie: anstelle einer reduktionistischen Typologie, in welche die kulturellen Phänomene eingeordnet werden, sind die Diskurse, in deren Rahmen sie auftreten, potentiell unendlich; anstelle einer Verarmung bleibt hier die kulturelle Vielfalt, dank der nicht-reduktionistischen Diskursanalyse, gewahrt (vgl. unten Seite 69f.). Zugleich findet diese Rekonstruktion unabhängig davon statt, ob es in anderen Kulturen (einschließlich der *eigenen*) gleiche oder ähnliche Diskurse gibt oder gegeben hat, was wiederum die Frage nach Nutzen und Nachteil des

---

37 Vgl. Keller (1997).
38 Link (1988). Ob es sich dabei immer um Spezialdiskurse handelt, wie sie Jürgen Link definiert hat, ist allerdings fraglich.
39 Allen voran Gardet (1977), aber auch Goitein (1961); Rosenthal (1983a); Gronke (1990); Hurvitz (1997); Bauer (1998a) und (1999).
40 Dazu vgl. unten Seite 69 Anmerkung 139.

interkulturellen Vergleichens beantworten hilft. Zusammenfassend läßt sich deshalb folgendes feststellen:

(1) Kein $Diskurs_3$ wird auftreten, der sich nicht mindestens innerhalb eines $Diskurses_1$ und eines $Diskurses_2$ zeigt oder aufzeigen läßt, sehr wahrscheinlich aber in mehreren. Trotz gewisser Ähnlichkeiten zwischen $Diskursen_1$ und $Diskursen_3$ werden sich $Diskurse_3$ nicht als Subdiskurse eines $Diskurses_1$ verstehen lassen, was in bezug auf $Diskurstyp_2$ immerhin möglich ist. Andererseits kann kein $Diskurs_1$ oder $Diskurs_3$, im konkreten Fall, unabhängig von $Diskursen_2$ bestimmt und untersucht werden, da jede Äußerung – und damit jede Aussage – als solche immer mindestens einem $Diskurs_2$ angehört[41].

(2) Jeder Diskurstyp erfüllt unterschiedliche Funktionen und folgt eigenen Regularitäten, die für sich beschrieben werden können. Für diese Regularitäten gilt, was von diskursiven Formationen im allgemeinen gesagt wurde; zugleich können sie regional und/oder zeitlich begrenzt sein und Wandlungen unterliegen. Für die jeweilige Diskursidentität gilt der „Bereich des je Möglichen als Bestimmungsgrund"[42], aber kein Diskurs kann ohne seine Beziehung zu anderen, parallel bestehenden oder intersektierenden Diskursen und nichtdiskursiven Praktiken vollständig bestimmt werden:

„Each of the discursive regimes has its own characteristic concerns, intellectual and procedural boundaries, specialized languages. But each of these also touches and interacts with the others in a loose but powerful association, an association driven by certain mimetic assumptions, shared metaphors, operational practices, root perceptions"[43].

An diesem Punkt wird auch der Zusammenhang zwischen Diskursanalyse und soziologischen Ansätzen deutlich, etwa Diskursanalyse als Rekonstruktion des literarischen Kommunikationssystems oder als Diagnostik gesellschaftlicher Praktiken[44]. Für eine vergangene Kultur gilt aber, daß auch die nichtdiskursiven Praktiken selbst nur mittels diskursiver Formationen (d. h. über sprachlich codierte Informationen) bekannt sind, was wiederum die Priorität der Diskursanalyse, einschließlich der hierzu erforderlichen philologischen Kenntnisse und Methoden, vor der Anwendung soziologischer Fragestellungen bedeutet (vgl. unten Seite 75 und 115).

41 Die Unterscheidung „Spezialdiskurs"–„Interdiskurs", wie sie Jürgen Link aufgebracht hat (Link 1988), ist zwar nicht ohne Wert, läßt sich aber nicht ohne weiteres mit den Diskurstypen parallelisieren, wie sie hier beschrieben werden.
42 Wegmann (1988), 56.
43 Greenblatt (1991), 23.
44 Vgl. Hafez (1993); Bauer (1998a), 14ff.; Bublitz (1999).

(3) Die einzelnen Diskurse und ihre je sprachliche Verfaßtheit sind, vergleichbar dem philosophischen Konzept der Lebenswelt, *unhintergehbar* und somit Ausgangspunkt jeder kultur- und somit auch islamwissenschaftlichen Untersuchung. Daraus folgt auch, daß die Diskurse nicht nur Systematisierungsleistungen ermöglichen bzw. „generalisierte Verständigungs- und Orientierungsmuster" bilden, welche die soziale Kommunikation regulieren[45] und in deutlicher „Abgrenzung zur lebensweltlichen Alltagskommunikation"[46] stehen, sondern daß sie diese Kommunikation selbst sind und die Lebenswelt nicht nur umfassen, sondern sie auch, auf je verschiedene Weise, abbilden und *formen*. Hieraus erklärt sich die Nähe der Diskursanalyse zur Wissenssoziologie (vgl. unten Seite 73ff.).

(4) In der unter Punkt 2 genannten Beziehung der Diskurse zu- und untereinander ergibt sich schließlich eine Dialektik, deren Verständnis die Tür der Diskursanalyse zur Hermeneutik öffnet und ihre enge Verbindung ermöglicht. Darüber hinaus ist auch die mittels der Diskursanalyse zu leistende Beschreibung bzw. Rekonstruktion, anders als es die strukturalistische Position eingesteht, selbst bereits eine hermeneutische Tätigkeit, und zwar aufgrund der zwischen dem zu beschreibenden Phänomen und dem Beschreibenden bestehenden unaufhebbaren Beziehung. Der Zusammenhang zwischen Diskursanalyse und Hermeneutik bleibt für den Moment jedoch ausgeblendet, weil er weiter unten auf Seite 89ff. eingehend behandelt werden wird.

Die Diskursanalyse (bzw. die Analyse eines Aussagensystems) beruht auf den Atomen des jeweiligen Diskurses, den „Aussagen". Dieser Terminus, der sich am Foucaultschen Begriff des *énoncé* orientiert, bezeichnet eine Abfolge von Zeichen, die einerseits als Satz oder als Proposition formuliert werden können, andererseits aber nicht mit einem Satz, einem Sprechakt oder einer Proposition – also grammatischen, lokutorischen oder formallogischen Strukturen – identisch sind[47]: „In der logischen Analyse ist sie das, was »bleibt«, wenn man die Satzstruktur herausgearbeitet und definiert hat; für die grammatische Analyse ist sie die Folge von sprachlichen Elementen, in der man die Form eines Satzes erkennen oder nicht erkennen kann. Für die Analyse der Sprechakte erscheint sie als der sichtbare Körper, in dem sie sich manifestieren"[48].

---

45 Vgl. Wegmann (1988), 13f., 51 und 56.
46 Ebd. 40.
47 Foucault (1981), 155ff. Vgl. auch Brede (1985), 61-4.
48 Foucault (1981), 122f.

Die Sprache ist ein Konstruktionssystem für mögliche Aussagen[49], obwohl eine Aussage zugleich abhängig und unabhängig von konkreten sprachlichen Zeichenfolgen ist[50]: Über das Medium der Sprache, in dem sie gegeben ist, geht sie gleichzeitig hinaus und besitzt „eine besondere Existenzweise, die für jede Folge von Zeichen charakteristisch ist"[51]. Diese Existenzweise, oder, nach Foucault, Existenzmodalität[52], ergibt sich aus ihrer spezifischen Aussagefunktion, denn eine Aussage ist keine „lange oder kurze, stark oder schwach konstruierte Einheit", die sich als solche bestimmen ließe, sondern „es handelt sich um eine Funktion, die in Beziehung zu diesen verschiedenen [sc. logischen, grammatischen und lokutorischen] Einheiten sich vertikal auswirkt und von einer Serie von Zeichen zu sagen gestattet, ob sie darin vorhanden sind oder nicht. Die Aussage ist also nicht eine Struktur ...; sie ist eine Existenzfunktion, die den Zeichen eigen ist"[53]. Betrachtet man eine Aussage als Funktion, als Beziehung von etwas auf etwas anderes, dann „gibt es keine Aussage im allgemeinen, keine freie, neutrale oder unabhängige Aussage; sondern stets eine Aussage, die zu einer Folge oder einer Menge gehört, eine Rolle inmitten der anderen spielt, sich auf sie stützt und sich von ihnen unterscheidet"[54].

Was nun die Konditionierungen von Aussagen betrifft, so lassen sich im Rahmen der Diskursanalyse drei Ebenen unterscheiden: (1) die Strukturebene, das heißt Aussagen als Performanzen in einer konkreten Sprache *und* Schrift[55], (2) die Kontextebene, das heißt Aussagen als

---

49 Neben den natürlichen Sprachen existieren auch andere Aussagensysteme, etwa künstliche Sprachen (formale Logik), numerische Systeme (Zahlenreihen, Tabellen) oder Bildsymbole (Ikonen).
50 Foucault (1981), 124. Siehe auch Frank (1992), 39: „Die Aussage (*énoncé*) steht also irgendwo zwischen der exclusiven Einmaligkeit der énonciation und der Wiederholbarkeit *salva significatione* eines sprachlichen oder logischen oder sonstwie systemzugehörigen Schemas. In mehreren verschiedenen énonciations kann ein und dasselbe énoncé vorgebracht werden; umgekehrt kann in verschiedenen sinngleich wiederholten und grammatisch korrekten Sätzen (phrases) ein jeweils verschiedenes énoncé ausgedrückt werden."
51 Foucault (1981), 128.
52 Ebd. 155. Vgl. auch Brede (1985), 115.
53 Foucault (1981), 126. Vgl. auch Brede (1985), 65.
54 Foucault (1981), 144.
55 Die Schriftproblematik ist bei den großen Islamsprachen relevant, die sich der arabischen Schrift bedienen. Diese ist nicht theoretisch, aber durch die übliche Weglassung der Vokalzeichen *praktisch* defektiv, d. h. sie überläßt dem Leser einen gewissen Spielraum bei der Lesung des Geschriebenen: so geht im Arabischen der Unterschied zwischen aktiven und passiven Verbformen oft nicht aus der Schrift hervor, solange nicht die nötige Vokalisation vorliegt.

Elemente von bestimmten Diskursen, konventionsgesteuerten Handlungs- und Aussagesystemen, und (3) die Ebene der Materialität, das heißt Aussagen als Teil eines Texts, eines Rituals, &c. Die Bedingtheit von Aussagen und ihrer Funktion ist daher (1) sprachspezifisch, (2) kontextspezifisch und (3) trägerspezifisch. Hierbei sind von mir einige Modifizierungen gegenüber der Aussagenanalytik Foucaults vorgenommen worden, wie im folgenden gezeigt werden soll. Foucault unterscheidet in der *Archäologie des Wissens* bekanntlich vier Aspekte der Aussagenkonditionierung[56]:

(a) Eine Aussage steht in einem sogenannten „Korrelationsraum", durch den das Verhältnis einer Zeichenfolge zu ihrem Sinn bestimmt werden kann, das heißt, sie bezieht sich auf ein „Referential", das „nicht aus »Dingen«, »Fakten«, »Realitäten« oder »Wesen« konstituiert wird, sondern von Möglichkeitsgesetzen, von Existenzregeln für die Gegenstände, die darin genannt, bezeichnet oder beschrieben werden"[57]. Dies bedeutet auch, daß das Referential „die Möglichkeiten des Auftauchens und der Abgrenzung dessen, was dem Satz seinen Sinn, der Proposition ihren Wahrheitswert gibt", bewirkt, wobei die Gesamtheit dieses Referentials das „Aussageniveau" jeder Formulierung – so nennt Foucault eine Aussage in Gestalt einer konkreten sprachlichen Äußerung – kennzeichnet.

(b) Jede Aussage ist subjektgebunden, wobei die spezifische Position des äußernden Subjekts bestimmt werden muß. Auch ein unpersönlicher Satz hat ein Aussagesubjekt – als ein dem Satz äußerliches Element[58] –, denn dieses „ist eine Dimension, die jede Formulierung als Aussage charakterisiert". Aber: „Eine Formulierung als Aussage zu beschreiben besteht nicht darin, die Beziehungen zwischen dem Autor und dem, was er gesagt hat (oder hat sagen wollen, oder, ohne es zu wollen, gesagt hat) zu analysieren; sondern darin, zu bestimmen, welche Position jedes Individuum einnehmen kann und muß, um ihr Subjekt zu sein"[59]. Der tatsächliche Sprecher (oder Autor) ist daher nicht das eigentliche Aussagesubjekt, sondern nur ein Element der Subjektmenge, die aufgrund der Aussage beschrieben werden kann und diejenigen Individuen umfaßt, die diese Aussage machen können[60].

---

56 Vgl. Foucault (1981), 167 und Kammler (1986), Teil II, besonders 80ff.
57 Foucault (1981), 133. Dazu vgl. auch Heidegger (1986), 156f.
58 Vgl. Brede (1985), 70.
59 Foucault (1981), 196.
60 Zu den Äußerungsmodalitäten und den Positionen des Subjekts vgl. auch ebd. 75-82.

(c) Die Aussagefunktion existiert nur innerhalb eines Aussagefeldes[61] – von Foucault auch „assoziiertes Gebiet" oder „angeschlossenes Feld" genannt –, was die Aussage vom Satz oder der Proposition unterscheidet, die beide auch für sich allein stehend als solche erkannt werden; die Aussage hingegen bedarf notwendig anderer Aussagen und eines Kontexts. Wie bereits erwähnt, gibt es deshalb keine neutralen oder unabhängigen Aussagen, sondern nur solche als Teil einer Folge oder Menge: „Es gibt keine Aussagen, die keine anderen voraussetzen; es gibt nicht eine einzige, die um sich herum kein Feld von Koexistenzen, von Serien- und Folgewirkungen, keine Distribution von Funktionen und Rollen hätte"[62]. Dieses Aussagefeld bildet, nach Foucault, ein komplexes Raster aus vorausgehenden, gleichzeitigen und späteren Aussagen, auf die eine bestimmte Aussage reagiert, in die sie sich einschreibt, die sie bewirkt[63]. Das bedeutet zunächst die wesenhafte Kontextabhängigkeit und Interdiskursivität der Aussagen, aber auch ihre wesenhafte Abhängigkeit von vorherigen, parallelen und *nachfolgenden* Aussagen. Hieraus ergibt sich die zentrale Bedeutung der intertextuellen (bzw. interdiskursiven) Natur jeder Aussage. Der Sinn einer Aussage ist dementsprechend nicht ohne die Einbeziehung anderer Aussagen, gewissermaßen essentialistisch, faßbar, sondern tritt erst in seinem Sein als Differenz zu anderen Aussagen hervor (vgl. oben Seite 29); im hermeneutischen Ansatz Gadamers erscheint dieses Prinzip als Wirkungsgeschichte.

(d) Eine Aussage muß, um als solche gelten zu können, materielle Existenz aufweisen, zum Beispiel als Teil eines Texts, eines Rituals oder einer Konversation. Diese Materialität, die sich in einem spezifischen Anwendungsfeld situiert und – im Fall von Texten – im wesentlichen die Bedingungen von Diskursen$_2$ kennzeichnet, „ist konstitutiv für die Aussage selbst: eine Aussage bedarf einer Substanz, eines Trägers, eines Orts und eines Datums. Und wenn diese Erfordernisse sich modifizieren, wechselt sie selbst die Identität"[64]. Und weiter: „Diese wiederholbare Materialität ... läßt die Aussage als ein spezifisches und paradoxes Objekt ... unter all denen erscheinen, die die Menschen produzieren, handhaben, benutzen, transformieren, tauschen, kombinieren, zerlegen und wieder zusammensetzen, eventuell zerstören"[65]. Das bedeutet nicht nur, daß eine Aussage (in ihrer Funktion) durch ihre Materialität kondi-

---

61 Vgl. Foucault (1981), 83-93.
62 Ebd. 145.
63 Vgl. ebd. 142-44.
64 Ebd. 147.
65 Ebd. 153.

tioniert ist, sondern auch, daß verschiedene Äußerungen (*énonciations*) einer Aussage einem materialitätsabhängigen Variationsprinzip unterliegen, das die Identität der Aussagen beeinflußt[66]. Aussagen, die in derselben sprachlichen Form in einem Brief, in einer Inschrift oder in einem Gebet auftreten, sind nicht äquivalent. Eine Aussage dagegen, die sich in der wortwörtlich identischen Abschrift eines 300 Jahre alten Texts findet, kann, nach Foucault, als dieselbe Aussage betrachtet werden[67]. Das heißt, „daß die Materialität der Aussage nicht durch den eingenommenen Raum oder das Datum der Formulierung definiert wird, sondern eher durch ein Statut als Sache oder Objekt"[68].

Eine Aussagefunktion läßt sich demnach, Foucault folgend, als vierfache Modalität beschreiben: (a) Eine Aussage bedarf eines Korrelationsraums, (b) jede Aussage hat eine Beziehung zu einem bestimmten Subjekt, dessen Position definiert werden kann, (c) jede Aussage ist Teil eines Aussagefelds, und (d) jede Aussage hat ihre Materialität und ihr Anwendungsfeld. Zusammengefaßt bedeutet dies: „Anstatt [den Aussagen] einen »Sinn« zu geben, stellt diese Funktion sie in Beziehung zu einem Objektfeld. Anstatt ihnen ein Subjekt zuzuweisen, öffnet sie ihnen eine Menge von möglichen subjektiven Positionen. Anstatt ihre Grenzen zu fixieren, plaziert sie sie in ein Gebiet der Koordination und Koexistenz, statt ihre Identität zu determinieren, siedelt sie sie in einem Raum an, in dem sie eingeschlossen, benutzt und wiederholt werden"[69].

Stellt man diese von Foucault ausgearbeiteten Kriterien (a) bis (d) den drei Arten der Bedingtheit von Aussagen (1) bis (3) gegenüber, die in der hier konzipierten Diskursanalyse unterschieden werden, so ergibt sich folgendes Bild:

Konditionierung (1), die sprachspezifische Natur von Aussagen, d. h. die von einer natürlichen Sprache (bzw. ihrer Grammatik, Semantik,

---

66 Die Materialität von Aussagen eröffnet deshalb, nach Foucault, „Möglichkeiten der Re-Inskription und der Transskription" (Foucault 1981, 150).
67 Uwe Lindemann hat mich in diesem Zusammenhang an Borges' Essay „Pierre Menard, Autor des *Quijote*" (Borges 1994, 35-45) erinnert, der die Problematik dieser Auffassung verdeutlicht: „[Menard] wollte nicht einen anderen *Quijote* verfassen – was leicht ist –, sondern den *Quijote*. Unnütz hinzuzufügen, daß er niemals eine mechanische Transkription des Originals ins Auge faßte; er wollte es nicht kopieren. Sein bewundernswerter Ehrgeiz war es, ein paar Seiten hervorzubringen, die – Wort für Wort und Zeile für Zeile – mit denen von Miguel de Cervantes übereinstimmen sollten. .../ Der Text von Cervantes und der Text von Menard sind Wort für Wort identisch, aber der zweite ist nahezu unendlich viel reicher" (ebd. 39 und 43).
68 Foucault (1981), 149.
69 Ebd. 154. Vgl. auch Brede (1985), 113.

Schrift, &c.) bedingten Ausdrucksmöglichkeiten, die nicht vollständig von einer auf eine andere Sprache übertragen werden können, ersetzt die Modalität (a) des Foucaultschen Modells, der sich dabei auf die sprachphilosophische Problematik der Relation zwischen Signifikat und Signifikant bezieht[70]. Weil aber bei der Erforschung einer außereuropäischen Kultur, die keine *genetische* Beziehung mit den Formen und Werten ihrer externen Erforschung aufweist, keine anderen als *die dort existierenden Referentiale für Sinn- und Wahrheitswerte sorgen können* (vgl. unten S. 120ff.), ist das Insistieren Foucaults auf der korrelativen Bedingtheit von Aussagen ohnehin vorausgesetzt. Die Untersuchung der konkreten sprachlichen Verfassung und Bedingtheit von Aussagen ist dabei eines der Residuen der Philologie im Rahmen dieser Diskursanalyse[71].

Konditionierung (2), die kontextspezifische Natur von Aussagen, besagt, daß die Funktion von Aussagen von intertextuellen, (inter-)diskursiven und pragmatischen, also im weitesten Sinn kontextabhängigen Faktoren bedingt ist, wobei die beiden Modalitäten (b) und (c) des Foucaultschen Modells zusammengefaßt sind. Das heißt, Subjektpositionen lassen sich nur kontextuell definieren und betreffen neben dem diskursiven Raum auch institutionale Gegebenheiten und Äußerungsmöglichkeiten. Ebenso sind die Aussagen selbst, wie oben beschrieben, nur kontextuell analysier- und deutbar. Die Untersuchung der Konditionierung (2) dient also sowohl zur Beschreibung des eigentlichen Aussagefelds als auch zur Bestimmung der jeweiligen Beziehungen einer Aussage zu ihrem jeweiligen Subjekt (das nicht mit dem konkreten Autor bzw. Sprecher identisch ist).

Konditionierung (3), die trägerspezifische Natur von Aussagen, entspricht im wesentlichen der Modalität (d) des Modells von Foucault bzw. den Diskursen$_2$. Gemeint ist damit nicht die tatsächliche Materialität des Aussagenträgers (also seine materielle Verfaßtheit: Papyrus, Papier, Stein, &c.), sondern dessen *funktionale* Materialität als zweck-, form- oder situationsgebundener Aussagenträger.

---

70 Vgl. Blackburn (1984) und Trabant (1998). Foucault macht die Referentialität einer Aussage von ihrem Korrelationsraum abhängig. Dieses relativistische Prinzip ermöglicht die Bestimmung von Sinn und Wahrheitswert nicht als absolute Setzung (und mit Bezug auf an und für sich existierende Objekte), sondern nach Maßgabe eines aussageabhängigen und die Semantik einer natürlichen Sprache gebundenen Korrelationsraums.
71 Vgl. Schoeler (1978) und unten Seite 113ff. Für Foucault stellte sich dieses Problem nicht, obwohl er sich *en passant* an der sprachlichen Aussagestruktur und der Übersetzungsproblematik interessiert zeigt, vgl. Foucault (1981), 147ff.

Die Untersuchung dieser Konditionierungen, denen Aussagen in jedem Fall unterliegen (bzw. die sie als solche überhaupt erst ermöglichen), ist Aufgabe der Diskursanalyse. Dies ist beim jetzigen Stand der Islamwissenschaft nur möglich, wenn ihr die weitere Aufbereitung des sprach- und trägerspezifischen Materials vorausgeht. Diese Aufbereitung läßt sich als die Auffindung, Rekonstruktion und Lesbarmachung desjenigen Materials (= Aussagenträger) beschreiben, durch das uns Aussagen zugänglich sind. Dieser Schritt wird von Foucault nicht eigens thematisiert, weil er sich im Bereich der neuzeitlichen europäischen Geistes- und Kulturgeschichte bewegt, wo die Vertrautheit mit den relevanten Sprachen vorausgesetzt werden kann und die Zugänglichkeit des Materials im allgemeinen gesichert ist.

Bei der Erforschung außereuropäischer Schriftkulturen ist beides nicht ohne weiteres gegeben: *Auffindung* bezieht sich daher auf die Erhaltung und Erschließung von Manuskripten, das Sammeln von Inschriften, &c.; *Rekonstruktion* auf die Erstellung kritischer Editionen, Transkription von Papyri und Handschriften, &c.; *Lesbarmachung* auf die Erarbeitung der Kompetenzen, die nötig sind, um diese Zeugnisse im Rahmen einer Aussagenanalyse heranziehen zu können.

Hiermit sind also diejenigen Verfahren einbezogen, die gemeinhin als die Kernpunkte der philologischen Methode gelten, insofern sie Quellenkunde, Editionsmethoden, Epigraphik, Papyrologie, Bibliologie, &c. betreffen[72], das heißt, insofern sie Zeichenmengen von sprachlicher Natur und verschiedener Materialität der weiteren Erforschung zugänglich machen. Dasselbe gilt im übrigen, *mutatis mutandis*, für nichtsprachliche Zeugnisse, mit deren Aufbereitung die Kunstgeschichte und Archäologie (Stichworte: Symbolik, Ikonologie)[73] oder die Brauchtumsforschung befaßt sind. Nichtverbale Elemente einer Kultur sind dabei ebenso als „Träger codierter Informationen" anzusehen, und es ist sinnvoll, „über die grammatischen Regeln der Bekleidung zu sprechen wie über die grammatischen Regeln beim Gebrauch sprachlicher Ausdrücke"[74]. Daß Verstehen kultureller Phänomene grundsätzlich dem Verstehen eines Texts ähnelt, eine Grundannahme der Ansätze von Clifford Geertz und Paul Ricœur (vgl. unten Seite 91f.), weist ebenfalls in diese

---

72 Speziell die Verfahren der Textedition erfordern dabei nicht nur Präzision, sondern bereits ein erhebliches Maß an Kenntnis der in diesen Texten auftretenden Diskurse; siehe Gronke (1982); Diem (1995) und die bisher erschienenen Folgebände; Dorpmüller-Wosap (2000).
73 Vgl. Insoll (1999), besonders Kapitel 1.
74 Leach (1978), 18; vgl. auch ebd. 68f.

Richtung⁷⁵; Geertz hat dies in seinem Aufsatz *Deep Play: Notes on the Balinese Cockfight* (1972) programmatisch formuliert:

„[I]t shifts the analysis of cultural forms from an endeavour in general parallel to dissecting an organism, diagnosing a symptom, deciphering a code, or ordering a system—the dominant analogies in contemporary anthropology—to one in general parallel with penetrating a literary text. .../ The culture of a people is an ensemble of texts, themselves ensembles, which the anthropologist strains to read over the shoulders of those to whom they properly belong"⁷⁶.

Doch nicht nur die notwendige Aufbereitung der sprach- und trägerspezifischen Materialität von Aussagen ist rekonstruktiv, auch die Diskursanalyse als solche ist, nach Foucault, wesentlich *Rekonstruktion* und *Beschreibung*: „Beschreibung der gesagten Dinge, genau insoweit sie gesagt worden sind", und: „Das Vorhaben einer *reinen Beschreibung der diskursiven Ereignisse* als Horizont für die Untersuchung der sich darin bildenden Einheiten"⁷⁷. Foucault bezeichnet, an anderer Stelle, die Diskursanalyse als eine Beschreibung des „Systems der Streuung" von Aussagen, deren Regelmäßigkeit eine diskursive Formation definiert und deren „Formationsregeln" die Existenzbedingungen einer gegebenen diskursiven Verteilung abgeben⁷⁸. Zugleich gilt es, die jeweiligen Diskursstrategien herauszuarbeiten, was nichts anderes bedeutet als die Bruchpunkte des Diskurses zu bestimmen, seine Konstellationen und seine Funktion im Feld nichtdiskursiver Praktiken⁷⁹.

Allerdings ist das Vorhaben einer „reinen Beschreibung" nicht frei von bestimmten Vorannahmen und als solche nicht einfach „Rekonstruktion": Foucault selbst schreibt von einer Behandlung des Aussagenmaterials „in seiner ursprünglichen Neutralität"⁸⁰ und öffnet damit dem Prinzip der Objektivität, dessen Unerfüllbarkeit feststeht, die Hintertür in einer Theorie, die sich eben der Überwindung des Subjekt-Objekt-Gegensatzes und seiner Implikationen verschrieben hat⁸¹. Überdies wirft

---

75 Vgl. Lenk (1993), 180 und Ziegler (1998), 60.
76 Geertz (1973), 448 und 452.
77 Foucault (1981), 159 und 41.
78 Vgl. ebd. 169. Hier spricht Foucault von den „vier Richtungen, in denen man diskursive Formationen analysiert ... : Formation der Gegenstände, Formation der subjektiven Positionen, Formationen der Begriffe, Formation der strategischen Wahl", parallel zu den vier Aspekten der Aussagenkonditionierung.
79 Vgl. ebd. 96-103.
80 Ebd. 41.
81 Foucaults Rede von „ursprünglicher Neutralität" wird verständlicher, wenn man bedenkt, daß sein Anliegen, bei aller expliziten Abwehr einer solchen Intention, die Erringung eines archimedischen Standpunkts impliziert (vgl. oben Seite 45),

sich hier die Frage auf, inwieweit eine „neutrale" Behandlung oder Beschreibung, die ja immer auch *Übersetzung* bedeutet, möglich ist, wenn sie in einer bestimmten Sprache (mit ihrem spezifischen „Referentialraum") und mittels Aussagen erfolgt, die selbst den Konditionierungen unterliegen, von denen oben die Rede war. Außerdem gilt: „Etwas von etwas aussagen heißt, im vollen und starken Sinn des Wortes, interpretieren"[82].

Andrea Bührmann hat auf diesen entscheidenden Punkt, der erneut den Zusammenhang zwischen Hermeneutik und Diskursanalyse deutlich macht und die antihermeneutische Stoßrichtung aller strukturalistischen Theoriebildung fragwürdig erscheinen läßt, aufmerksam gemacht. Sie stellt fest, daß Rekonstruktion wesentlich *Konstruktion* bedeutet: „Foucault hat also nicht nur eine vorgängige Vorstellung davon, welche Aussagengruppen einen Diskurs bilden. Darüber hinaus muss er ein Vorverständnis davon haben, wovon im Diskurs die Rede ist"[83], das heißt, „dass Foucault Diskurse nicht rekonstruiert, sondern zuerst konstruiert"[84]. Konstruktion bedeutet nicht nur ein dazu erforderliches Vorverständnis, sondern auch das Zutun des Konstrukteurs, der die zu rekonstruierenden Gegenstände nicht einfach vorfindet, etwa in ihrer „ursprünglichen Neutralität", sondern sie erst als solche konstruiert[85]. Dabei spielen aber der Horizont des Konstrukteurs und seine Erwartungshaltung eine Rolle, und so befindet er sich im Bannkreis des hermeneutischen Zirkels[86]. Was diese Erkenntnis impliziert, wird später am Beispiel der Interpretationstheorie Ricœurs behandelt werden.

In dieser Sicht erscheint demnach die Diskursanalyse nicht als eine Methode, die wissenschaftliche Objektivität ermöglicht, sondern als eine „erkenntnispolitische Option" im Sinn einer strategischen Wahl: Sie konstruiert „ausgehend von einem bestimmten Vorwissen mit Hilfe eines bestimmten methodischen Instrumentariums neue, andersartige Einheiten

---

 der letztlich – die Schlange beißt sich hier in den Schwanz – den szientifischen Idealen der Distanziertheit und Objektivität entspricht.
82 Ricœur (1974), 35.
83 Bührmann (1999), 57.
84 Ebd. 56.
85 Dies gilt, *mutatis mutandis*, auch für den Ansatz der Empirischen Literaturwissenschaft: „Die Daten der empirischen Literaturwissenschaft sind ... nicht anders als die der hermeneutischen Literaturwissenschaft im Rezeptionsprozeß *konstituierte*" (Pasternack 1994, 69; Hervorhebung von mir); vgl. auch Ort (1994), besonders S. 111.
86 Vgl. Heidegger (1986), 152f.; Riedel (1978), 36; Ströker (1990). Lenk (1993), 243ff. spricht in diesem Zusammenhang von der „Interpretationsimprägniertheit aller Erkenntnis- und Handlungsweisen". Vgl. auch Lenk (1997).

– die Diskurse"⁸⁷; mehr als eine die hermeneutischen Fragestellungen überflüssig machende Methode ist sie vielmehr ein neuer Ansatz- und Ausgangspunkt der kulturwissenschaftlichen Interpretationsleistung:

> „Der Begriff der (Re-)Konstruktion verweist darauf, dass ausgehend von einem bestimmten Vorverständnis bzw. Vorwissen eine Arbeitshypothese in bezug auf einen bestimmten Diskurs konstruiert wird, die über eine ›reine Oberflächenbeschreibung‹ ›relevanter Aussagen‹ rekonstruiert wird und im Rahmen einer Diskursanalyse als Konstruktion (re-)konstruiert wird. Diese (Re-)Konstruktionstätigkeit eröffnet dann die Möglichkeit, einen ›anderen‹ Blick auf die Gegenwart zu werfen und damit das vermeintliche Allgemeine, Absolute und Notwendige ›positiv‹ zu kritisieren"⁸⁸.

Als *konstruktive* Tätigkeit beruht sie also auf einer *Theorie*, und zwar einer Theorie dessen, was die Diskursanalyse als Methode zu leisten imstande ist. Es gibt daher keine reine Beschreibung, sondern nur die Zusammenstellung dessen, was dem Beschreibenden beschreibens*möglich* ist: Weil es prinzipiell keine 1:1 (Re-) konstruktion von Diskursen gibt, kann es sich immer nur um eine möglichst umfassende, aber niemals vollständige (Re-)konstruktion handeln, was wiederum den selektierenden Eingriff eines Subjekts erfordert. Der diskursanalytische Ansatz erhebt allerdings den Anspruch, daß diese Selektion nicht aufgrund dessen erfolgt, was beschreibens*wert* ist, sondern allein dadurch konditioniert ist, was überhaupt beschreib*bar*, und somit Bestandteil einer möglichen (Re-)konstruktion, ist. Dies ist besonders wichtig im Hinblick auf die an sich fruchtbare Kanonforschung, wo die Gefahr groß ist, in eine wertende, normative Perspektive überzuwechseln; mißverstanden als Kanon*bildung*, etwa zur Formung oder Bewahrung von „intellectual and aesthetic standards"⁸⁹, wäre sie zwar ein legitimes, aber letztlich *ideologisches* Vorhaben.

Als (re-)konstruktive Tätigkeit trifft auf die Diskursanalyse aber dennoch nicht der Vorwurf einer nur scheinbaren, aber nicht einlösbaren Objektivität zu, wie sie gegenüber anderen, von rationalistischen Kriterien geleiteten Theorien der Typologisierung, etwa Rüsens Theorie des interkulturellen Geschichtsbewußtseins, vorgebracht werden kann, weil sie einen derartigen Anspruch nicht erhebt. Gegenüber solchen Theorien zeichnet sich die Diskursanalyse dadurch aus – und darin liegt ihr wesentlicher Gewinn –, daß sie noch nicht *die Aussagen selbst*, sondern nur die *Bedingungen ihres Auftretens* untersucht und (re-)kon-

---

87 Bührmann (1999), 59.
88 Ebd. 60.
89 Bloom (1994), 35.

struiert[90]. Deshalb kommt es bei der Diskursanalyse nicht zur reduktionistischen Einordnung von Phänomenen nach Vorgabe einer Typologie (anhand „universell gültiger" Kriterien), sondern die Phänomene in ihrer Spezifizität und Vielfalt können als solche wahrgenommen werden, obwohl es weder möglich ist, die Phänomene vollständig zu erfassen, noch objektiv oder standortunabhängig zu entscheiden, wie ihre Besonderheit im Einzelfall beschaffen ist. Der diskursanalytische Ansatz entspricht also einer Rekonstruktionsmethodologie, die sich auf die epistemische Präsenz von Wissen bezieht[91], wobei ich „epistemisch" nicht im Sinn von „wissenschaftlich" oder im Sinn Foucaults[92] verstehe, sondern als auf die Allgemeinheit dessen bezüglich, was Foucault schlicht „Wissen" nennt[93].

Typologisierende (wie die meisten sozialwissenschaftlichen) Theorien gehen von der Annahme *bestimmter* Aussagen und Diskurse aus und weisen ihnen *bestimmte* (theorieabhängige) Funktionen zu, während die

90 In diesem Zusammenhang stellt sich die Frage, ob nicht die Diskursanalyse bei näherem Hinsehen viel mit der von Niklas Luhmann entwickelten Systemtheorie gemein hat. Speziell seine Begriffe der Anschlußfähigkeit und Rekursivität, bezogen auf die Leistung des Kommunikationssystems (etwa in Luhmann 1992), scheinen mit der von Foucault angestrebten Aufweisung des Sagbaren/Nichtsagbaren oder der diskursiven Strategien in einzelnen diskursiven Formationen bzw. im „Archiv" zu korrespondieren. Luhmanns Begriff eines Funktions- bzw. gesellschaftlichen Teilsystems (als das er etwa die Religion begreift: Luhmann 1982 und 1993), dessen gesamtgesellschaftliche Relevanz und Ausdifferenzierung variabel ist und von einem funktionsspezifischen Code abhängt (vgl. Luhmann 1993, 310ff.), könnte dabei mit den je spezifischen, zugleich systemgenerierenden und -bewahrenden Formen von Diskursivität parallelisiert werden, mittels derer ein Funktionssystem überhaupt erst als solches *wirksam werden* kann. Erstaunlich immerhin, daß trotz der erdrückenden Begriffsarbeit Luhmanns und seiner Konzeption sozialer Systeme als *Kommunikations*systeme der Begriff des Diskurses in seinem Werk so gut wie keine Rolle spielt; noch hat er sich, meines Wissens, näher mit der Diskursanalyse beschäftigt. Seine Theorie symbolisch generalisierter Kommunikationsmedien, die Luhmann am Beispiel der Liebessemantik entwickelt (Luhmann 1995), liest sich jedenfalls wie eine systematische Explikation der Kopplung des Liebe-Diskurses an gesellschaftliche Faktoren und der Rückwirkung dieser beiden überindividuellen Systeme auf den Einzelnen, wobei der Begriff „Code" Aufgaben des Foucaultschen Diskursbegriffs übernimmt, obwohl seine *Deutung* als Symbolsystem und seine von Luhmann wenig problematisierte, vielmehr supponierte Leistung der Sinnvermittlung und Kommunikationsregelung einerseits über den analytischen Diskursbegriff hinausgeht (bzw. ihn überbietet), ihn andererseits gerade deshalb nicht einholt.
91 Sandkühler (1991), 17.
92 Vgl. Foucault (1981), 272ff.
93 Ebd. 258ff. und 274ff., definiert auf S. 259: „Ein Wissen ist das, wovon man in einer diskursiven Praxis sprechen kann, die dadurch spezifiziert wird".

Diskursanalyse lediglich voraussetzt, daß es Aussagen und Diskurse *überhaupt gibt* und diese gewisse Funktionen erfüllen. Im ersten Fall liegt ein Subsumtions-Modell vor, das Einzelnes bzw. Besonderes unter das Allgemeine (nämlich die Typen) subsumiert; bei der Diskurstheorie hingegen liegt ein Präsumtions-Modell vor, „die ein Besonderes in der ihm eigenen, d. h. *individuellen Besonderheit* durch empirisch kontrollierte Erschließung des Allgemeinen zu erfassen sucht"[94]. Die Vorteile der Diskursanalyse bei der Erforschung außereuropäischer Kulturen liegen auf der Hand, denn sie läßt sich, soweit irgend möglich, von den zu untersuchenden Aussagesystemen leiten[95].

Wenn im folgenden von „(Re-)konstruktion" und nicht von „Rekonstruktion" gesprochen wird, ist also die bisher dargestellte, besonders geartete Beschreibungs- und *Konstruktions*leistung der Diskursanalyse gemeint; sie wird also weniger „Daten" (Gegebenes-als-Vorgefundenes) als vielmehr „Fakten" (Gegebenes-als-Konstruiertes) liefern[96]. Als (Re-)konstruktion ist sie nicht zu verwechseln mit der Rekonstruktion, wie sie etwa Günter Dux als methodische Forderung aufstellt, um damit „die menschliche Lebenswelt ebenso in ihrem ursprünglichen Aufbau wie in ihrer Entwicklung aus den Bedingungen heraus verständlich zu machen, unter denen sie entstanden ist"[97]. Was bei ihm nämlich Rekonstruktion heißt, ist, wenn man sich die Umsetzung seiner Forderung in seiner Studie genauer besieht, nichts anderes als eine strukturale Einordnung von Phänomenen auf der Basis einer abstrakten (aus religionswissenschaftlichen und anthropologischen Prämissen abgeleiteten) Typologie, der darüber hinaus auch noch, ähnlich der Wissenssoziologie (vgl. unten Seite 73) und der völkerpsychologischen Modernisierungstheorie[98], ein Erklärungspotential nach Maßgabe universalistischer Fortschrittskriterien zugeschrieben wird[99]. Dieses Verfahren, das nicht als eine (Re-)konstruktion in unserem Sinn beschrieben werden kann, ähnelt vielmehr der Rüsenschen Theorie der interkulturellen Kommunikation und geht in die Falle einer reduktionistischen Variante von Phänomenologie, wie sie in der Religionsphänomenologie auftritt[100].

---

94 Riedel (1978), 36.
95 Vgl. Geertz (1973), 26f. und unten Seite 105ff.
96 Vgl. Schmidt (1998), 125.
97 Dux (1982), 61.
98 Oesterdickhoff (1997).
99 So auch die Kritik in Marquard (1982), 66f. und Gutmann (1996), 365ff.
100 Vgl. unten Seite 104f. Dasselbe gilt übrigens für die in Gutmann (1996) vorgeschlagene Rekonstruktion, die sich ebenfalls an Typen orientiert.

Die Gesamtheit der diskursiven Praktiken bezeichnet Foucault als *Archiv*: „Das Archiv ist zunächst das Ganze dessen, was gesagt werden kann, das System, welches das Erscheinen der Aussagen als einzelner Ereignisse beherrscht"[101], es ist „das System des Funktionierens von Aussagen; ... es ist das, was die Diskurse in ihrer vielfachen Existenz differenziert und sie in ihrer genauen Dauer spezifiziert"[102]. Innerhalb des Archivs bestehen diskursive Praktiken, die in der einen oder anderen Art beschreibbar sind, und zwar als „Felder von Regelmäßigkeiten" und als „regulierte Praxis" oder „Aussagesystem", denen sprachliche Performanzen gehorchen. Für die kulturwissenschaftliche Forschung ist es nun wesentlich, daß sich Foucault damit gegen zwei Kategorien der herkömmlichen Hermeneutik wendet, nämlich den Werkbegriff und den Autorbegriff.

Die Foucaultsche Diskursanalyse begreift das einzelne Werk nicht als Einheit, sondern als einen (mehr oder weniger willkürlichen) Ausschnitt und Querschnitt verschiedener diskursiver Praktiken: „Die Grenzen eines Buches sind nie sauber und streng geschnitten: es ist ... in einem System der Verweise auf andere Bücher, Texte, Sätze verfangen: ein Knoten in einem Netz"[103]. Deshalb gilt: „Das Werk kann weder als unmittelbare Einheit noch als eine bestimmte Einheit noch als eine homogene Einheit betrachtet werden"[104]. Die Priorität der diskursiven Formation vor ihrer jeweiligen, bruchstückhaften Verfaßtheit in einem formal und materiell faßbaren Text wird damit festgestellt. Dennoch kann auch diese Verfaßtheit selbst, anders als bei Foucault, als Diskurstyp *sui generis* beschrieben werden (und zwar als Diskurs$_2$), da die formale Bestimmtheit diskursive Regelmäßigkeiten eigener Art entwickelt, die nur aufgrund der formalen Ausgrenzung eben dieser und keiner anderen Aussagen entstehen (siehe oben Seite 46). Der Werkbegriff wird also weiterhin seine interpretatorische Relevanz behalten, die allerdings durch das Wissen um seine Verfaßtheit bestimmten, aus der Diskursanalyse ableitbaren Beschränkungen unterworfen ist[105].

Die Position des Autors ist hingegen, im Anschluß an Foucault, die „Anzeige eines sprechenden Subjekts als Schnittpunkt"[106], und zwar als Schnittpunkt verschiedener Aussagen und Diskurse. Die Abschwächung

---

101 Foucault (1981), 187.
102 Ebd. 188.
103 Ebd. 36.
104 Ebd. 38.
105 Vgl. Müller (1988) und LaCapra (1988), 70ff.
106 Foucault (1981), 178.

des Subjektbegriffs steht im Zentrum der Foucaultschen Analyse[107], sie ist im Widerstreit mit zentralen Kategorien der europäischen Philosophie zu sehen und brachte ihm viel Kritik aus den Reihen der Philosophen, aber auch der Politik- und Literaturwissenschaftler ein[108]. Foucaults Definition des Autors und seine Stellung zum Subjekt sind dabei keineswegs neuartig, denn bereits 1919 hat T. S. Eliot grundlegende Gedanken vorweggenommen, ohne sich allerdings, *ante litteram*, der Begrifflichkeit der Diskursanalyse bedienen zu können:

> „The progress of an artist is a continual self-sacrifice, a continual extinction of personality. There remains to define this process of depersonalization and its relation to the sense of tradition. It is in this depersonalization that art may be said to approach the condition of science. ... Honest criticism and sensitive appreciation are directed not upon the poet but upon the poetry. ... I have tried to point out the importance of the relation of the poem to other poems by other authors, and suggested the conception of poetry as a living whole of all the poetry that has ever been written. The other aspect of this Impersonal theory of poetry is the relation of the poem to its author. And I hinted, by an analogy, that the mind of the mature poet differs from that of the immature one ... by being a more finely perfected medium in which special, or very varied, feelings are at liberty to enter into new combinations. The analogy was that of the catalyst ../ The point of view which I am struggling to attack is perhaps related to the metaphysical theory of the substantial unity of the soul: for my meaning is, that the poet has, not a "personality" to express, but a particular medium, which is only a medium and not a personality, in which impressions and experiences combine in peculiar and unexpected ways"[109].

Für die Diskursanalyse bedeutet die Ablehnung des herkömmlichen Subjekt- oder Autorbegriffs, wie schon im Fall des Werkbegriffs, die deutliche Hervorhebung der Priorität der Aussagensysteme und diskursiven Formationen. Nach Foucault ist daher „die historische Analyse des wissenschaftlichen Diskurses letzten Endes Gegenstand nicht einer

---

107 Dazu Foucault (1990), 15: „Wenn es einen Weg gibt, den ich ablehne, dann der ..., der dem beobachtenden Subjekt absolute Priorität einräumt, der einem Handeln eine grundlegende Rolle zuschreibt, der seinen eigenen Standpunkt an den Ursprung aller Historizität stellt – kurz, der zu einem transzendentalen Bewußtsein führt". Dies bedeutet allerdings nicht, „dass Foucault den Begriff bzw. die Einheit Autor ... strikt ablehnt. Vielmehr will er sie ihrer »Quasievidenz« entreißen, deren scheinbare Einheit er hinterfragt, »um die Ruhe zu erschüttern, mit der man sie akzeptiert«, um aufzuzeigen, »daß sie stets Wirkung einer Konstruktion sind«, und um zu definieren, »unter welchen Bedingungen und mit Blick auf welche Analysen bestimmte« Einheiten legitim sein können" (Bührmann 1999, 51).
108 Vgl. Gane (1986); Hoy (1986); Dreyfus/Rabinow (1987), Kap. 2; Habermas (1991), Kap. 9; Schäfer (1995), Abschnitt II.
109 Eliot (1919), 7 und 9.

Theorie des wissenden Subjekts, sondern vielmehr eine Theorie diskursiver Praxis"[110]. Trotzdem geht die hier beschriebene Diskursanalyse nicht, wie die Theorie der Empirischen Literaturwissenschaft oder der Ansatz Foucaults, soweit, den Begriff des Subjekts (Autors) sowie, im konkreten Fall, die Beachtung bzw. Herausarbeitung etwaiger auktorialer Intentionen so gut wie ganz aufzuheben[111]. Im Hinblick auf den Autor (bzw. seine Intentionen) muß weiterhin gelten, so einerseits das sprechende Subjekt als Schnittpunkt verschiedener Aussagen und Diskurse verstanden werden kann und andererseits der schöpferische Geist *nicht ohne Intentionalität denkbar* ist, daß der jeweilige Schnittpunkt gleichzeitig sowohl auf die Intentionen des Autors zurückgeht, also eine Standpunkt*wahl* impliziert, als auch von diesen Intentionen unabhängig ist und ihnen womöglich zuwiderläuft, also einen Standpunkt*zwang* impliziert[112]. Die zwischen Wahl und Zwang im Einzelfall bestehende Dialektik aufzudecken, wird Aufgabe der Hermeneutik sein, weil hierzu die in der Diskursanalyse vorgesehene Bestimmung der Subjektposition nicht ausreicht.

Die in der Diskursanalyse eingeschränkte Bedeutung des Werk- und Autorbegriffs befreit die islamwissenschaftliche Forschung von Vorannahmen, die sich hinter vielen theoretischen (und weniger theoretischen) Ansätzen verbergen. So wird die Beachtung der Heterogenität

---

110 Foucault (1990), 15. Vgl. auch Foucault (1981), 199f.
111 Schmidt (1992b), 160: „[D]ie Unterscheidung zwischen Text und Kommunikat als auch die Annahme einer strikten Subjektdependenz von Bedeutungen macht eine Vorstellung von Interpretation als Ermittlung der »richtigen« Bedeutung eines literarischen Texts oder als Ermittlung der Autorintention unsinnig ... Autorintentionen sind unzugänglich, da Autorkommunikat und Autortext nicht einfach identifiziert werden müssen. Damit scheidet die Interpretation ... als wissenschaftlich machbare Operation aus dem Aufgabenkatalog der Empirischen Literaturwissenschaft aus". Dieser Standpunkt ist nur schlüssig, wenn Interpretation als „Ermittlung der richtigen Bedeutung" verstanden wird, was in der hermeneutischen Position nicht der Fall ist. Hier gilt vielmehr: Autorintentionen sind als Intention-an-sich unzugänglich, aber *interpretationszugänglich*. Vgl. auch Ricœur (1986), 36; LaCapra (1988), 54ff.; Japp (1992).
112 Vgl. hierzu Schmidt (1992a), 153 über die „vertrackte Diskussion ..., wie denn Gesellschaft und Individuum in der Diskursfrage miteinander zu vermitteln sind, ohne die Aktanten emphatisch zu individualisieren oder sie – im Namen von »Wirkungsfeldern« – schlicht zu eliminieren". Dazu auch Keller (1997), 318: „Individuen sind weder die völlig freien Gestalter der Diskurse, noch sind sie ihnen ausgeliefert. Als Repräsentanten diskursiver Kreuzungen stehen sie in einem komplexen Feld von Ermöglichung und Begrenzung. Aus diesem Wechselspiel heraus erhalten Diskurse ihre Dynamik".

des Quellenmaterials, die aufgrund eines Festhaltens am Begriff der Werkautonomie und aus philologischer Tradition oft als negativ empfunden wird, bei jeglicher Untersuchung eines Phänomens geradezu verpflichtend[113]. Zum einen, weil es nur die größtmögliche Spannweite an Äußerungen ermöglicht, ein Aussagensystem befriedigend zu (re-)konstruieren, zum anderen, weil die Heterogeneität selbst, mittels der variablen Aussagematerialität, einen Beitrag zur (Re-)konstruktion diskursiver Formationen leistet[114].

Der Begriff des autonomen Autors hingegen führte in der Islamwissenschaft zu einer Fehlzeichnung der in der islamischen Kultur herrschenden Individualität und, infolgedessen, zum Zerrbild einer durch und durch konventionellen Kultur. Hier ist es etwa das Verdienst der Diskursanalyse, daß auf ihrer Basis, durch die Beschreibung der Aussagensysteme und ihrer Konditionierungen, gezeigt werden kann, wie in der islamischen Kultur ein großes Maß an *intersubjektiv vermittelbarer* Individualität durch ein kleines (jedenfalls, *aus Sicht der Beteiligten*, kleinstmögliches) Maß an Regeln gewährleistet wurde[115]. Wer diese Konstellation als durch und durch konventionell oder statisch wertet, zeigt damit nur, daß sich sein Begriff von Individualität in deutlicher Nähe zum Solipsismus bewegt; wer die Anerkennung von Regeln als Behinderung individueller Entfaltung begreift, der ist schon der (von Foucault attackierten) modernen Fiktion des absoluten Subjekts zum Opfer gefallen, die auch der Erlebnisästhetik inhärent ist, die vom „voraussetzungslosen Genie" und „echtem Gefühl" ausgeht[116].

Die spezifische Art und Vernetzung des arabisch-islamischen Schrifttums, ja der gesamten uns zugänglichen Überlieferung, legt die Priorität des Diskurses gegenüber anderen Kategorien, etwa Werk oder Autor, besonders nahe. Die philologische Methode ist dabei, wie bereits gesagt, als ein Teil der Diskursanalyse anzusehen, und zwar als notwendige, aber nicht hinreichende Vorarbeit[117]. Notwendig aus zweierlei Gründen: Zum einen, weil uns die Jahrhunderte der islamischen Kultur eben fast aus-

---

113 Beispielhaft in Mez (1922).
114 Im Rahmen eines der hier beschriebenen Diskursanalyse ähnlichen Verfahren fordert Schröer (1997), 126, deshalb die Erstellung und Auswertung eines „besonderheitsbizarren Datenteppichs": „Auswertungsbasis ist folglich ein dichter, heterogener und komplexer „Teppich" aus verschiedenen Datensorten ..., mit der erst komplexe materiale Analysen möglich werden".
115 Wegweisend Bauer (1998a), Kap. 4. Vgl. auch die Beiträge in Banani/Vryonis (1977).
116 Vgl. oben Seite 19.
117 Zu derselben Auffassung gelangt, in einem anderen Zusammenhang, Wegmann (1992).

schließlich auf der Grundlage von Texten zugänglich sind; nichtsprachliche Zeugnisse (Bauwerke, angewandte Kunst, materielle Objekte, &c.) liefern zwar ein unverzichtbares Korrektiv, sind aber gerade im Bereich des Islam mit seiner schier unerschöpflichen textlichen Hinterlassenschaft nur in relativ geringer Zahl vorhanden. Bestimmte Bereiche der Kunst, etwa die Plastik, sind wenig entwickelt, andere, etwa die Malerei, sind nur auf manchen Gebieten zur vollen Entfaltung gelangt (Miniaturmalerei, Ornamentik, Kalligraphie); über die Musik liegen nur indirekte, keine direkten Zeugnisse vor.

Zum anderen ergibt sich die Notwendigkeit der philologischen Methode aus der Tatsache, daß die islamische Kultur, wie man ohne Übertreibung behaupten kann, an der Sprache und an der Schrift ausgerichtet ist wie kaum eine andere Kultur. So gut wie alles, was für die Angehörigen dieser Kultur eine Rolle spielte und spielt, wird mit sprachlichen Mitteln geleistet. Diese Dominanz des Wortes brachte eine sprach- und textzentrierte Kultur hervor, deren Komplexität nur mit der äußersten Anstrengung ihrer Teilnehmer bewältigt werden konnte[118]. Diese Anstrengungen waren hauptsächlich auf sprachliche Äußerungen bezogen, und wer diese Anstrengungen nicht selbst nachvollzieht, dem wird sich diese Kultur nicht erschließen, sondern verschlossen bleiben. Wenigstens für die islamwissenschaftliche Untersuchung wird deshalb auch Hans Alberts Kritik an der Hermeneutik Gadamers, die sich auf dessen vermeintlich reduktionistische „Orientierung am Textmodell des Erkennens" bezieht[119], gegenstandslos. Dieses von Gadamer in der Tat ins Allgemeine gewendete Textmodell des Erkennens, also die These, „daß die ganze Wirklichkeit als Text behandelt und daher verstanden werden könne"[120], ist, einerseits nach allem was wir von der (vormodernen) islamischen Kultur wissen, andererseits nach allem was von ihr erhalten ist, am besten dazu geeignet, ihre Untersuchung anzuleiten.

Mit Hilfe der (re-)konstruktiven Diskursanalyse, womit die Grundlage zur Erschließung vor allem sprachlicher Aussagensysteme gelegt wird, lassen sich aber nicht nur die Methoden der Philologie im weiteren Rahmen einer kulturwissenschaftlichen Hermeneutik verankern, sie wird auch dazu dienen, bisher verkannte oder schief gedeutete Phänomene der islamischen Kultur korrekter zu (re)konstruieren als das bisher möglich war, um sie auf dieser Basis besser zu *verstehen*. Wenn, wie oben Seite 17 gesagt worden ist, daß die Erforschung einer Kultur nicht mit Frage-

---

118   Vgl. Schöller (1998), 79ff.
119   Albert (1994), 37 und 47.
120   Ebd. 47. Zum hermeneutischen Textmodell siehe auch Ricœur (1986), 83.

Diskursanalyse und Diskursivität 67

stellungen an das zu Verstehende zu beginnen hat, sondern mit der Herausarbeitung der Fragestellungen, auf die das zu Verstehende eine Anwort gibt, dann war dies nichts als ein Vorgriff auf die spezifische Methode der Diskursanalyse, die genau dies ermöglicht. Da es sich hierbei zunächst um eine (Re-)konstruktion handelt, die sich ausschließlich an den in der Kultur auftretenden Phänomenen orientiert, erklärt dies auch die untergeordnete Rolle der Methodik des interkulturellen Vergleichens, wovon ebenfalls schon die Rede war (vgl. oben Seite 29ff.).

Die zukünftige Aufgabe der Islamwissenschaft besteht daher, in meinen Augen, *in der (re-)konstruktiv-deutenden Analyse der islamischen Diskursivität und ihrer Aussagensysteme*; sie wird sich dabei mit den drei Diskurstypen beschäftigen müssen, die oben unterschieden wurden[121]. Einige in jüngster Zeit entstandene orientalistische Arbeiten, im geistesgeschichtlichen und literaturwissenschaftlichen Feld, lassen sich als Schritte in diese Richtung verstehen[122]; auch die neueren Arbeiten von Harald Motzki zum frühislamischen Recht enthalten methodische Innovationen für die Untersuchung der islamischen Diskursivität[123]. Geschieht diese (Re-)konstruktion nicht oder bleibt sie unvollständig, dann riskieren wir, daß die kulturwissenschaftliche Untersuchung ihrer nötigen Grundlage entbehrt.

Ein weiterer Vorteil der Diskursanalyse, der schon mehrfach betont wurde, liegt in ihrer Betonung (nicht: Verabsolutierung) des Spezifischen und der strengen Beachtung individueller Merkmale. Hier liegt das Residuum der *Empirizität* der kulturwissenschaftlichen Methode[124]. Die Bewahrung des Individuellen, der Kleinigkeiten und Nebensächlichkeiten erfüllt eine wichtige Aufgabe innerhalb dieser Methode, die

---

121 Waardenburg (1986), 75 gibt bereits eine Definition der islamwissenschaftlichen Diskursanalyse *in nuce*, wenn auch beschränkt auf im weitesten Sinn religiöse Texte. Desgleichen Radtke (1992), 7 (mit Blick auf die Geschichtsschreibung): „Ist es nun sinnvoll und fruchtbar, allein die wissenschaftliche Methodik der Neuzeit als Wertmassstab für eine andere Kulturepoche heranzuziehen? Ich meine, dass eine angemessene Beurteilung islamischer Historiografie nur dann möglich ist, wenn untersucht wird, wie die "Wirklichkeit" der islamischen Historiker gewesen sein kann. Einerseits ist festzustellen, *was* "historisierbar" war, d.h. der *Stoff* ist zu bestimmen, der für die historiografische Bearbeitung zur Verfügung stand. Andererseits muss gezeigt werden, *wie* der Stoff bearbeitet wurde, indem die wissenschaftlichen Methoden der Historiker beschrieben werden".
122 Heinen (1982); Weninger (1992); Homerin (1994); Rosenthal (1994); Kilpatrick (1995); Bauer (1998b) und (1999); Gilliot (1998); Knysh (1999).
123 Motzki (1996) und (1998).
124 Vgl. auch Gurjewitsch (1993), 25.

Oswald Schwemmer (mit Blick auf die „anthropologische Methode", vgl. unten Seite 107) wie folgt beschrieben hat:

„Es gibt ... keine Nebensächlichkeiten, die man für die Beschreibung vernachlässigen könnte. Man weiß ja eben noch nicht, worauf es jeweils ankommt. Die einzige methodische Regel für die Aufzeichnungen[125] besteht darin, möglichst alles zu beschreiben, was geschieht, und zwar in den Einzelheiten, in denen es geschieht"[126].

Die Methodik einer *thick description*, die Clifford Geertz entwickelt hat, verfolgt bekanntlich dasselbe Ziel: „microscopic description", „complex specificness", „circumstantiality", oder mit einem Wort: „small facts speak to large issues"[127]. Die Betonung des Spezifischen, des Einzigartigen entspricht aber auch dem Anliegen Foucaults, dem es gerade an der Aufdeckung von Einzelheiten und Diskontinuitäten und ihrer deskriptiven Bewahrung gegenüber generalisierenden Tendenzen (wie sie sich in Kategorien, Idealtypen, Begriffskontinuitäten, Teleologien, &c., manifestieren) gelegen war: „Die archäologische Analyse individualisiert und beschreibt diskursive Formationen"[128], und weiter: „Die Archäologie ist eine vergleichende Analyse, die nicht dazu bestimmt ist, die Unterschiedlichkeit der Diskurse zu reduzieren ..., sondern dazu, ihre Unterschiedlichkeit in verschiedenen Gestalten aufzuteilen. Der archäologische Vergleich hat keine vereinheitlichende, sondern eine vervielfachende Wirkung"[129].

Dabei ist Edward Said zuzustimmen, wenn er in diesem Zusammenhang über Foucault schreibt: „This is Nietzsche's legacy operating at a deep level in the work of a major twentieth-century thinker. All that is specific and special is preferable to what is general and universal"[130]. Nietzsche selbst läßt daran keinen Zweifel, und der entsprechende Passus in seiner einflußreichen Schrift *Vom Nutzen und Nachtheil der Historie für das Leben* (zuerst erschienen 1874)[131] ist es allemal wert, hier noch einmal zitiert zu werden:

---

125 Oder anders gesagt: die diskursanalytische (Re-)konstruktion.
126 Schwemmer (1987), 161. Zum Prinzip der Singularität und der „individualisierenden Betrachtung" in der Historiographie vgl. Bichler (1990).
127 Geertz (1973), 23. Vgl. auch Geertz (1966), 5 und (1988), 19.
128 Foucault (1981), 224.
129 Ebd. 228.
130 Said (1988), 6; vgl. Hodgson (1993), 73ff. Eine ähnliche Ansicht vertritt, wenn ich ihn recht verstehe, Habermas, der Foucaults Vorgehen als „Destruktion einer Geschichtsschreibung" sieht, die „Nietzsches Historismuskritik zugleich beerbt und überbietet" (Habermas 1991, 296).
131 Vgl. dazu die Beiträge in Borchmeyer (1996).

„In anderen Wissenschaften sind die Allgemeinheiten das Wichtigste, insofern sie die Gesetze enthalten: sollten aber solche Sätze wie der angeführte[132] für Gesetze gelten wollen, so wäre zu entgegnen, dass dann die Arbeit des Geschichtschreibers verschwendet ist; denn was überhaupt an solchen Sätzen wahr bleibt, nach Abzug jenes dunklen unauflöslichen Restes, von dem wir sprachen – das ist bekannt und sogar trivial; denn es wird jedem in dem kleinsten Bereiche der Erfahrungen vor Augen kommen. Deshalb aber ganze Völker incommodiren und mühsame Arbeitsjahre darauf wenden hiesse doch nichts Anderes, als in den Naturwissenschaften Experiment auf Experimente häufen, nachdem ... längst das Gesetz abgeleitet werden kann ...; und so hoffe ich, dass die Geschichte ihre Bedeutung nicht in den allgemeinen Gedanken, als einer Art von Blüthe und Frucht, erkennen dürfe: sondern dass ihr Werth gerade der ist, ein bekanntes, vielleicht gewöhnliches Thema, eine Alltags-Melodie geistreich zu umschreiben, zu erheben, zum umfassenden Symbol zu steigern und so in dem Original-Thema eine ganze Welt von Tiefsinn, Macht und Schönheit ahnen zu lassen. Dazu gehört aber vor Allem eine grosse künstlerische Potenz, ein schaffendes Darüberschweben, ein liebendes Versenktsein in die empirischen Data, ein Weiterdichten an gegebenen Typen – dazu gehört allerdings Objectivität, aber als positive Eigenschaft"[133].

Der Vorzug der Diskursanalyse besteht schließlich darin, daß sie in einem erstaunlichen Maß der Herangehensweise der islamischen Gelehrten selbst entspricht, d. h. sie wird uns nicht nur dem Verständnis der islamischen Kultur als solcher näherbringen, sondern auch dem Verständnis ihrer eigenkulturellen Wahrnehmung, Interpretation und Evaluierung, mit anderen Worten den impliziten Vorannahmen und expliziten Kategorien, die für ihre Selbstsicht bestimmend sind[134]. Diese Selbstsicht, auch und gerade wie sie die eigene Kultur systematisch strukturiert, ist wesentlich an den in einer Diskursanalyse zu rekonstruierenden Aussagensystemen orientiert[135]; auch die Dominanz der

---

132 Gemeint ist der von Nietzsche zuvor zitierte Satz Rankes: „es ist nicht anders als dass alles menschliche Thun und Treiben dem leisen und der Bemerkung oft entzogenen, aber gewaltigen und unaufhaltsamen Gange der Dinge unterworfen ist".
133 Nietzsche (1988) I, 291f. Zum Objektivitätsbegriff siehe unten Seite 120f.
134 Dies gilt im übrigen auch von der hermeneutischen Tätigkeit, zumal die islamische Kultur eine *hermeneutisch orientierte Kultur par excellence* ist, vgl. Heath (1989) und Burton (1994), xxv.
135 Allerdings hat es in der islamischen Kultur keinen Versuch einer allgemeinen Diskursanalyse gegeben; noch wurde, mit der diskutablen Ausnahme der Poetik, eine übergreifende Theorie entwickelt, etwa eine Theorie der Interpretation oder der Historiographie. Alle Anstrengungen in dieser Richtung blieben auf spezifische und im wesentlichen praxisorientierte Kunst- und Methodenlehren beschränkt, die einerseits *deskriptiv* angelegt waren, andererseits aber durch den Rückbezug auf die eigene Kultur *normative* Wirkung beanspruchten. Zur arabischen Poetik unter diesem Gesichtspunkt siehe Schoeler (1975); Cantarino (1975); Heinrichs (1998).

diskursiven Inhalte gegenüber den Kategorien des Autor- und Werkbegriffs kann für die islamische Kultur ohne weiteres konstatiert werden, weshalb es der westlichen Islamwissenschaft, mit ihrer Fixierung auf die genannten Kategorien in Anlehnung an europäische Denkmuster, so schwer gefallen ist, die eigentliche Verfaßtheit, ja die innere Dynamik dieser Kultur darzustellen; dies auch in Verkennung des dort herrschenden Originalitätsbegriffs, von dem noch die Rede sein wird.

Exkurs: Diskursanalyse und andere Formen der (Re-)konstruktion

Neben der Diskursanalyse sind für die islamwissenschaftliche Methode andere Ansätze von Bedeutung, die sich mit der hier skizzierten Diskursanalyse verbinden lassen. In Foucaults Ansatz stechen, wie oben Seite 41 bereits erwähnt, vor allem negative Tendenzen hervor: Nach Foucault bezieht sich die Diskursanalyse zwar auf „diejenigen Disziplinen, ... die man Ideengeschichte oder Geschichte des Denkens oder der Wissenschaften oder der Erkenntnisse nennt"[1], zunächst sei dabei aber „eine negative Arbeit zu leisten", und zwar die Ausblendung von Begriffen wie „Tradition", „Einfluß", „Mentalität", „Geist", „Werk", „Buch" und „Subjekt/Autor"[2]; demgegenüber stehen, sozusagen als die konstruktiven Momente des Foucaultschen Ansatzes, die „Autonomie des Diskurses"[3] und die Bedeutung sozialer (bzw. kommunikativer) Praktiken. Mit welchen Ansätzen eine gegenüber dem Modell Foucaults modifizierte Diskursanalyse verbunden werden kann, soll im folgenden überblicksartig gezeigt werden.

(1) *Die Theorie des kulturellen Gedächtnisses.* Der erste Ansatz, der selbst eine Diskursanalyse erfordert und die (Re-)konstruktion diskur-

---

1 Foucault (1981), 33. Zu den Beziehungen zwischen dem Ansatz Foucaults und der Ideen- bzw. Wissenschaftsgeschichte, vgl. Gutting (1989), Kap. 6.
2 Foucault (1981), 33-36 und 193-8. Vgl. auch auf Seite 59: „Nichts beweist mir, daß meine Analyse sich nicht auf eine völlig andere Ebene stellen wird und eine auf ... die Geschichte der Wissenschaften irreduzible Beschreibung bildet. Es wäre auch möglich, daß am Ende eines solchen Unternehmens man die Einheiten nicht wiederfindet, die man aus methodischer Besorgnis in der Schwebe gehalten hat: Daß man gezwungen ist, die Werke aufzulösen, die Einflüsse und Traditionen zu ignorieren, definitiv die Frage nach dem Ursprung aufzugeben, die beherrschende Präsenz der Autoren verschwinden zu lassen, und daß so all das verschwindet, was im eigentlichen die Geschichte der Ideen bildete".
3 Vgl. ebd. 177-79 und Kallweit (1988), 285f.

Exkurs: Andere Formen der (Re-)konstruktion 71

siver Aussagesysteme in den Vordergrund stellt, besteht in der Untersuchung der Konfiguration, der Rolle und der Funktionen des kulturellen Gedächtnisses. In der Islamwissenschaft wurde dieser Ansatz bisher nicht systematisch aufgegriffen, aber durchaus als vielversprechend und wegweisend wahrgenommen[4]. Die jüngeren Vertreter der Theorie des kulturellen Gedächtnisses, allen voran Aleida und Jan Assmann, haben dabei zwar eine Terminologie hervorgebracht und in Umlauf gesetzt, die auf den ersten Blick wenig mit der aus der Diskursanalyse bekannten Begrifflichkeit gemein hat[5]; dennoch entspricht diese Theorie in vielerlei Hinsicht dem Anliegen der Diskursanalyse, indem sie sich nicht so sehr für einzelne Autoren oder für einzelne Werke („Monumente")[6], sondern für die übergreifenden Formationen (wahlweise, und je nach Akzentuierung, bezeichnet als „Traditionsstrom", „Wissensvorrat", „Symbolhaushalt", „Sinnwelt" oder „Diskurswelt") interessiert. Dies wird von Jan Assmann auch anerkannt, wenn er die hauptsächlichen Elemente der Theorie des kulturellen Gedächtnisses unter der Überschrift „Kulturgeschichte als Diskursgeschichte" zusammenfaßt, wobei er sich exemplarisch auf die altägyptische Kultur bezieht:

„[Die] Formen einer „Institutionalisierung von Permanenz", der Thematisierung, Textualisierung und Überlieferung, fasse ich unter dem Begriff des „Diskurses" zusammen. ... Ich verstehe also die gesamte schriftliche Hinterlassenschaft der ägyptischen Kultur als die mehr oder weniger zufälligen und auf jeden Fall äußerst lückenhaften Überreste des *textlichen Substrats* ursprünglicher Diskurswelten. Diese Diskurswelten, das ist entscheidend, waren sehr unterschiedlich aufgebaut. ... Mit dem Begriff des Diskurses sollen alle sozialen und funktionalen Bindungen mitgemeint sein, in denen ein Text steht und aus denen heraus er erst zu verstehen ist. Eine Diskursgeschichte untersucht die Traditionen von Thematisierungen in den schriftlichen und mündlichen Kommunikationsformen einer Gesellschaft, kurz gesagt: die Institutionalisierungen eines Themas"[7].

Der besondere Wert der Theorie des kulturellen Gedächtnisses, der sie zur unverzichtbaren Ergänzung der Diskursanalyse macht, resultiert aus mehreren Faktoren: Einerseits leistet sie, aufgrund ihrer Untersuchung der Bedeutung bestimmter Diskurswelten für die Schaffung und Aufrechterhaltung der kulturellen Identität, eine interpretative Deutung

---

4 Cheddadi (1991) und Marzolph (1998).
5 Vgl. Assmann (1988); Assmann/Harth (1991); Assmann (1992); Assmann (1994); Assmann (1999). Siehe auch Nünning (1998), 180f. (*s.v.* „Gedächtnis, kulturelles"). Die wichtigste ältere, theoretische Arbeit ist Halbwachs (1985); wichtige Gesichtspunkte behandeln auch Vansina (1985) und Duby (1988), 105ff.
6 Vgl. bereits Foucault (1981), 198: die archäologische Diskursanalyse „wendet sich an den Diskurs in seinem ihm eigenen Volumen als *Monument*".
7 Assmann (1995), 49f.

diskursiver Formationen, die über den beschreibenden bzw. (re-)konstruktiven Charakter der Diskursanalyse hinausgeht und vor allem die mediale Funktion der Diskurse betont[8]; dasselbe gilt für die Wendung der Diskursgeschichte zur „Sinngeschichte", deren „Kohärenzfiktionen" und inhaltliche Ausrichtung es ermöglichen, die Erinnerungen und Erfahrungen einer Kultur zu organisieren[9]. Sinnwelten stellen den Horizont dar, in dem Menschen „handeln, erfahren und erinnern"[10]; Sinngeschichte thematisiert demnach „Geschichte als kulturelle Form, wobei ihr ereignisgeschichtlicher Ablauf den Hintergrund und die sinnstiftenden und sinnreflektierenden Diskurse den Vordergrund bilden"[11]. Und dies geschieht in deutlicher Anlehnung an die von Husserl (und später von Ernst Cassirer) in den Blick gefaßte Phänomenologie kultureller Phänomene:

> „In dem Weg, den Husserl ... gegangen ist, tritt immer klarer hervor, daß die Aufgabe der Phänomenologie ... sich in der Analyse der Erkenntnis nicht erschöpft, sondern daß in ihr die Strukturen ganz verschiedener Gegenstandsbereiche rein nach dem, was sie ›bedeuten‹, und ohne Rücksicht auf die ›Wirklichkeit‹ ihrer Gegenstände, zu untersuchen sind. Eine derartige Untersuchung müßte auch die mythische ›Welt‹ in ihren Kreis ziehen, um ihren eigentümlichen ›Bestand‹ nicht durch Induktion aus der Mannigfaltigkeit der ethnologischen und völkerpsychologischen Erfahrung abzuleiten, sondern um ihn in rein ›ideierender‹ Analyse zu erfassen"[12].

Daraus ergibt sich andererseits, daß im Rahmen der Untersuchung des kulturellen Gedächtnisses neben der „Hochkultur" (Stichworte: Gelehrsamkeit, Kanonforschung) derjenige Wissens- oder Sinnvorrat thematisiert wird, der über die Grenzen der institutionalisierten Wissenschaften (d. h. der professionellen Episteme) hinausgeht, auf den sich die Diskursanalyse in der Praxis, beeinflußt durch den wissenschaftsgeschichtlichen Akzent im Denken Foucaults, oft beschränkt. Aleida und Jan Assmann sehen darin folgerichtig einen Zusammenhang ihrer Theorie mit der Wissenssoziologie[13], die sich nicht so sehr um „Ideen" oder abstrakte Symbolsysteme, sondern um die Sinnstrukturen oder Sinnordnungen des Allerweltswissens, die symbolischen Sinnwelten, das Traditionsgut und

---

8 Vgl. auch Rusch (1987), 406.
9 Die Aufweisung dieser für jede Kultur entscheidenden Kohärenzfiktionen entspricht dem großen Interesse Foucaults an der Aufdeckung von Diskontinuitäten und seiner Ablehnung der Kohärenz als hermeneutisches Prinzip, wodurch deren Fiktivität gerade sichtbar wird. Vgl. auch unten Seite 87f.
10 Assmann (1996), 17. Vgl. Rusch (1987), 407ff.
11 Assmann (1996), 11.
12 Zitiert nach E. Cassirer in Orth (1989), 336.
13 Assmann (1993), 266.

Exkurs: Andere Formen der (Re-)konstruktion 73

die Formen seiner Institutionalisierung kümmert[14]. Insofern bezieht die Theorie des kulturellen Gedächtnisses eine vermittelnde Stellung, die uns zu zwei verwandten theoretischen Ansätzen führt: der Wissenssoziologie und der Mentalitätsgeschichte.

(2) *Wissenssoziologie.* Die Wissenssoziologie, als deren Wegbereiter gemeinhin Max Scheler und Karl Mannheim angesehen werden, versteht sich als die Theorie einer systematischen Beschreibung „der intersubjektiven Prozesse, in denen die Menschen ihr Wissen um die Welt erwerben, es gesellschaftlich verfestigen, kontrollieren und weitergeben"[15]. Dieses Wissen ist alles das, was in einer Gesellschaft als Wissen gilt. Mit Foucault teilen Peter L. Berger und Thomas Luckmann dabei die Ablehnung der Ideen- oder Geistesgeschichte als den privilegierten Zugang bei der Erforschung dieses Wissens:

„Theoretische Gedanken,»Ideen«, Weltanschauungen, sind so wichtig nicht in der Gesellschaft. ... Die Bedeutung theoretischen Denkens in Gesellschaft und Geschichte allzu wichtig zu nehmen, ist ein begreiflicher Fehler der Theoretiker. Um so nötiger ist es, diesen intellektualistischen Irrtum zu korrigieren. ... Allerweltswissen, nicht »Ideen« gebührt das Hauptinteresse der Wissenssoziologie, denn dieses »Wissen« eben bildet die Bedeutungs- und Sinnstruktur, ohne die es keine menschliche Gemeinschaft gäbe"[16].

Die Nähe zur Theorie des kulturellen Gedächtnisses ist evident; die von Berger und Luckmann favorisierte Methode zeigt diese enge Verwandtschaft: „Die geeignete Methode scheint uns die phänomenologische Analyse zu sein, ein rein deskriptives Verfahren[17] und als solches zwar »empirisch«, aber nicht »wissenschaftlich« – jedenfalls nur in *dem* Sinne wissenschaftlich, in dem auch wir das Wesen einer empirischen Wissenschaft verstehen"[18]. Auf das gemeinsame Konzept der (symbolischen) Sinnwelten und Subsinnwelten wurde bereits oben hingewiesen. Der von Berger und Luckmann ausgearbeitete Ansatz der Wissenssoziologie wurde bereits mit Erfolg in den Bereich der Religionswissenschaft und Religionssoziologie integriert und weiter ausgearbeitet[19]. Darüber hinaus weist er viele Gemeinsamkeiten mit der oben vorgestellten Diskursanalyse auf[20]:

14 Berger/Luckmann (1977), besonders 90ff. und 102ff. Vgl. auch Reimann (1974), 93f. und unten Seite 90.
15 Berger/Luckmann (1977), v. Vgl. auch Sandkühler (1991), 285ff.
16 Ebd. 16. Vgl. auch Geertz (1988), 136ff.
17 Zur Problematik einer „reinen" Beschreibung vgl. aber oben Seite 59.
18 Berger/Luckmann (1977), 22. Vgl. auch Neisser (1960).
19 Vgl. Kee (1982), 27ff. (mit weiterführenden Hinweisen).
20 Vgl. für das folgende Keller (1997), 314 (mit Anm. 5) und Schröer (1997).

Die vorgängige, unhintergehbare Wirklichkeit der Lebenswelt, deren besonderes Kennzeichen die Intersubjektivität (bzw. gesellschaftliche Konstruktion) ist, entspricht in der Diskursanalyse der Unhintergehbarkeit und Autonomie des Diskurses, der (in seiner Positivität) dem Individuum (bzw. Foucaults „sprechendem Subjekt") immer schon vorausgeht[21]; der Tatsache, daß diese Wirklichkeit „nicht nur voll von Objektivationen", sondern daß sie überhaupt „nur wegen dieser Objektivationen wirklich" ist[22], entspricht die aufweisende Leistung der Diskursanalyse, daß „sie die Gegenstände des historisch-hermeneutischen Sinnverstehens als konstruiert begreift – als Objektivationen einer jeweils zugrundeliegenden, strukturalistisch zu erfassenden Diskurspraxis"[23].

Das Alltagswissen, das zugleich ein „Rezeptwissen" ist, sorgt für „psychologische Entlastung"[24], wie denn auch die Diskurse als „Funktionseinheiten" verstanden werden können, die „den Subjekten bewußtseinsentlastende Vorgaben" und „generalisierte Verständigungs- und Orientierungsmuster" an die Hand geben[25]; das Konzept des Alltagswissens, das nichts anderes sein kann als eine jeweils spezifische Umtransponierung der biologischen Weltoffenheit der menschlichen Existenz in eine relative Weltgeschlossenheit[26], entspricht dem jeweils in einer Kultur sich abzeichnenden und durch die Diskursanalyse zu (re-)konstruierenden „Archiv", also dem Ganzen dessen, was gesagt werden kann[27]; der Dialektik zwischen Gesellschaft und Individuum[28] ist dabei

---

21 Die wissenssoziologischen Konzepte der Lebenswirklichkeit und des Alltagswissens sind aber nicht mit Blick auf andere Kulturen entwickelt worden. Sie gehen von der Gegebenheit eines (gesellschaftlich konstruierten) Wissens aus, das für den Einzelnen „einfach da ist" (vgl. Berger/Luckmann 1977, 26), was sicherlich zutrifft, wenn man vom *eigenen* Alltagswissen ausgeht; bei der Erforschung einer anderen Kultur stellt sich jedoch die Frage, wie dieses Wissen, das hier keine „einfache Gegebenheit" darstellt, überhaupt (re-)konstruiert werden kann (Stichworte: Diskursanalyse, *thick description*).
22 Berger/Luckmann (1977), 37.
23 Habermas (1991), 296.
24 Berger/Luckmann (1977), 57.
25 Wegmann (1988), 13.
26 Berger/Luckmann (1977), 55.
27 Das bedeutet auch, daß die Typisierung kultureller Phänomene anhand universaler Kategorien oder „anthropologischer Konstanten", wie sie in Rüsens Theorie vorliegt, fragwürdig ist.
28 Vgl. dazu Berger/Luckmann (1977), 83 und 92f. Erwähnenswert sind auch die Ausführungen in Elias (1983), 51ff., über diese Problematik der „Grundvorstellungen von der Unabhängigkeit und der Abhängigkeit der Menschen".

in der Diskursanalyse die Dialektik zwischen der Standpunkt*wahl* und dem Standpunkt*zwang* des sprechenden Subjekts (bzw. Autors) analog[29]. Der Wert der Wissenssoziologie bzw. der „Sozialgeschichte der Ideen"[30] für die Diskursanalyse besteht zweifellos in ihrer Betonung der Bedeutung allen vortheoretischen Wissens (sowie seiner sozialen und institutionalen Verankerung) und in ihrer Ablehnung ausschließlich strukturtheoretischer und funktionalistischer Ansätze[31]. Dies ist besonders wichtig, weil, wie schon gesagt, die Diskursanalyse seit Foucaults Pionierarbeiten an einer (ungewollten) intellektualistischen Verengung leidet[32], was allerdings in bezug auf kulturelle Phänomene der Vergangenheit, die uns vornehmlich über Texte zugänglich sind, nicht überrascht: Unter diesen Texten sind die Aussagensysteme, die sich einem geistesgeschichtlichen Kontext (bzw. komplexeren symbolischen Sinnwelten) zuordnen lassen, deutlich überrepräsentiert, wohingegen das Alltagswissen sowie die institutionelle Verfaßtheit einer Gesellschaft erst auf Umwegen (über diese Texte) und eher selten durch direkte Zeugnisse (re-)konstruiert werden kann.

Klar ist aber, daß die Diskursanalyse prinzipiell alle zugänglichen Wissensebenen umfaßt und gleichermaßen beschreibt. Darin liegt gerade ihr methodisches Verdienst. Als (Re-)konstruktion und beschreibendes Verfahren macht sie dabei auch keinen Unterschied zwischen Alltagswissen und theoretischem Wissen, eine Differenzierung, die bei Berger und Luckmann nicht ausdrücklich, aber *konnotativ* wertend ist[33]. Die Diskursanalyse kennt dagegen keine wichtigeren oder weniger wichtigeren diskursiven Formationen und Aussagensysteme[34], sondern kümmert sich nur um die Aufdeckung der Regularitäten und Bedingungen, unter denen Aussagen und, mit ihnen, die Diskurse stehen. *In diesem*

---

29 In diesem Zusammenhang sei auch auf die Kommunikationstheorie verwiesen, die die wechselseitige Bedingtheit von einzelnen Kommunikationsvorgängen und dem sozialen System (bzw. der jeweils herrschenden Kommunikationsstruktur) untersucht; siehe Reimann (1974). Wie schon von der Wissenssoziologie (vgl. oben Anm. 21) gilt aber auch hier, daß die entwickelten Modelle ausschließlich auf die *moderne Informationsgesellschaft* mit all ihren technischen Möglichkeiten zugeschnitten sind. Wie sehr dieser Forschungsansatz präsentisch orientiert ist, beweist Reimann, wenn er nichtpräsentische Kommunikation („Sendungen" aus der Vergangenheit in die Gegenwart) als „eine einseitige Informationsnahme" bezeichnet, der „die Kontrollen echter reziproker Beziehungen" fehlen (ebd. 93).
30 Gurjewitsch (1993), 37.
31 Vgl. Berger/Luckmann (1977), 198.
32 Vgl. Foucault (1981), 253ff.
33 Vgl. Sandkühler (1991), 291.
34 Vgl. Foucault (1981), 201ff.

Sinn wird man Paul Veynes pointierte Bemerkung über Foucault verstehen müssen: „Positivisten, Nominalisten, Pluralisten und Feinde der *Ismen* – das sind wir alle, er aber ist der erste, der es vollständig ist. Er ist der erste vollständig positivistische Historiker"[35].

Welche Möglichkeiten einer Kombination von soziologischen Methoden und Diskursanalyse bestehen, soll an dieser Stelle nicht weiter ausgeführt werden[36]; dasselbe gilt für die Empirische Literaturwissenschaft (d. h. der Konzeption von Literaturwissenschaft als einer empirischen *Sozial*wissenschaft[37]), von der einer ihrer hervorragenden Vertreter schreibt: „Inwieweit hier diskurstheoretische, wissenssoziologische und mentalitätsgeschichtliche Ansätze produktiv integrierbar sind, muß die Arbeit der nächsten Jahre zeigen"[38]. Da es mir speziell um die Problematik der Erforschung einer *vergangenen* Kultur zu tun ist, sei jedoch wenigstens auf die Arbeiten von Norbert Elias hingewiesen, dem wir die Ausarbeitung (und Anwendung) eines soziokulturellen Ansatzes zu verdanken haben, der die Schwierigkeiten bei der Untersuchung und soziologischen Erfassung *vergangener* Kulturen thematisiert und nicht selten, besonders bei der von ihm entwickelten „Figurationsanalyse", in die Nähe zur Diskursanalyse gerät[39]; im eigentlichen Sinn vergleichbare Arbeiten in der Islamwissenschaft liegen bisher nicht vor, und viele der vorhandenen soziologischen Analysen, etwa zur islamischen Gelehrtenkultur, leiden sowohl unter der Einseitigkeit der theoretischen Fragestellungen als auch unter der unzureichenden (Re-)konstruktion der bei ihrer Beantwortung zu berücksichtigenden Diskurse[40].

(3) *Mentalitätsgeschichte.* Oft und nicht zu Unrecht in der Nähe der Diskursanalyse wurde die Mentalitätsgeschichte gesehen. Gegenüber der Theorie des kulturellen Gedächtnisses und der Wissenssoziologie kann von ihr behauptet werden, daß sie seit ihrer Entstehung in Frankreich einen Boom innerhalb der Geistes- und Kulturwissenschaften erlebt hat[41]: Als *histoire totale* orientiert sich die Mentalitätsgeschichte an Strukturen von langer Dauer (*longue durée*)[42] und eher an der Kollektiv-

---

35 Veyne (1992), 8. Foucault selbst hat sich bekanntlich als „glücklicher Positivist" bezeichnet, siehe Foucault (1981), 182.
36 Dazu Dean (1994) und Schöttler (1992).
37 Schmidt (1991), 391.
38 Ebd. 389.
39 Elias (1969) und (1983). Vgl. auch Jung (1999), 157ff. und unten S. 103f.
40 Dies ist z. B. der Fall bei Berkey (1992) und Capezzone (1998), besonders ausgeprägt aber in Chamberlain (1994).
41 Vgl. für das folgende Raulff (1987); Knusch (1991), 15; Nünning (1998), 357-9; Dinzelbacher (1993).
42 Vgl. Braudel (1969), 41ff.

psychologie als an der seelischen Ökonomie des Individuums. Als Thematisierung des allgemeinen Wissens steht sie der Wissenssoziologie nahe[43]. In vielen Punkten weist sie aber auch eine deutliche Nähe zur Diskursanalyse auf: der mentalitätsgeschichtliche Ansatz ist (re-)konstruktiv ausgerichtet; er geht von der Priorität überindividueller, also kollektiver und sozialer Faktoren, aus und faßt Individualität als soziale, kulturelle und diskursive („semiotische") Kategorie[44]; er versucht anhand mentaler Kategorien den jeweils zeittypischen Horizont sowie die Lebensordnungen bzw. -formen[45] zu definieren, in denen Verhalten gestaltet wird[46]. Als „historische Anthropologie" kann dieser Ansatz zur Verklammerung von Sozial- und Kulturgeschichte dienen[47].

Die Untersuchung einer bestimmten Mentalität oder Einstellung mag darüber hinaus an einem bestimmten Diskurs orientiert sein (siehe oben Seite 48), obwohl die Erfassung einer bestimmten Mentalität über einzelne Diskurse hinausgehen muß, wobei eine Tendenz *zur möglichst umfassenden* Rekonstruktion besteht[48]. Eine „historische Mentalität ist das Ensemble der Weisen und Inhalte des Denkens und Empfindens, das für ein bestimmtes Kollektiv in einer bestimmten Zeit prägend ist. Mentalität manifestiert sich in Handlungen"[49], und, wie wir hinzufügen können, in Diskursen.

Einerseits wird man die Mentalitätsgeschichte also als ein komplementäres Verfahren zu betrachten haben, das auf eine Diskursanalyse angewiesen ist und selbst, aufgrund ihrer Ausrichtung, zu dieser beitragen kann; andererseits greift die Mentalitätsgeschichte weit über eine Diskursanalyse, wie sie hier vorgestellt wird, hinaus, denn das (re-)konstruktive Ziel beider Methoden ist verschieden: die Diskursanalyse zeigt die Bedingungen der Möglichkeiten von Aussagen und diskursiven Formationen auf, beschreibt sie also zunächst in deren Positivität, wohingegen die Mentalitätsgeschichte sich diese zunutze macht, um auf ihrer Basis nichtdiskursive „Entitäten", nämlich die hinter den Diskursen

---

43 Hier wären besonders die Bereiche der Alltagsgeschichte und Mikro-Historie (*microstoria*) zu nennen, siehe Lüdtke (1998).
44 Gurjewitsch (1994), 24ff.
45 Vgl. Fichtenau (1992) und Borst (1997).
46 Vgl. Dinzelbacher (1993), xxii. Daß dabei die Mentalität zur Bestimmung von Epochen verwendet wird, läuft zwar den theoretischen Ausführungen, nicht aber der Praxis Foucaults entgegen, der in seiner Arbeit *Die Ordnung der Dinge* (= Foucault 1990) selbst Begriffe bzw. Denkkategorien als „epochenkennzeichnend" hypostasiert, siehe Major-Poetzl (1983), Kap. 5.
47 Vgl. Gurjewitsch (1993), 7ff.
48 Vgl. Dinzelbacher (1993), xxix.
49 Ebd. xxi.

(bzw. Aussagen) stehenden und in ihnen auf die eine oder andere Weise zum Ausdruck kommenden Mentalitäten, zu erfassen[50]. Die Mentalitätsgeschichte ist daher im Grunde nichts anderes als eine neue Methode zur „Ordnung der Dinge", die sich zwar nicht an Ideen oder Begriffen orientiert, aber durchaus den Zweck der Ideen- und Begriffsgeschichte erfüllen soll und kann; es handelt sich also bei ihr zwar um einen Paradigmenwechsel gegenüber herkömmlichen Ansätzen, nicht aber um einen Wechsel des Ordnungsanspruchs (wie dies etwa die Diskursanalyse beabsichtigt).

In dem Maß, wie der mentalitätsgeschichtliche Ansatz über die (Re-)konstruktion der Diskursanalyse hinausgeht, wächst die Subjektivität ihrer Ergebnisse; dies entspricht zunächst der aus der hermeneutischen Tradition bekannten Tatsache, daß die Nichtobjektivierbarkeit einer Deutung mit dem Ausmaß ihres interpretatorischen Potentials wächst. Im Fall der Mentalitätsgeschichte, die sich besonders mit Epochen und Kulturen befaßt, die „deutlich stärker den Eindruck der Fremdheit" evozieren[51], zeigt jedoch die wissenschaftliche Praxis, daß oft eine Tendenz zur Idealisierung (oder Idyllisierung) des jeweiligen Forschungsgegenstandes besteht, weil Fremdheit positiv, als Faszinosum, wahrgenommen wird[52].

Das heißt auch, daß die Mentalitätsgeschichte (wie der herkömmliche Historismus) eng mit westlichen Denkmustern verknüpft bleibt, insoweit sie der Unterscheidung vertraut/fremd verhaftet ist, die alle exklusiven Theorien (z. B. den Eurozentrismus) kennzeichnet, weshalb es schwierig ist, im mentalitätsgeschichtlichen Ansatz zwischen Erkenntnis und Ideologiekritik zu unterscheiden[53]; die Problematik des mentalitätsgeschichtlichen Ansatzes ähnelt also derjenigen Problematik, die, um ein hinläng-

---

50 Auf keinen Fall darf es dabei aber, die Gefahr besteht, zu einer so essentialistischen wie reduktionistischen Postulierung von universell (oder auch nur binnenkulturell) gültigen „Bewußtseinsgebilden" und „Menschentypen" kommen, wie sie der in seinen Vorannahmen mehr als fragwürdige Ansatz der kulturvergleichenden Psychologie fordert, siehe Nelson (1986), 75ff. und Oesterdickhoff (1997).
51 Vgl. Dinzelbacher (1993), xv und xxxii. Zur Dichotomie Fremdheit/Vertrautheit siehe auch unten Seite 96ff.
52 Dies gilt z. B. für das europäische Mittelalter, vgl. Gurjewitsch (1993), 93f.
53 Dinzelbacher bringt dies auf den Punkt, wenn er schreibt: „Es wäre illusionär, in der Beschäftigung mit den Mentalitäten von einst nicht auch die Suche nach Gegenwelten zum Heute zu sehen" (1991, xvi). Auf eben diese Problematik bezieht sich auch die kritische Bemerkung Foucaults in einem Interview von 1983: „Eine Periode, die nicht die unsere ist, besitzt keinen exemplarischen Wert", zitiert in Dreyfus/Rabinow (1987), 271.

Exkurs: Andere Formen der (Re-)konstruktion

lich bekanntes Beispiel zu nennen, das vernunftkritische Programm Rousseaus (Idealisierung des *homme de la nature*) aufweist[54]. Die aus der Mentalitätsgeschichte resultierenden Schwierigkeiten für jede kulturwissenschaftliche Untersuchung sind also vielfältig. So mag die Mentalitätsgeschichte dazu verleiten, Fragestellungen an eine Kultur heranzutragen bzw. die angestrebte Rekonstruktion von Mentalitäten nicht aus der Analyse der kulturellen Phänomene, sondern anhand bestehender Erwartungshaltungen vorzunehmen, wobei diese in den meisten Fällen von einer antirationalistischen (antimodernen, &c.) *Mentalität* und somit von einer spiegelbildlichen Umkehrung bekannter Darstellungen und Wertungen geprägt ist. In der Islamwissenschaft mag dies zu einem „Orientalism reversed" führen, der die Verzerrungen des bisherigen Geschichts- und Kulturbilds kompensieren will und dabei ins andere Extrem verfällt[55]; wie die Diskursanalyse, die sich als ein Diskurs über Diskurse gegen sich selbst wenden kann, würde die Untersuchung derjenigen Mentalität, die selbst erst zur Mentalitätsgeschichte geführt hat, eben diesen Ansatz unterminieren. Um die Konditionierung der Mentalitätsgeschichte durch die ihr zugrundeliegende Mentalität möglichst einzuschränken, gilt daher folgendes:

> „Wissenschaftlichen Charakter bekommt sie dann, wenn sie nach bestimmten handwerklichen Regeln verfährt und das Damals [oder, wie man hinzufügen könnte, eine andere Kultur] weder idealisiert ... noch pauschal zu einer Zeit der Verzweiflung abqualifiziert, es weder zu einem unbegreiflichen Anderen stilisiert, noch zu einer vertrauten Gegenwart in bloß altmodischem Kostüm"[56].

Demnach darf die Bedeutung der Mentalitätsgeschichte, mit Blick auf die Islamwissenschaft (als einer methodischen Kulturwissenschaft), nicht unterschätzt werden[57]: Sie kann von einer vorhergehenden Diskursanalyse nicht absehen und muß von dieser ihren Ausgang nehmen, trägt zu dieser aber auch aufgrund ihrer (re-)konstruktivistischen Ausrichtung und der dazu erforderlichen Detailforschung sowie der flankierenden Unterstützung durch statistische Methoden[58] bei.

---

54 Vgl. Todorov (1989), 362ff.; Bubner (1993), 141f.; Kohl (1993), 18ff.; Link-Heer (1997); Jung (1999), 28ff.
55 Vgl. Said (1995).
56 Dinzelbacher (1993), xvi.
57 Wichtige islamwissenschaftliche Arbeiten im Bereich der Mentalitätsgeschichte wurden bereits oben auf Seite 48 Anm. 39 genannt.
58 Vgl. Furet (1974) und Dinzelbacher (1993), xix. In der vormodernen islamischen Kultur bieten sich vor allem die biographischen Lexika zu einer statistischen Auswertung an, vgl. die Arbeiten Escovitz (1976), Urvoy (1978) und Petry (1981).

Wie die Wissenssoziologie geht die Mentalitätsgeschichte jedoch über das Unternehmen einer phänomenologischen Diskursanalyse hinaus, insofern beide Ansätze nicht nur zur Aufdeckung, sondern auch zur *Deutung* und *Erklärung* geschichtlicher Entwicklungen dienen können[59]. Die umfassende diskursanalytische (Re-)konstruktion kann umgekehrt den mentalitätsgeschichtlichen Ansatz darin unterstützen, Aussagen, wie sie in diskursiven Formationen vorliegen, nicht vorschnell als direkte oder „realistische" Repräsentationen herrschender Mentalitäten oder gar mentaler Zustände mißzuverstehen[60]. Dies gilt besonders für Diskurse, die durch einen hohen Grad an Literatizität und/oder Poetizität gekennzeichnet sind, was Johan Huizinga treffend den „Schleier der Poesie" und Niklas Luhmann das „Treibhaus der Literatur" genannt haben[61].

Die Interpretation kultureller Phänomene bzw. das Verständnis ihrer Bedeutung (Signifikanz) ist nicht anders denn auf dem Weg der Hermeneutik zu erreichen; die Mentalitätsgeschichte ist deshalb, insoweit sie die Bedeutungszuweisungen von Phänomenen untersucht, eine hermeneutische Tätigkeit. Spielen bei der Interpretation zusätzlich ästhetische Bewertungen eine Rolle, etwa bei literarischen Texten oder künstlerischen Objekten, dann wird eine Kulturwissenschaft, die sich, wie die Islamwissenschaft, um die Erforschung einer Kultur bemüht, keine anderen als die *in dieser Kultur gültigen* Maßstäbe zur Grundlage solcher Bewertungen nehmen können. Auch hier gilt, daß diese Maßstäbe zuallererst (re)konstruiert werden müssen, um zur Grundlage ästhetischer Bewertungen werden zu können, und dies wiederum leistet, neben der Diskursanalyse,[62] die Rezeptions- oder Wirkungsästhetik.

(4) *Rezeptionstheorie und Wirkungsästhetik.* Das Verfahren der Rezeptionstheorie wurde in der zweiten Hälfte des 20. Jahrhunderts als methodischer Ansatz (bzw. als Paradigma) der Literaturwissenschaft entwickelt[63], obwohl seine Leitideen bereits einige Zeit zuvor formuliert

---

59 Vgl. Berger/Luckmann (1977), 104.
60 Vgl. Chartier (1988), 35f. und Greenblatt (1991), 7: „It is ... a theoretical mistake and a practical blunder to collapse the distinction between representation and reality, but at the same time we cannot keep them isolated from one another". Lesenswert ist in diesem Zusammenhang auch Montgomery (1998).
61 Huizinga (1941), 169; Luhmann (1993), 289 und 301.
62 Dazu siehe die Beiträge in Ventola (1991).
63 Vgl. Jauß (1970); Warning (1975); Eco (1993); Iser (1993); Arnold/Detering (1996), 516-54; Nünning (1998), 458-60 (*s.v.* "Rezeptionsästhetik"). Die mangelnde gesellschaftliche (publikumsorientierte), vorwiegend literaturimmanente Perspektive kritisiert, nicht ganz zu Unrecht, Zima (1978), 72ff. und Zima (1992), 166ff.

worden waren, zum Beispiel von T. S. Eliot[64]. In seinen Grundzügen muß dieser Ansatz hier als bekannt vorausgesetzt werden, ich beschränke mich also auf das Wesentliche: Rezeptionsgeschichte strebt die Rekonstruktion des Erwartungshorizonts an, auf den ein Text oder, allgemeiner, eine Äußerung in ihrem Kontext verweisen, indem deren Wirkung auf die Rezipienten bzw. die Interpretationsgemeinschaft[65] anhand ihrer je verschiedenen Konkretisationen und den Reaktionen darauf untersucht wird; dies bedeutet gleichzeitig die Rekonstruktion literarischer Normen, denen ein Text (eine Aussage) unterliegt (Stichwort: Diskurse$_2$). Das Sinnpotential eines Texts (bzw. einer Äußerung) zeigt sich in seiner Wirkungsgeschichte und ihren Rezeptionsstufen[66]. Das heißt, der Text wird weder für sich allein genommen, also autonom, deutbar und ggf. ästhetisch einzuordnen sein, sondern erst mittels seiner Rezeption; noch wird er als solcher gänzlich überflüssig, denn die Rekonstruktion seiner Rezeption wird auch diejenigen Kriterien innerhalb dieses Texts (bzw. dieser Aussage) aufzudecken haben, die bei seiner Rezeption als konditionierende Faktoren wirken. Diese Dialektik, um die es sich hier handelt, wurde bereits bezüglich des Autor- und Werkbegriffs herausgearbeitet; das dialektische Verhältnis besteht hier, in den Worten Gadamers, zwischen der Antwortmannigfaltigkeit und der Sinnidentität eines Textes[67].

Der rekonstruktivistische Ansatz der Rezeptionstheorie, nach welcher sowohl der Sinn wie auch die ästhetische Qualität eines Texts erst durch die umfassende Beschreibung seiner Wirkungsgeschichte faßbar werden, steht dem Anliegen und den Verfahren der Diskursanalyse nahe: Die Wirkungsgeschichte besteht ja aus nichts anderem als den Sinnwelten, die ein Text hervorruft; diese sind wiederum über die diskursiven Formationen (re-)konstruierbar und unterliegen einerseits den in ihnen herrschenden Regularitäten, andererseits bringen sie diese erst hervor. Im Gegensatz zum Dekonstruktivismus, der den Sinn eines Texts (einer Äußerung) auf alle seine *denkbaren* Auslegungsmöglichkeiten hin untersucht (wobei folgerichtig von einem eigentlichen Sinn nicht mehr gesprochen werden kann, denn diese Möglichkeiten sind prinzipiell

---

64 Eliot (1919).
65 Vgl. Warning (1975), 196ff. und Fish (1995).
66 Hier scheint auch eine Vermittlung zur Position der Empirischen Literaturwissenschaft möglich, die zwischen sprachlichen Kommunikatbasen (Texten) und Kommunikaten (die Bedeutung, die ein Kommunikationsteilnehmer einer Kommunikatbasis jeweils zuordnet), vgl. Schmidt (1991), 60ff.
67 Gadamer (1993), 7.

unendlich)[68], beschränkt sich die Rezeptionstheorie auf die *historisch* feststellbaren Auslegungen und bleibt daher im Rahmen einer hermeneutisch vorgehenden, doch *empirischen* Wissenschaft. Die mit einer Diskursanalyse verbundene Rezeptionstheorie und Rezeptionsästhetik ermöglicht der kulturwissenschaftlichen Forschung die Bewertung von Texten und Äußerungen, geht aber dabei nicht über den Horizont hinaus, der für diese Bewertung legitimerweise maßgebend sein kann; wozu die Mißachtung dieser Selbsteinschränkung führen kann, hat Stefan Wild am Beispiel der westlichen Stilkritik des Korans gezeigt[69]. Dies mag aber auch am Originalitätsbegriff deutlich gemacht werden: Wenn „Originalität", nach dem herrschenden Verständnis, „die schöpferische Fähigkeit, Neues ... zu schaffen, im Gegensatz zur reinen Reproduktion und Imitation des Herkömmlichen"[70], bedeutet, dann kann dieser Begriff in einer Kultur sinnvoll nur verwendet werden anhand des dort herrschenden Verständnisses dessen, was neu ist und was nicht. Weil die islamische Kultur aber eine sehr subtile, systemimmanente Vorstellung von Neuheit hatte und gleichzeitig doch einen ausgeprägten Originalitätsbegriff[71], war dieser mit den radikalen Kategorien des westlichen, aus der romantischen Genieästhetik abgeleiteten Originalitätskonzepts gar nicht erkennbar: die außerordentliche Vernetzung der islamischen Kultur war dafür verantwortlich, daß der *Innovationscharakter* des islamischen Originalitätsbegriffs nach unseren Maßstäben nur schwer faßbar ist[72].

Das bisher Gesagte geht zudem über den Bereich der Ästhetik weit hinaus und zielt geradezu ins Zentrum der Methodendebatte in den Kulturwissenschaften, denn es sind nicht nur die Kriterien von „schön"

---

68 Die weitreichenden Implikationen dieses Ansatzes werden diskutiert in Booth (1979), 235ff. und Eco (1995).
69 Wild (1994).
70 Nünning (1998), 408 (*s.v.* „Originalität").
71 Vgl. oben Seite 35.
72 Innerkulturelle Dynamik und große Informationskapazität führt, im ganzen gesehen, zu größerer Redundanz und Systemstabilität, siehe Reimann (1974), 103: „je ‚informierter' personale und soziale Systeme sind, um so aufnahmefähiger sind sie für Innovationen und um so weniger gibt es für sie Innovationen". Wenn jedoch, wie im Fall der islamischen Kultur, diese Dynamik innerhalb eines zwar hochdifferenzierten, aber zugleich quasigeschlossenen Kommunikationssystems abläuft, dann endet einerseits die Rezeptionskapazität für Innovationen, wenn diese als systembedrohend verstanden werden, andererseits „besteht die Gefahr der totalen Desorganisation", wenn dieses Kommunikationssystem sich exogenen Einwirkungen öffnen muß (ebd. 210). Die Entwicklung der islamischen Kultur seit dem Beginn des 13./19. Jahrhunderts bietet ein gutes Beispiel für einen derartigen Vorgang.

und „originell", die nach innerkulturellen Maßstäben anzuwenden sind, sondern die (angesichts der pragmatisch-politischen Konsequenzen wissenschaftlicher Forschung) wesentlich bedeutsameren Kriterien von „wahr" und „falsch" oder „Sinn" und „Unsinn". Offensichtlich bedeutet dies das Einnehmen eines relativistischen Standpunkts, gegen den, aus politischen Gründen, heftig polemisiert worden ist; mehr dazu am Ende des dritten Kapitels. Andererseits erlaubt es der Stand der meisten Kulturwissenschaften, im besonderen der Islamwissenschaft, noch nicht einmal, die innerkulturell gültigen Maßstäbe für die genannten Kategorien befriedigend, das heißt *umfassend*, zu (re-)konstruieren. Erst wenn dies geschehen sein wird, wird man überhaupt in der Lage sein, entscheiden zu können, ob und welche Maßstäbe *inter*kulturell vergleichbar sind oder sich universal vermitteln lassen. Wer dies aus politischer Motivation nicht anerkennt, der macht sich der Instrumentalisierung der Wissenschaft zu ideologischen Zwecken schuldig.

Zum Abschluß dieses gedrängten Exkurses möchte ich darauf hinweisen, daß es viele weitere Felder gibt, von denen man bei der Ausarbeitung einer kultur- und islamwissenschaftlichen Methode nur profitieren kann. Einige von ihnen seien, der Vollständigkeit halber, im folgenden genannt; sie betreffen den Bereich der bisher noch wenig systematischen und insgesamt detailarmen Terminologie: Hier kommt etwa die europäische Rhetoriktradition in Frage, daneben aber auch die in Judaistik und jüdischer Exegese[73], christlicher Theologie[74], Bibelexegese[75] und Religionswissenschaft[76] entwickelte Begrifflichkeit oder weiterführende Werke der Kommunikationstheorie[77], Anthropologie[78] und Literaturwissenschaft[79]. Der offensichtlichen Gefahr, daß mit der Adaption von Termini gleichzeitig deren Konnotationen und mitverstandenen Konzepte übernommen werden, muß dabei durch die dringende (Re-)konstruktion der in der islamischen Kultur selbst verwendeten Terminologie entgegengewirkt werden[80]; auch dies wird nicht

---

73 Boyarin (1994).
74 Berger (1987); Bailey/Vander Broek (1992).
75 Ricœur (1966); Porter (1997).
76 Waardenburg (1986), mit weiterführender Literatur.
77 Reimann (1974).
78 Schweizer (1993); Bernard (1998).
79 Zum Beispiel Genette (1993).
80 Das gilt nicht nur für die Fachterminologien einzelner Wissenschaften, obwohl sich hier die Rekonstruktion der Begrifflichkeit leichter durchführen läßt, etwa in den Bereichen der Grammatik, Koranexegese oder Poetik, wozu die folgenden neueren Arbeiten zu nennen wären: Stetkevych (1989); Kinberg (1996); Talmon (1997); Cachia (1998).

anders als auf dem Boden der Diskursanalyse und der (Re-)konstruktion aller irgendwie zugänglichen Aussagensysteme erfolgen können.

Dabei möchte man, in aller Naivität[81], ausrufen können: „Zurück zu den Sachen selbst!" Leider ist es uns aus Gründen, die den Gegenstand dieses Buches bilden, verwehrt, in diesen Ruf einzustimmen.

---

81 Vgl. unten Seite 92.

III

Methode und Wahrheit in der Islamwissenschaft

Viel war bisher von Hermeneutik, von Offenheit und Sinnferne, viel auch von Beschreibung und (Re-)konstruktion die Rede. Dabei wurde, wie es scheint, zusammengeworfen, was nach Ansicht der meisten an der uferlosen Theoriediskussion Beteiligten nicht zusammengeht, zumal oft von einer unüberbrückbaren „Kluft zwischen *deskriptiven* strukturalistischen und *interpretierenden* hermeneutischen Methoden" gesprochen wird[1]. In meinem Verständnis ist die angesprochene Kluft, jedenfalls für unsere Zwecke, nur eine scheinbare, und tatsächlich ergeben sich enge Verbindungen zwischen deskriptiven und hermeneutischen Ansätzen, ja beide sind aufeinander angewiesen und bedingen sich gegenseitig: Deskription ist bereits, bis zu einem gewissen Grad, Konstruktion und damit Interpretation, aber Interpretation ist, ohne die methodische Kontrolle durch eine (re-)konstruierende Analyse, im besten Fall divinatorisch[2], im schlechtesten halluzinatorisch. Beide für sich allein genommen werden dem Anspruch einer Kulturwissenschaft nicht genügen können.

Der Verzicht auf Interpretation und Deutung-Erklärung, wobei man sich neben strukturalistischen Theorien auf Ludwig Wittgenstein berufen mag[3], ist außerdem unredlich, weil er den konstruktiven Charakter jeder Deskription verkennt, und, zu allem Überfluß, potentiell ideologieträchtig. Die Beschreibung, die phänomenologische Tätigkeit ist immer auch subjektiv, man mag sie (und sich!) wenden wie man will: „Die Doppelexistenz des Subjekts *als Teil der Welt und Grund ihrer Konstitution* droht in einer letztfundierenden Subjektivität verschlungen zu werden"[4]. Deshalb war auch Husserls Idee der Phänomenologie, die er eher

---

1 Bogdal (1996), 139.
2 Ein Ausdruck Schleiermachers, vgl. Ricœur (1986), 89 und Lenk (1993), 57f.
3 Siehe Wittgenstein (1979), 62f.: „I believe that the attempt to explain is certainly wrong, because one must only correctly piece together what one k n o w s, without adding anything, and the satisfaction being sought through the explanation follows of itself", und ebd. 63: „[O]ne can only d e s c r i b e and say: this is what human life is like". Wäre es doch so einfach! Dieser naive Ansatz ignoriert neben dem unaufhebbaren Problem der Standpunktwahl auch das Vorhandensein impliziter Vorannahmen und Einstellungen. Er verlangt zudem einen transzendentalen Bezugsrahmen, wie anders denn beurteilt werden könnte, wann etwas „correctly", wie Wittgenstein sagt, zusammengesetzt ist und wann nicht.
4 Meyer-Drawe (1997), 494 (Hervorhebung von mir).

als eine *Methode* denn als Disziplin oder Wissenschaft verstand[5], eine Reduktion auf das absolut Gegebene, und zwar eine „Reduktion auf absolute Voraussetzungslosigkeit"[6], obwohl es keine Voraussetzungslosigkeit in diesem Sinn gibt und es offenbar ist, „daß die Rede vom »Gegebenen« ebenso eine theoretische Konstruktion ist wie die von »Setzung« und »Voraussetzungslosigkeit«"[7].

Erklären und Verstehen

Daß es überhaupt zu der Zerklüftung zwischen analytisch-deskriptiven und hermeneutischen Ansätzen kommen konnte, ist als Gegenreaktion gegen den Herrschaftsanspruch einer als essentialistisch und subjektivistisch verstandenen Tradition der Hermeneutik zu verstehen. Folgerichtig wurden, ausgehend von dieser Reaktion, Ansätze entwickelt, die, so die Theorie, bewußt auf jede Interpretation verzichten und sich mit der Aufdeckung von Strukturen, Formen und funktionalen Prozessen bescheiden sollten. Naturwissenschaftliche Methoden standen dabei Pate, obwohl nur einige Theorien, etwa in der Soziologie, auch den naturwissenschaftlichen Anspruch übernahmen, wenigstens *erklären* zu können, wenn man schon nicht *verstehen* kann[1]. Dazu gesellten sich pragmatisch-politische Motivationen, denn wie mit den in der Tat durch bestimmte ideologische Vorannahmen belasteten herkömmlichen Ansätzen zugleich ihre Methodik diskreditiert war, brachten andere ideologische Überzeugungen neben neuen Theorien auch neue Methoden hervor.

Es steht außer Frage, daß dabei das Kind mit dem Bad ausgeschüttet wurde. Auch die Aufspaltung des Verstehensprozesses in „Erklären" und „Verstehen", wie sie von vielen Vertretern der Geisteswissenschaften, namentlich Wilhelm Dilthey, vorgenommen wurde, um damit die Eigen-

---

5 Husserl (1977), 62.
6 Zitiert in Riedel (1989), 215. Husserl (1910), 341 spricht von „radikale[r] Voraussetzungslosigkeit".
7 Riedel (1989), 220. Vgl. auch Heidegger (1986), 147.
1 Intentionale und bedeutungshafte Zusammenhänge, Handlungsmotive oder Überzeugungen werden dabei als funktionale Daten innerhalb eines Systemmodells interpretiert, vgl. Reimann (1974), 55f. Das Problem, das sich hierbei stellt, sieht Vossler (1983), 83, nicht ohne Polemik, in den „hilfsbereiten Theorien, welche einer sinnlosen, *weil erst sinnlos gemachten und daher bedürftig gewordenen* angeblichen Realgeschichte nachträglich einen Sinn zu geben unternehmen" (Hervorhebung von mir).

ständigkeit, ja den gänzlich anderen Charakter der Geisteswissenschaften zu untermauern[2], hat gerade ihrem Gegenteil, nämlich der zunehmenden Beschränkung auf die Erklärungsmuster der Naturwissenschaften, Vorschub geleistet[3]. Denn die postulierte Eigenständigkeit wurde nicht, im Sinn ihrer Vertreter, als Muster einer fortzuentwickelnden und autonomen Geisteswissenschaft verstanden, sondern diente als bequeme Folie all dessen, was vor dem Hintergrund des Strebens nach wissenschaftlicher Objektivität aus den Geisteswissenschaften auszumerzen war, wollten sie tatsächlich „wissenschaftlich" sein: „Der Diltheysche Deich war gebrochen"[4].

„Wissenschaftlichkeit" meinte dabei das methodische Vorgehen im naturwissenschaftlichen Sinn, wo das regulär wiederholbare Experiment (*notabene:* systemimmanente) Objektivität ermöglicht[5]. Die Unmöglichkeit aber, das Wie eines Phänomens oder eines Prozesses zu eruieren, ohne das Warum zu kennen oder zu verstehen – also die Unmöglichkeit eines Experiments in den Geistes- und Kulturwissenschaften, zumal wenn sie Phänomene der Vergangenheit untersucht –, bedeutet, daß hier beide Fragestellungen, die gemeinhin mit den Begriffen „Erklären" und „Verstehen" unterschieden werden, notwendig zusammengehören und daß dabei auf eine hermeneutische Tätigkeit nicht verzichtet werden kann[6]. Die Notwendigkeit einer auf das Verstehen ausgerichteten Hermeneutik in der Kulturwissenschaft muß in der Überlegung begründet sein, daß man die Frage nach dem Wie nicht ablösen kann von der Frage nach dem Warum, solange es unmöglich ist zu zeigen, was sich bei Vorliegen bestimmter Faktoren alles entwickeln *kann*, das heißt, solange wir uns einzig darauf stützen können, was sich tatsächlich entwickelt *hat*.

Im Bereich der Kulturwissenschaften waren es vor allem funktionalistische Theorien, wie sie im Bereich der Anthropologie (Ethnologie) und Soziologie entwickelt wurden, die auf das Wie eines Phänomens zielten und damit das Warum zu ergründen suchten[7]. Es hat sich jedoch

---

2 Siehe Dilthey (1983), 248ff.; vgl. auch Riedel (1978) und Mommsen (1988).
3 Für die folgenden Ausführungen vgl. Acham (1983), 159ff. und die umfangreichen Beiträge von U. Muhlack und T. Welskopp in Goertz (1998), 99-168.
4 Link (1983), 164. Vgl. auch Rusch (1987), 449.
5 Dieses Verfahren erscheint im Rahmen der Empirischen Literaturwissenschaft etwa als „Prüfbarkeitspostulat" (Schmidt 1991, 21, und 1992b, 165), wobei Objektivität als die intersubjektiv vermittelbare, empirische Überprüfbarkeit (bzw. Plausibilität) gefaßt wird.
6 Vgl. Geertz (1973), 27; Acham (1983), 271; Ricœur (1986), 37ff. und 159ff.; Rusch (1987), 452ff.
7 Malinowksi (1961), Kap. IV. Vgl. auch Trigg (1985), 149f. und Kohl (1993), 137ff.

gezeigt, daß derartige Theorien nicht nur von unausgesprochenen, rationalistischen Vorannahmen abhängen (etwa dem Kriterium der „Kohärenz" oder der konzeptuellen Durchdringung von Handlungen[8]), sondern auch unfähig sind, von diesen Vorannahmen abzusehen bzw. diese selbst in den Blick zu bekommen: „we can sometimes only make sense of the society in question by seeing how the manipulation of concepts and the violation of categorical boundaries helps it to work"[9].

Darüber hinaus läßt sich bei allen Phänomenen, deren Untersuchung Aufgabe einer Kulturwissenschaft ist, nicht von der menschlichen Intentionalität (und dem sich darin ausdrückenden Machtwillen) absehen, bei aller Bedingtheit des Subjekts durch gesellschaftliche (diskursive, institutionale, &c.) Vorgaben; Karl Acham hat diese doppelte Konditionierung durch „komplexe gesellschaftliche Sachverhalte *struktureller* Art" und „partikuläre Ereignisse ... der *individuellen* Willenssetzung" die Dichotomie „von individueller Innenlenkung und gesellschaftlicher Verhaltenssteuerung" genannt[10]. Die Tatsache aber, daß individuelles Wollen von vielerlei Faktoren abhängig und konditioniert ist, bedeutet nicht, daß dieses Wollen schlechthin nicht besteht, daß es nicht auch immer *gewisse* Möglichkeiten hat, sich zu artikulieren, und daß wir es nicht zum Gegenstand der Untersuchung machen könnten, obwohl sich diese Intentionalität einer direkten Einsicht entzieht und nur mittelbar, hauptsächlich über Texte, zugänglich ist[11].

Dabei muß man nicht soweit gehen wie Giambattista Vico, der den Menschen bei der Erforschung der menschlichen Geschichte und Kultur geradezu privilegiert sieht, weil diese Phänomene eben vom Menschen hervorgebracht seien und also von ihm auch am besten verstanden werden können[12]. Man wird aber andererseits in der Aufweisung von überindividuellen Strukturen (sozialen, epistemischen, &c.) und dem Zusammenwirken ihrer Elemente nicht schon deren ausreichende Erklärung zu erblicken haben, sondern zunächst nur eine (re-)konstruktiv ausgerichtete, einem bestimmten Blickwinkel (etwa: Familien-, Herrschafts-

---

8 Vgl. Mounce (1973); (kritisch:) Geertz (1973), 17f.; Foucault (1981), 213ff.; Trigg (1985), 83ff.
9 Gellner (1977), 46. Eng verwandt mit der Problematik der Kohärenzerwartung ist, im Bereich der eigentlichen Historiographie, das Kriterium der Kontingenz, vgl. Bubner (1984).
10 Acham (1983), 73 und 280.
11 Dies unterscheidet die hier vorgestellte Methode von der sogenannten „objektiven" oder „strukturalen" Hermeneutik, wie sie von Ulrich Oevermann ausgearbeitet wurde, siehe Reichertz (1997). Vgl. auch oben Seite 62ff.
12 Vico (1974), 35 und (1990) I, 541f., 589. Dazu vgl. Riedel (1978), 16f.; Burke (1990), 95ff.; Lilla (1993), 130ff.; Jung (1999), 17ff.

oder Verwandtsschaftsstrukturen) verhaftete Vorleistung, die bei entsprechender Integration mit anderen (re-)konstruktiven Darstellungen die Basis für eine sich dieser bedienenden, verstehenden Deutung liefern. Eine solche Deutung ist die Aufgabe der Hermeneutik. Als Tätigkeit des Verstehens fließt sie aber, in meinem Verständnis, mit der vorhergehenden Analyse dessen, was zu verstehen ist, zusammen und bedient sich ihrer. Diese Analyse selbst ist schon das Ergebnis einer interpretativen „Setzung" oder eines „Vorgriffs"[13], wenn auch nicht interpretativ im Sinn der eigentlichen Hermeneutik, also nicht vergleichbar der bewußten Auslegung[14]: Die interpretative Bedingtheit der Analyse ist die ihrer Anwendung vorhergehende Wahl einer Methode und nicht einer anderen sowie die vorgängige Erwartung dessen, was diese Methode zu leisten imstande ist. Dies setzt in beiden Fällen eine Entscheidung zwischen mehreren Möglichkeiten voraus, die ihrerseits nicht anders als auf dem Boden einer vorgängigen, interpretativen Tätigkeit und abhängig von deutungsbezogenen Vorannahmen getroffen werden kann[15]. Im Rahmen der hier vorgestellten islamwissenschaftlichen Methode fiel diese Entscheidung zugunsten der Diskursanalyse und anderer, ähnlich (re-)konstruktiv ausgerichteter Ansätze aus. Interpretation im eigentlichen, hermeneutischen Sinn zielt dagegen auf die Bedeutung eines Phänomens und das daraus abzuleitende Verstehen seiner Entstehung, seiner Natur und seiner Wirkung.

Die Zusammenführung von Analyse und Hermeneutik sowie die Auflösung des Gegensatzes zwischen Erklären und Verstehen kommt zunächst der Weberschen Auffassung einer verstehenden Soziologie nahe[16], unterscheidet sich aber von dieser grundlegend, indem sie die verstehende Deutung nicht einer reduktionistischen, aus der Analyse gewonnenen Idealtypenmatrix unterwirft[17]. Sie wird auch nicht, wie die Sozialwissenschaften, den Primat der Gesellschaft oder des gesellschaftlichen Handelns anerkennen können, sondern den Primat des Diskurses.

13 Vgl. Heidegger (1986), 150.
14 Vgl. Foucault (1981), 198: Die diskursanalytische Archäologie „ist keine interpretative Disziplin, sie sucht nicht einen »anderen Diskurs«".
15 „[B]evor man hoffen kann, irgendetwas zu erklären, muß man zunächst einmal verstehen, um was es sich dabei überhaupt handelt" (Leach 1978, 11). Vgl. auch Keller (1997), 327, der mit Verweis auf Paul Ricœur zurecht die hermeneutische Bedingtheit des diskursanalytischen Ansatzes hervorhebt.
16 Vgl. Trigg (1985), 44ff.; Mommsen (1988), 206ff.; Jung (1999), 92ff.; (sehr kritisch und geradezu *befangen*:) Schöllgen (1998), 30-75.
17 Die Insuffizienz der Weberschen Idealtypenlehre (vgl. oben Seite 25) bei islamwissenschaftlich relevanten Themen wurde wiederholt aufgezeigt, etwa in Inalcik (1992) und Schneider (1993); siehe auch die Beiträge in Schluchter (1987).

Weil die Diskurse aber wesentlich Praktiken sind, und zwar Redepraktiken, die einerseits durch gesellschaftliche Faktoren konditioniert werden, andererseits aber *diese konditionieren*, fällt die Untersuchung dieser Praxis teilweise in das Gebiet der Soziologie und läßt sich mit soziologischen Ansätzen und ihrer Terminologie verbinden[18]. Die mögliche Verbindung von Diskursanalyse und Hermeneutik mag schließlich auch Foucaults (häufig belächelte) Ablehnung eines strukturalistischen Standpunkts verständlich machen, denn die meisten strukturalistischen Ansätze sind nicht nur, wie die Diskursanalyse, als die (Re-)konstruktion von Phänomenen konzipiert, sondern zugleich als deren Funktions- und Erklärungsmodelle.

In vielerlei Hinsicht steht die hermeneutische Diskursanalyse auch dem Ansatz einer phänomenologischen Hermeneutik nahe, wie sie von Paul Ricœur ausgearbeitet worden ist[19]. In seinen Arbeiten, besonders *Le conflit des interprétations, De l'interprétation* und *Du texte à l'action*[20], entwickelt Ricœur das Modell einer Hermeneutik, bei der eine strukturalistisch orientierte Phänomenologie symbolischer Formen als Ausgangspunkt der Deutung dient[21]. Die scheinbare Inkompatibilität von Erklären und Verstehen erweist sich im Rahmen dieser Verbindung von Strukturalismus und Hermeneutik einerseits als die unaufhebbare Dialektik zwischen den synchronen und diachronen Aspekten von Phänomenen, die als Erscheinungen zugleich *in und außerhalb der Zeit* konditioniert sind (das heißt als Phänome nach, neben und vor anderen Phänomenen), andererseits als die Anerkennung der unauflöslichen Verschränkung von Beschreibung-als-Deutung (bzw. Symbol-als-Interpretation), die Ricœur „eine Beobachtung im starken Sinne des Wortes" nennt, ein Grundbegriff des Ricœurschen Ansatzes[22].

Wie der synchron und antihistorisch (überzeitlich) angelegte strukturalistische Ansatz neben der kulturellen Signifikanz von Phänomenen ihre zeitliche Bedingtheit nicht recht in den Blick bekommt[23], vernachlässigt der diachron und geschichtlich (zeitlich) angelegte hermeneutische Ansatz die strukturelle Bedingtheit von Phänomenen. So gesehen

---

18 Vgl. Zima (1978) und Hafez (1993).
19 Zu diesem Ansatz siehe ausführlich Ricœur (1969), 19ff. und (1986), 29ff., 43ff.
20 Ricœur (1969), (1974) und (1986). Zu Ricœurs Interpretationstheorie vgl. auch Lenk (1993), 137ff.; Mongin (1998), besonders 40ff.; Ziegler (1998), 60f.
21 Vgl. Ricœur (1986), 34f.
22 Vgl. auch Kee (1982), 23.
23 Vgl. ebd. 26 und Kohl (1993), 144. Dies trifft auch auf die meisten system- und kommunikationstheoretischen Modelle in der Soziologie zu, siehe Reimann (1974), 19f.

ist die Verbindung von Strukturalismus und Hermeneutik auch der Versuch, die Zeitlichkeit von Phänomenen mit der Überzeitlichkeit der ihnen inhärenten Struktur(en) zusammenzudenken. Die Bedenken gegenüber dem strukturalistischen Ansatz, der nicht die Verbindung zur Hermeneutik sucht oder sogar seine hermeneutische Bedingtheit verleugnet, hat Ricœur in einem Gespräch mit Claude Lévi-Strauss deutlich formuliert:

„[F]ür Sie gibt es keine *Botschaft* – nicht im Sinne der Kybernetik, sondern im kerygmatischen Sinne; Sie verzweifeln am Sinn, aber Sie retten sich durch den Gedanken, daß die Menschen, wenn sie schon nichts zu sagen haben, es mindestens so deutlich sagen, daß man Ihre Rede zum Ausgangspunkt des Strukturalismus machen kann. Sie retten den Sinn, aber es ist der Sinn des Unsinns, das bewundernswerte syntaktische Arrangement einer Rede, die nichts sagt"[24].

Für die analytisch-hermeneutische Tätigkeit bedeutet dies, daß Struktur ohne Interpretation nicht aufweisbar, Interpretation ohne Struktur dagegen inhaltsleer ist. Ricœur nennt diese Struktur „Textur": „Diese Textur ist es, die die Interpretation ermöglicht, wenngleich einzig die tatsächliche Bewegung der Interpretation sie offenbart"[25].

Die Aufweisung des Symbols (bzw. der Textur) bezeichnet Ricœur als „Analytik" (oder Archäologie), seine Interpretation als „Dialektik" (oder Teleologie): das Symbol-als-Interpretation ist deshalb „das »gemischte« *Konkrete*, von dem wir Archäologie und Teleologie ablesen"[26]. Obwohl beides, Aufweisung und Interpretation, vor dem Hintergrund der Sprache nur *zusammen* möglich ist – anders gesagt: „nur zusammen können »Theorie« und »Tatsachen« entkräftet oder bekräftigt werden"[27] –, ist diese begriffliche Differenzierung von Analytik und Dialektik heuristisch bedeutsam:

„Weshalb, wird man fragen, nicht direkt zu jener dialektischen Auffassung übergehen? Im wesentlichen aus Denkdisziplin. Zuerst gilt es, *jeder Auffassung für sich gerecht zu werden; dazu muß man sich, wenn ich so sagen darf, ihre erzieherische Ausschließlichkeit zu eigen machen.* Sodann gilt es, ihrem Gegensatz Rechnung zu tragen; dazu muß man die bequemen Eklektizismen zunichte machen und alle Gegensätze als äußerliche setzen"[28].

---

24 Lévi-Strauss (1980), 112. Die Auseinandersetzung mit Lévi-Strauss (und der strukturalen Anthropologie) hat Ricœur wiederholt in mehreren umfangreichen Aufsätzen geführt, siehe Ricœur (1966), 31ff. und (1986), 154ff., 182ff.
25 Ricœur (1974), 30.
26 Ebd. 505. Vgl. auch ebd. 526 und 536 (zur Dialektik von Archäologie und Teleologie).
27 Ebd. 75.
28 Ebd. 74f. (Hervorhebung von mir).

Damit beschreibt Ricœur exakt das Verfahren der mit einer diskursanalytischen (Re-)konstruktion verbundenen Hermeneutik als Methode der kulturwissenschaftlichen Untersuchung, die auf das Verstehen zielt; daß er dabei die analytische Komponente als „Archäologie" bezeichnet, also mit dem Foucaultschen Begriff einer Archäologie als „das allgemeine Thema einer Beschreibung, die das schon Gesagte auf dem Niveau seiner Existenz befragt"[29], mag Zufall sein, aber er ist signifikant. Ricœur gibt dabei auch dem oben Seite 84 angesprochenen Standpunkt der (schon immer verlorenen) Naivität einen neuen Sinn:

> „Die Reflexion kehrt zum Wort zurück und bleibt immer noch Reflexion, d.h. Verständnis des Sinns; die Reflexion wird Hermeneutik. Nur auf diese Weise kann sie konkret werden und dennoch Reflexion bleiben. Die zweite Naivität ist nicht die erste Naivität; sie ist eine nachkritische und nicht vorkritische, sie ist eine gelehrte Naivität"[30].

Trotz seiner, in der Auseinandersetzung mit der Psychoanalyse, strukturalen Anthropologie und Religionswissenschaft[31] entstandenen Symbol- und Metapherntheorie und trotz seines von der Diskursanalyse verschiedenen Diskursbegriffs ähnelt also Ricœurs Ansatz der bisher vorgestellten Methode. Wie sehr, in ihrer Vorgehensweise und in ihrem Anspruch, auch die Symboltheorie der (re-)konstruktiven Diskursanalyse nahekommt, hat Edmund Leach deutlich gemacht, obwohl er sich, anders als Ricœur, dezidiert der struktural orientierten Anthropologie zurechnet:

> „Eine weitere ... Hauptthese ist, daß Zeichen und Symbole ihre Bedeutung in Kombinationen vermitteln, und nicht einfach als Mengen binärer Zeichen in linearen Sequenzen oder Mengen von metaphorischen Symbolen in paradigmatischen Assoziationen. Mit anderen Worten: Wir müssen eine Menge über den kulturellen Kontext wissen, gewissermaßen über das Bühnenbild, bevor wir mit der Entschlüsselung der Botschaft überhaupt anfangen können"[32].

---

29 Foucault (1981), 190.
30 Ricœur (1974), 507. In Ricœur (1969), 294 heißt es dementsprechend über die hermeneutische Reflexion: „[L]e second immédiat que nous cherchons, *la seconde naïveté* que nous attendons, ne nous sont plus accessibles ailleurs que dans une herméneutique; nous ne pouvons croire qu'en interprétant. ... Je crois que l'être peut encore me parler, non plus sans doute sous la forme pré-critique de la croyance immédiate, mais comme le second immédiat visé par l'herméneutique. Cette *seconde naïveté* peut être l'equivalent post-critique de la hiérophanie pré-critique" (Hervorhebungen von mir).
31 Vgl. Waardenburg (1986), 250ff.
32 Leach (1978), 119. Nach Keller (1997), 328f. bringen Diskurse die symbolischen Ordnungen der Gesellschaft hervor, wobei durch die Diskursanalyse „symbolische Ordnungen *sowohl* in ihrem Herstellungs- *als auch* in ihrem Objektivitätsaspekt begreifbar" werden. Vgl. aber auch unten Seite 103f.

Im Bereich der Anthropologie ist es der analytisch-hermeneutische Ansatz einer *interpretive anthropology* („interpretative Ethnologie") bzw. *symbolic anthropology* von Clifford Geertz, der, nicht unähnlich dem Vorhaben von Ricœur, Kulturen als Symbol- und Bedeutungssysteme („Systeme der Sinnproduktion", „webs of significance"[33]) versteht, deren Beschreibung und Deutung (bzw. Beschreibung-als-Deutung) Aufgabe der wissenschaftlichen Untersuchung seien[34]. Damit wird einerseits der Versuch gemacht, die jedem Verstehensprozeß inhärente Subjektiv-Objektiv-Dialektik nicht zugunsten einer ihrer Komponenten aufzulösen, sondern sie als eigentlich produktive Rahmenbedingung der wissenschaftlichen Tätigkeit anzuerkennen. Andererseits soll die Subjektiv-Objektiv-Dichotomie auf der Ebene des zu Verstehenden überwunden werden, indem weder „das subjektive Leben" oder „mentale Zustände" noch „das äußere Verhalten als solches", sondern die genannten Symbolsysteme im Mittelpunkt des forschenden Interesses stehen[35]; die Parallele zur Diskursanalyse ist evident: „Dieser Ansatz ist weder introspektiv noch behavioristisch; er ist semantisch"[36]. Drittens kann damit der Subjekt-Objekt-Gegensatz aufgehoben werden, der der Anthropologie, wie jeder Kulturwissenschaft, auf der kommunikativen und gewissermaßen ideologischen Ebene eignet:

> „[A]nders als die szientistischen Strömungen enthält [dieser Ansatz] eine klare Absage an die Haltung, die allein dem westlichen Wissenschaftler die Rolle des Subjekts der Forschung, den außereuropäischen Gesellschaften aber die des Objekts der Forschung zuweist. Je näher die einzelnen Kulturen zusammenrücken ..., desto größere Bedeutung wird eine Ethnologie gewinnen, die den ‚anderen' nicht mehr als bloßes Untersuchungsobjekt wahrnimmt, sondern ihn als ‚Socius' anerkennt und ihn in allen seinen Handlungen ernst nimmt, und der es mehr um ein Verstehen fremder Lebensformen, Wertvorstellungen und Sinngebungen zu tun ist als um ein Erklären sozialer und kultureller Zusammenhänge"[37].

Zuletzt muß in diesem Zusammenhang noch die Theorie der historischen Methode vorgestellt werden, wie sie Jörn Rüsen erarbeitet hat[38]. Rüsens umfassender Ansatz versteht die Einheit der historischen Methode als systematischen Zusammenhang von Heuristik, Kritik und Interpretation. Die ihr zugrundeliegende Strategie umfaßt drei unterschiedliche Vorgehensweisen, die Rüsen dementsprechend als hermeneutisch, analytisch

---

33 Geertz (1973), 5.
34 Vgl. auch Waardenburg (1974) und (1983).
35 Vgl. Geertz (1988), 138f.
36 Ebd. 139. Vgl. auch Geertz (1973), 10 und Lenk (1993), 180.
37 Kohl (1993), 166.
38 Rüsen (1988).

und dialektisch bezeichnet[39]. Die hermeneutische Rekonstruktion diene dabei der Aufweisung von Sinnzusammenhängen aus der Sicht der an geschichtlichen Prozessen Beteiligten; die analytische Forschung rekonstruiere Strukturen und Wirkungszusammenhänge, denen diese Beteiligten unterliegen; die Dialektik schließlich bestehe in der Vermittlung der hermeneutischen und analytischen Rekonstruktion, um damit Zusammenhänge aufzuzeigen, die aus „einem offenen Wechselverhältnis zwischen Absichten und strukturellen Bedingungen menschlichen Handelns resultieren"[40].

Diese verschiedenen Forschungsverfahren sieht Rüsen als operativ-prozessual; sie suggerieren eine mehr als nur konzeptuelle Unterscheidbarkeit der einzelnen Verfahrensschritte, die praktisch jedoch nicht besteht (Stichworte: Beschreibung-als-Deutung, (Re-)konstruktion). Problematisch ist dabei gerade die Isolierung der hermeneutischen von der analytischen Tätigkeit, die etwa im Ansatz von Geertz – einer „scientific phenomenology of culture" – nicht vorliegt, der von der „sehr relativen" Unterscheidung spricht zwischen „'inscription' ('thick description') and 'specification' ('diagnosis')—between setting down the meaning particular social actions have for the actors ... and stating, as explicitly as we can manage, what the knowledge thus attained demonstrates about the society ... and, beyond that, about social life as such"[41]. Aber selbst das, was hier als „Festhalten von Bedeutung" und „Kulturanalyse"[42] differenziert wird, bleibt als Ganzes Interpretation und ist *in seiner Gesamtheit* ein analytisch-hermeneutisches Amalgam, ein dialektischer Prozeß: „In short, anthropological writings are themselves interpretations, and second and third order ones to boot. (By definition, only a 'native' makes first order ones: it's *his* culture)"[43].

Schließlich ist die Verwendung der Terminologie („Hermeneutik", „Dialektik", „Interpretation") durch Rüsen mehr als fragwürdig. Dabei mag es genügen, darauf hinzuweisen, daß Rüsen die übernommenen Begriffe recht eigensinnig verwendet: Für ihn besteht „Hermeneutik" eher in einer Heuristik bzw. in einer unkomplizierten Rekonstruktion, die sich auf die Sicht der Beteiligten an geschichtlichen Abläufen bezieht, während dagegen „Interpretation" dem dialektischen Forschungsschritt zugeordnet wird. Man wird deshalb die Vermutung nicht los, daß Rüsen hier den Begriff „Hermeneutik" – wie andernorts den Begriff „Kultur"

---

39 Vgl. für das folgende besonders Rüsen (1990), 76-80.
40 Rüsen (1990), 79.
41 Geertz (1973), 27.
42 Vgl. Fröhlich/Mörth (1998b), 15f.
43 Geertz (1973), 15.

(vgl. oben Seite 9f.) – in seine Theorie aufnimmt, ohne sich im geringsten um das tatsächliche Anliegen des hermeneutischen Ansatzes und dessen weitreichende Implikationen zu kümmern; also erneut ein Etikettenschwindel. Überdies beschränkt sich Rüsen bei seiner Theorie der historischen Methode auf den Prozeßcharakter von Geschichte („Verläufe", „Akteure", „Handlungen", &c.), ohne das vorrangige Problem zu thematisieren, wie man denn überhaupt vom hauptsächlich sprachlich-textualen Überlieferungsmaterial zur (konstruktiven) Erfassung irgendwelcher Prozesse und Sinnzusammenhänge gelangen kann – ein grundlegend *hermeneutisches* Problem![44] Dies macht deutlich, daß Rüsens Ansatz, trotz einer scheinbaren begrifflichen Nähe, wenig mit den Methoden gemein hat, die bisher angesprochen wurden.

Offenheit: Methode und Theorie

Die Rolle der Hermeneutik in einer islamwissenschaftlichen Methode rechtfertigt sich nicht allein durch das, was als ihre Hauptaufgabe verstanden werden muß – nämlich den Sinn *und* die Bedeutung von Texten, Handlungen und Symbolen zu entschlüsseln[1] –, vielmehr verhilft sie, vor aller analytischen und deutenden Tätigkeit, zu einer besonderen *Gestimmtheit*, zu einer bestimmten Haltung.

Diese Gestimmtheit wurde oben Seite 17 mit dem Begriff der „Offenheit" charakterisiert, und zwar als eine Offenheit im Sinn einer methodischen Einstellung. Offenheit heißt dabei sowohl Offenheit gegenüber den möglichen Bedeutungen von Phänomenen und ihrer zunächst diskursanalytischen und wirkungsgeschichtlichen, sodann hermeneutischen Erschließung, sondern auch Offenheit gegenüber dem je anderen Horizont. Diese Offenheit ist gerade deshalb überhaupt möglich, weil sie sich nicht aus einem Standpunkt der Voraussetzungslosigkeit (bzw. des *bewußten Absehens* vom eigenen Horizont) heraus entwickelt,

---

44 Vgl. Rusch (1987), 437ff.
1 Eine gegenseitige Loslösung von Sinn (*meaning*) und Bedeutung (*significance*), wie sie Albert (1994) unter Berufung auf die Interpretationstheorie von E. D. Hirsch vertritt, wonach eine Aussage einen bestimmten Sinn habe, der objektiv festgestellt werden könne, wohingegen die Bedeutung eine Frage der mehr oder weniger unkontrollierten (subjektiven) Auslegung (bzw. der Beziehung dieses Sinns zu etwas) sei, verkennt in meinem Verständnis die Abhängigkeit des Sinns von *jeglicher* Auslegung, wie nicht nur Gadamer, sondern vor allem Ricœur gezeigt hat.

sondern weil sie sich in Anerkennung und *trotz* des eigenen Horizonts diesem gegenüber immer wieder neu behaupten muß[2].

Das Verstehen im kulturwissenschaftlichen Sinn bedarf dieser Offenheit, denn kulturelle Phänomene (also das zu Verstehende) antworten nicht *per se* auf Fragen, die man „an sie" richtet, etwa auf Grundlage einer bestimmten Theorie oder motiviert durch ein bestimmtes Interesse oder eine konkrete Fragestellung, sondern sie sind im Gegenteil selbst Fragen, *auf die wir eine Antwort finden müssen*. Nicht wir sprechen das Überlieferte an, etwa aus Erkenntnisstreben, sondern das Überlieferte *spricht uns an*[3]. Dies wiederum ist nur möglich aufgrund der Offenheit, sich ansprechen zu lassen, und in diesem entscheidenden Punkt gehen Diskursanalyse und Hermeneutik nahtlos ineinander über: Wer sich ansprechen lassen will, muß, wenn er es ernst meint, zunächst gut hinhören, bevor er selbst eine Antwort gibt. Nichts anderes als dieses genaue Hinhören ist, mit einem Wort, Aufgabe der Diskursanalyse.

Wer in diesem Sinn angesprochen wird, muß davon ausgehen, daß ihm etwas vermittelt werden soll. Diese Bereitschaft, sich etwas sagen zu lassen, welche Gadamer „die Würde der hermeneutischen Erfahrung" nennt[4], ist bei jeder historistischen Distanzierung, die tatsächlich zu Sinnferne führt, immer schon verstellt, denn die objektive Wissenschaftlichkeit besteht, ihrem Anspruch nach, zwar in der extremen und voraussetzungslosen Offenheit für jeglichen Sinn und jede Mitteilung, aber es ist die Offenheit einer desinteressierten Kenntnisnahme, nicht die Offenheit eines Angesprochenwerdens, also einer sowohl dialogischen als auch dialektischen Positionierung, die der Verstehende schon immer einnimmt und derer er sich beim Verstehensprozeß bewußt sein sollte (Stichwort: Horizontverschmelzung)[5]. Die sogenannte objektive Wissenschaftlichkeit hingegen stellt Fragen, läßt sich aber nicht in den Fragehorizont einbinden: so scheitert sie an der Wahrnehmung derjeni-

---

2 Gadamer bezeichnet dies als die Anstrengung des „unbeirrbaren Hörens", die auch darin besteht, „negativ gegen sich selbst zu sein" (1990, 469).
3 Vgl. ebd. 489 und oben Seite 17.
4 Gadamer (1990), 492.
5 Vgl. Gadamer (1993), 116. So auch Bultmann (1964), 7f.: „Nur wenn man sich selbst bewegt weiß von den geschichtlichen Mächten, nicht als neutraler Beobachter, und nur wenn man bereit ist, den Anspruch der Geschichte zu hören, versteht man überhaupt, worum es sich in der Geschichte handelt. Dieser Dialog ist aber deshalb nicht ein geistreiches Spiel der Subjektivität des Betrachters, sondern ein wirkliches Befragen der Geschichte, bei dem der Geschichtsschreiber gerade seine Subjektivität in Frage stellt und bereit ist, die Geschichte als Autorität zu hören. ... Sie redet aber nicht, wenn man sich die Ohren zustopft, d.h. wenn man eine Neutralität ihr gegenüber beansprucht".

gen Fragen, auf die das zu Verstehende eine Antwort ist, aber auf die wir auch *selbst Antwort geben müssen* und mittels derer Verstehen einzig möglich ist. Wer das Überlieferte *befragt*, bringt es nach den eigenen Kriterien zur Geltung, doch wer sich von der Überlieferung *ansprechen läßt*, bringt es „in seinem Recht zur Geltung, indem es verstanden wird ..., es verschiebt den Horizont, der uns bis dahin umschloß"[6]. Wer sich in diesem Sinn ansprechen läßt, wird also zwei Umstände besonders berücksichtigen müssen, und zwar zum einen die Tatsache, daß es das zu Verstehende ist, welches die Fragen stellt, und zum anderen, daß unser Horizont bei dieser Befragung selbst nicht unbeeinflußt bleibt. Konkret bedeutet dies, daß es im ersten Fall keine von unserer Seite privilegierten Fragen noch Aussagen gibt, was dem methodischen Anspruch der Diskursanalyse gerecht wird[7]; im zweiten Fall, daß jeder Interpret dem zu Verstehenden nicht distanziert gegenübersteht, sondern diesem eigentlich *zugehört*, als Teil der Wirkungsgeschichte und als Teilhaber an einer „sprachlich verfaßten Welterfahrung", die den Interpreten und das je zu Verstehende gleichermaßen kennzeichnet[8].

Angesichts dieser Situation befindet sich der Interpret unausweichlich in einem doppelten hermeneutischen Zirkel. Dieser Zirkel ergibt sich einerseits aus der besonderen Beziehung des Interpreten zum Gegenstand der analytisch-hermeneutischen Untersuchung – also aus der dialektischen Bewegung der Auslegung zwischen vorgreifender Erwartung des Sinns und nachfolgender Revision oder Bestätigung dieser Erwartung –, andererseits aus der Zugehörigkeit der Deutung *und* des zu Deutenden zur Sprache, die den gemeinsamen Horizont bildet, vor dem eine Unendlichkeit des Sinns nur jeweils endlich zur Darstellung gebracht werden kann[9]. Der gemeinsame sprachliche Horizont entspricht dabei, auf einer unteren Ebene, der Zirkularität der Diskursanalyse, die selbst wieder Diskursivität ist und in dieser ihren unhintergehbaren Horizont hat[10].

---

6 Gadamer (1990), 489.
7 Ebd. 467: „Die hermeneutische Erfahrung muß sich als echte Erfahrung alles, was ihr gegenwärtig wird, zumuten. Sie hat nicht die Freiheit, vorgängig auszuwählen und zu verwerfen".
8 Vgl. ebd. 286f. und 462.
9 Ebd. 469. Es ist also die „Endlichkeit des sprachlichen Verstehens, in dem sich das Verstehen jeweils konkretisiert" (ebd. 480). Vgl. auch Abel (1995b).
10 Die scharfsinnigen Unterscheidungen in Ströker (1990) sowie der Umstand, daß es bessere Begriffe geben mag, um das Gemeinte auszudrücken („Zickzackweg", „negative Rückkopplung"), ändern nichts an der Tatsache, daß dieser Zirkel

Dies alles bedeutet nun nicht, wie Gadamer meint, daß es sich bei diesem Ansatz nicht um eine Methode oder um eine Methodenlehre handle[11], umso weniger, wenn das deutende Verstehen mit analytischen und an einer (Re-)konstruktion ausgerichteten Ansätzen zusammengeführt wird; hier ist der Kritik von Albert an Gadamers Darstellung zuzustimmen[12]. Mir scheint, daß Gadamer an diesem Punkt zu sehr dem naturwissenschaftlichen Methodenbegriff verhaftet ist, den er auf Descartes' *Discours de la méthode* als den fundierenden Text der neuzeitlichen Naturwissenschaft zurückführt, der der Struktur der hermeneutischen Erfahrung „gründlich widerspricht"[13] und der überdies nichts bewirkt als einen „falsche[n] Methodologismus ..., der den Begriff der Objektivität in den Geisteswissenschaften überfremdet"[14]. Daß Gadamer überdies einen engen Zusammenhang zwischen Methode und Naturerkenntnis *qua* Naturbeherrschung sieht[15], scheint darüber hinaus anzudeuten, daß er sich nicht eigentlich auf die naturwissenschaftliche Methode, sondern auf die aus ihr hervorgehenden Theorien bezieht. Wenn er andererseits zugibt, daß der hermeneutische Ansatz trotzdem Methodencharakter habe – und Gadamer spricht von der „unentbehrliche[n] *methodische[n] Disziplin*, mit der man sich gegen sich selbst verhält"[16] –, beweist dies, daß sein Gebrauch des Begriffs „Methode" schillernd und mißverständlich ist, und überdies nicht sauber getrennt ist vom Begriff der „Theorie".

Die mehrdeutige Verwendung der Begriffe „Methode" und „Theorie", daneben auch ihre oftmalige Austauschbarkeit, hat generell, besonders in einem so theoriefernen Fach wie der Islamwissenschaft, zu einiger Verwirrung geführt[17]; aber selbst in Arbeiten, die sich ausdrücklich als Beitrag zu einer Methoden- oder Theoriediskussion verstehen, wird nicht

---

    sowohl auf der Sprach- als auch auf der Sinnebene existiert, und sei es nur deshalb, weil Verstehen immer ein *Verstehen in der Zeit* ist.
11 Vgl. Gadamer (1990), 3.
12 Albert (1994), 42ff.
13 Gadamer (1990), 467.
14 Ebd. 480.
15 Ebd. 479f.: Die naturwissenschaftliche, „vergegenständlich verfahrende Naturerkenntnis" sucht sich „des Seienden zu vergewissern, indem sie seine Erkenntnis methodisch einrichtet. Folgerichtig verketzert sie alles Wissen, das solche Vergewisserung nicht erlaubt und daher der wachsenden Beherrschung der Natur nicht zu dienen vermag".
16 Ebd. 465 (Hervorhebung von mir). An anderer Stelle ist von „methodische[m] Selbstbewußtsein" (ebd. 477) und „methodische[r] Selbstkontrolle" die Rede (Gadamer 1993, 21). Vgl. auch Warning (1975), 23f. und Grondin (1994), 9f.
17 Vgl. Meran (1988), 114-18.

immer klar, was genau mit diesen Begriffen gemeint ist[18]. Besonders der Begriff „Theorie" ist alles andere als eindeutig, und seine verschiedenen Bedeutungen werden oft, aufgrund mangelnder Genauigkeit, miteinander verwechselt. Der Begriff „Theorie" bezeichnet gemeinhin dreierlei[19]:

(1) Theorie$_1$, gewissermaßen als vulgärphilosophischer Gebrauch des Begriffs, im Sinn einer strukturell wohlgeformten und problemadäquaten Lösungsstrategie für Probleme[20], also für alle mehr oder weniger durchdachten Ansätze und oft als Synonym für „Methode" verwendet. Diese Verwendung des Begriffs wird im folgenden keine Rolle spielen.

(2) Theorie$_2$ im Sinn einer Metatheorie[21], also die Darstellung, Gegenüberstellung und Auswertung von konzeptuellen Voraussetzungen und erkenntnisorientierten Leistungsmerkmalen methodischer Ansätze und Kognitionsverfahren[22]. In diesem Fall hängt die Wahl der Methode(n) von der Theorie$_2$ (eigentlich einer *Metatheorie*) ab, und diese Bedeutung entspricht vor allem dem Sprachgebrauch der Geisteswissenschaften. Theorien$_2$ sind deskriptiv und induktiv-interpretativ, in ihrem Geltungsanspruch gezwungenermaßen dezionistisch; sie stehen in einem engen Zusammenhang mit den theoretischen Komplexen – oder sind diese selbst –, die in Nachfolge von Thomas Kuhn als „Paradigmen" oder, alternativ dazu, als „grand theories" (bzw. „große Entwürfe")[23] oder als „konzeptuelle Systeme"[24] bezeichnet werden.

(3) Theorie$_3$ im Sinn einer Erklärung, also die systematische Darstellung, Erfassung und Anordnung derjenigen Elemente und ihrer gegenseitigen Beziehungen, die nötig sind, um einen Vorgang oder einen Prozeßverlauf vorhersagen bzw. beschreiben und im Rahmen einer vorgängig bestimmten Methode erklären zu können[25]. In diesem Fall hängt die Theorie von der verwendeten Methode ab, und diese Bedeutung ist vor allem vom Sprachgebrauch innerhalb der Naturwissen-

---

18 Vgl. Nünning 533f. (*s.v.* „Theorie, literaturwissenschaftliche").
19 Für das folgende siehe Habermas (1968); Riedel (1978), 11ff.; Acham (1983), 145ff.; Lenk (1986); Luhmann (1992), 406ff. Aus der Perspektive der Diskursanalyse vgl. Diaz-Bone (1999); aus der Perspektive der Historik: Rusch (1987), 456ff. und die Beiträge in Meier/Rüsen (1988).
20 Vgl. dazu das Konzept der „Theoretizität" bei Schmidt (1991), 23.
21 Vgl. Prim/Tilmann (1989), 7 („Wissenschaftstheorie-Methodologie").
22 Sensu Schmidt (1998), 136: Theorie als „Strategie zur Erreichung von Deskriptionszielen".
23 Vgl. Skinner (1990) und Fischer/Retzer/Schweitzer (1992).
24 Rusch (1987), 436 und 461ff.
25 Vgl. Acham (1983), 171ff. und Prim/Tilmann (1989), 83: „Theorien lassen sich als thematisch und logisch systematisierte Mengen von informationshaltigen Wenn-Dann-Aussagen bestimmen", sie liefern also Prognosewissen.

schaften geprägt; Theorien₃ sind nomologisch, verfahren axiomatisch-deduktiv und beanspruchen universelle Gültigkeit[26].

Aus dem Gesagten ergibt sich, daß eine Methode zugleich theorieabhängig und theorieunabhängig ist, weshalb man sie sowohl als theoretisch fundiert als auch als vortheoretisch bezeichnen kann[27]: Ihre Anwendung, oder anders gesagt ihre Legitimation, beruht auf einer Theorie₂ dessen, was die jeweilige Methode als planvolles Verfahren zu leisten imstande ist, aber nicht jede Methode kann oder muß zu bestimmten Theorien₃ führen.

Diese distinkten Theoriekonzepte beziehen sich also auf verschiedene Ebenen, die, wie mir scheint, den drei Ebenen des Interpretationsbegriffs ähneln, wie sie Günter Abel herausgearbeitet hat: Theorien₂ beziehen sich auf Interpretationen$_{1+2}$, das heißt, auf Interpretationen₁ als die „ursprünglich-produktiven und sich in den kategorialisierenden Zeichenfunktionen selbst manifestierenden konstruktbildenden Komponenten, die in jeder Organisation von Erfahrung bereits vorausgesetzt sind"[28], und auf Interpretationen₂ als die „durch Gewohnheit verankerten und habituell gewordenen Gleichförmigkeitsmuster"[29]. Dagegen beziehen sich Theorien₃ auf Interpretationen₃: die „aneignenden Deutungen, z.B. die Vorgänge des Beschreibens, Theoriebildens, Erklärens, Begründens oder Rechtfertigens"[30]. Mit anderen Worten, Theorien₂ umfassen diejenigen Faktoren, die unsere Erkenntnismöglichkeiten bestimmen und limi-

---

26 Vgl. Kohl (1993), 129, der ethnologische Theorien als Erklärungsmodelle bestimmt, die es gestatten, allgemeingültige Aussagen zu treffen. Zur Rolle von Theorien₃ in der Sozialwissenschaft siehe Acham (1983), 178ff.; Trigg (1985), 7ff. und 21ff.; Schwemmer (1987), 87ff.; Winch (1988), 66ff.
27 Vgl. Lanigan (1992), 212. Methoden sind deshalb nicht immer „die Instrumente von Theorien" (Meran 1988, 127). Diese Aussage erstaunt umso mehr, als Meran, bezogen auf die Historiographie, Theorien₂ als „Theorien *über* die Geschichtswissenschaft" und Theorien₃ als „Theorien *in* der Geschichtswissenschaft" unterscheidet (ebd. 128).
28 Abel (1995a), 14f. und ebd. 176: auf der Ebene von Interpretationen₁ „liegt noch keine Auftrennung nach Interpretativität *und* Faktizität, nach Interpretation *und* Welt vor. Vielmehr wird in Interpretation₁-Prozessen erst umgrenzt, was *als* eine Welt und was *als* wahr oder falsch gelten kann". Interpretationen₁ sind also „die *Form* des *Horizonts* unserer Interpretation₁-*Praxis*" (ebd. 516).
29 Abel (1995a), 15.
30 *Loc. cit.* Im verwandten Schema der Stufen von Interpretation, wie es in Lenk (1993), 259, entwickelt wird, entsprechen Theorien₂ seinem Interpretationstyp IS₅ („erklärende ..., *(theoretische), begründende Interpretationen*"), Theorien₃ dagegen dem Typ IS₆ („erkenntnistheoretische (methodologische) *Metainterpretationen* der Interpretationskonstruktmethode").

tieren, wohingegen Theorien₃ im Rahmen einer Erkenntnismethode spezifische, nur in diesem Rahmen stell- und lösbare Probleme betreffen.

Vor diesem Hintergrund eines mehrdeutigen Theorie- und unklaren Methodenbegriffs erweist sich Gadamers Ablehnung des Methodenideals lediglich als Ablehnung einer *Methode, die zu Theorien₃ führt*, nicht aber als Ablehnung der Tatsache, daß jeder durchdachte Ansatz, sei er explizit hermeneutisch ausgerichtet oder nicht, bereits als Methode bezeichnet werden muß, noch als Verkennung der Tatsache, daß die Setzung einer Methode, wenn sie nicht axiomatisch oder dogmatisch sein soll, nur aufgrund einer die Gültigkeit oder Leistung dieser Methode fundierenden (bzw. legitimierenden) Theorie₂ möglich ist[31]. Das bedeutet, Gadamers vermeintlich *methoden*feindliche Haltung entspricht der Auffassung, daß es in den Geisteswissenschaften keine Methode gebe, auf deren Basis sich Theorien₃ begründen oder errichten ließen: „Handhabung von Methoden gehört nun gewiß auch zur Arbeit der Geisteswissenschaften ..., aber all das betrifft mehr die *Materialien* als die aus ihnen gezogenen *Folgerungen*"[32]; Ricœurs kritische Bemerkung, Gadamers Hauptwerk *Wahrheit und Methode* trage diesen Titel zu Unrecht und verdiene eher, *Wahrheit oder Methode* zu heißen, ist deshalb nur bedingt zutreffend[33].

Was also selbst, wie die hermeneutische Diskursanalyse, eine durchaus umfassende und Theorie₂-fundierte Methode ist, wird durch die in ihr zum Ausdruck kommende Ablehnung einer Theorie₃-Bildung nicht schon selbst unmethodisch oder methodenfeindlich, vielmehr ist sie *Theorie₃-feindlich*. Eine „A-Theoretizität" oder gar „Anti-Theoretizität" des hermeneutischen Verfahrens[34] wird sich deshalb nur in bezug auf Theorien₃, nicht aber in bezug auf Theorien₂ aufrechterhalten lassen; im Gegenteil erfordert der kulturwissenschaftliche Ansatz eine Theorie₂:

„Es wäre ... gerade für die Verfahrensweise einer Kulturtheorie, die sich von der hermeneutischen Naivität freihalten will, von Wichtigkeit, daß sie die Konzeptionskraft theoretischer Vernunft bei der Ausbildung von Bewußtseinseinstellungen anerkennt. Menschen leben nirgends ohne Theorie"[35].

---

31 Gadamer deutet dies an, wenn er schreibt: „Theoretische Bewußtheit über die Erfahrung des Verstehens und die Praxis des Verstehens ... sind voneinander nicht zu trennen" (1991, 109).
32 Gadamer (1993), 38 (Hervorhebung von mir); vgl. auch Rorty (1987), 388 mit Anm. 1 und Eberle (1997), 259.
33 Ricœur (1986), 107: „La question est alors de savoir jusqu'à quel point l'ouvrage mérite de s'appeler: *Vérité ET Méthode*, et s'il ne devrait pas plutôt être intitulé: *Vérité OU Méthode*".
34 Ort (1994), 106.
35 Henrich (1996), 141.

Für die verschwommene Theorie- und Methodendiskussion innerhalb der Islamwissenschaft bedeutet dies, daß eine $Theorie_3$-Feindlichkeit im Sinn Gadamers, wie sie auch die hier vorgestellte Methodik kennzeichnet, nicht heißt, daß nicht jede kulturwissenschaftliche Tätigkeit die zugrundeliegende Methodik im Einzelfall explizieren und, soweit möglich, $theoretisch_2$ begründen sollte. Der Vorwurf mangelnder Methodik und Theoriebildung, der von seiten der Rationalisten, etwa im Namen der Historischen Sozialwissenschaft, an die Adresse der Kulturalisten gerichtet wurde[36], bezieht sich aufgrund eines bestimmten Vorverständnisses auf $Theorien_3$. Dieser Vorwurf ist deshalb unzutreffend[37], weil er zum einen fälschlicherweise insinuiert, die Ablehnung systematischer $Theorien_3$ bedeute zugleich einen Mangel an methodischem Bewußtsein. Zum anderen wird dabei übersehen, daß ein methodischer Ansatz auch dann $Theorie_2$-fundiert ist, wenn er nicht zu $Theorien_3$ führt oder die Möglichkeiten ihrer Erstellung nicht gegeben sieht[38].

Im Bereich der Islamwissenschaft war es Gustav E. von Grunebaum, der mit Blick auf den Begriff der „Methode" bereits $Theorien_2$ und $Theorien_3$ unterschied: „Dem Begriff der «Methode» sollen ... zweierlei Phänomene unterstellt werden. Auf der einen Seite die Vorgangsweisen, die gemeinhin unter dieser Bezeichnung zusammengefaßt werden, auf der anderen die intellektuellen und charakterlichen Voraussetzungen, welche die Verwendung bestimmter *modi procendi* überhaupt erst möglich machen"[39].

Innensicht und Außensicht

Im Rahmen der hier zur Diskussion gestellten methodischen Prolegomena kann das Ideal der Objektivität in seiner positivistischen, absoluten Form keinen $Theorie_2$-fundierten Platz beanspruchen (vgl. auch oben Seite 12). Eine aus analytischen und hermeneutischen Ansätzen kombinierte Methode – die vielleicht „konstruktiv-hermeneutisch" heißen könnte[1] – versucht vielmehr, in Anlehnung an Gadamer, die Dialektik

---

36 Wehler (1998).
37 Vgl. Riedel (1978), 14.
38 Vgl. Geertz (1973), 24ff., und Rusch (1987), 430 (dort ist zwischen „theoretisch und methodologisch beschaffen" – d. h. $theoretisch_2$ – und „erfahrungswissenschaftlich prüfbaren Theorien" – d. h. $Theorien_3$ – unterschieden).
39 Grunebaum (1956), 113f.
1 Diese Bezeichnung zitiert Gutmann (1996), 375 nach Jürgen Mittelstraß.

zwischen Subjekt und Objekt in ihr Recht einzusetzen. Gadamer schreibt dazu: „Wir folgen lediglich einer Notwendigkeit der Sache, wenn wir den Begriff des Objekts und der Objektivität des Verstehens in der Richtung auf die Zusammengehörigkeit des Subjektiven und Objektiven hin überschreiten. ... Wir denken von der Mitte der Sprache aus"[2].

Der sprachlichen Verfaßtheit und *Begrenztheit* unserer Erkenntnismöglichkeiten wird in einer solchen kombinierten Methode analytisch durch die aussagenzentrierte Diskursanalyse (und verwandter Ansätze), hermeneutisch durch die Interpretation des mittels dieser (re-)konstruktiven Analysetätigkeit erhaltenen Materials Rechnung getragen; die Sprachzentriertheit sowohl des strukturalistischen wie auch des hermeneutischen Ansatzes vermittelt zwischen beiden Ansätzen[3]. Die analytische Komponente, die ja selbst nicht frei ist von interpretativ gebundenen Konstruktionsleistungen, vertritt dabei die objektivierende (gewissermaßen empirische oder positivistische[4]) Ebene, insofern hier noch keine *ausdrückliche* Deutung, sondern nur die phänomenologische (Re-)konstruktion sprachlicher bzw. textlicher Spuren kultureller Phänomene, die wiederum selbst Phänomene sind, angestrebt ist.

In der Begrifflichkeit der Phänomenologie, wie sie etwa in der Religionswissenschaft entwickelt wurde, erscheint dieses (re-)konstruktive Moment als eidetisches Erfassen[5]. Dies trifft aber für die Diskursanalyse nur indirekt zu, weil hier zunächst die sprachlichen Zeichenmengen selbst, nicht aber, wie in den Ansätzen von Waardenburg, Ricœur und Geertz, ihre Funktion als Symbolsysteme im Mittelpunkt stehen[6]. Bereits Foucault hat auf diesen Punkt aufmerksam gemacht:

„Die Archäologie versucht, nicht die Gedanken, die Vorstellungen, die Bilder, die Themen ... zu definieren, die sich in den Diskursen verbergen oder manifestieren; sondern jene Diskurse selbst, jene Diskurse als bestimmten Regeln gehorchende Praktiken. Sie behandelt den Diskurs nicht als *Dokument*, als Zeichen für etwas anderes, als Element, das transparent sein müßte ... Sie wehrt sich dagegen, »allegorisch« zu sein"[7].

---

2 Gadamer (1990), 465.
3 Vgl. Ricœur (1974), 30 und 32: „Ich möchte sagen, daß es dort Symbole gibt, wo der linguistische Ausdruck aufgrund seines Doppelsinns oder seines vielfachen Sinns zu einer Interpretationsarbeit Anlaß gibt. /... Das Symbol ist keine Nicht-Sprache; der Schnitt zwischen eindeutiger und mehrdeutiger Sprache *verläuft quer durch das Reich der Sprache*" (Hervorhebung von mir); siehe auch Ricœur (1969), 67.
4 Vgl. Veyne (1992), 21f.
5 Vgl. Lanczkowski (1992), 13ff. und 30ff. Vgl. auch Jung (1999), 72ff.
6 Siehe Geertz (1973), 17 und Waardenburg (1974).
7 Foucault (1981), 198.

Die Aufweisung von Symbol- oder Zeichensystemen und ihrer Funktion ist bereits (Re-)konstruktion-als-Deutung, da sie uns nur mittels sprachlich-diskursiver Daten zugänglich, *diese aber nicht selbst sind*[8]. Dazu noch einmal Foucault, der schreibt, daß sich die Diskursanalyse „weigert, im Diskurs die Oberfläche symbolischer Projektion von Ereignissen oder anderswo angesiedelten Prozessen zu sehen"[9]. Zweifellos wird man sich, bei der kulturwissenschaftlichen Tätigkeit, damit nicht zufriedengeben können und – hierin den Ansatz Foucaults modifizierend – zu einer Beschreibung-als-Deutung übergehen müssen; ob diese jedoch ihrerseits auf Symbolsysteme gerichtet werden soll, ist aber weiterhin fraglich und stellt eine Aufgabe zukünftiger Methodenbildung.

In diesem Zusammenhang muß aber auch davor gewarnt werden, den phänomenologischen Ansatz auf eine Beschreibung von Phänotypen zu reduzieren, die zwar zuerst aus einer phänomenologischen Beschreibung gewonnen wurden, dann aber ein Eigenleben als idealtypische Deskriptionskriterien entwickeln und so den phänomenologisch (re-)konstruktiven Ansatz *praktisch* ins Gegenteil verkehren: das Resultat ist die „phänomenologische Einebnung"[10], wie sie etwa in der Religionswissenschaft oder der strukturalen Anthropologie zu beobachten ist[11]. Sie erklärt sich aus der Verknüpfung der beschreibenden Methode mit einem vergleichenden Ansatz und ähnelt dadurch der an Idealtypen und universal gültigen Kriterien orientierten Theorie Rüsens:

> „Das Verfahren bei der Typenbildung besteht darin, daß man aus der ... Realgeschichte durch Verallgemeinern Typen abzieht, abstrahiert und dann mit Hilfe eben dieser abgezogenen Typen auf eben die bloße Realgeschichte rückwirkend diese wiederum ordnet und erklärt – was manche einen circulus nennen"[12].

Dieselbe Kritik an dieser „Phänomenologie" äußert auch Clifford Geertz, wonach die Abstraktion von Phänotypen auf der unrichtigen Annahme fußt,

> „daß ... der erste Schritt zu einem wissenschaftlichen Verständnis religiöser Phänomene darin besteht, ihre Ungleichheit durch Anpassung an eine begrenzte Zahl allgemeiner Typen zu vermindern. Ich halte nicht viel von dieser Art von Ver-

---

8 Deshalb spricht Waardenburg (1986), 254 von Symbolsystemen zurecht als *gedeuteten* Sinnzusammenhängen.
9 Foucault (1981), 235.
10 Lanczkowski (1992), 34. Diese Problematik stellt sich besonders bei der Religionstypologie, siehe ebd. 122ff.; Ricœur (1969), 314f.; Waardenburg (1986), 113.
11 Vgl. Lévi-Strauss (1973), 284: „[H]inter der empirischen Vielfalt der menschlichen Gesellschaften will die ethnographische Analyse Invarianten ermitteln".
12 Vossler (1983), 82.

ständnis und meine, daß das vielmehr der erste Schritt zur Denaturierung unseres Materials ist, der erste Schritt zu einer Substituierung von Beschreibung durch Clichés und von Analyse durch Annahmen"[13].

Doch zurück zur Diskursanalyse als Bestandteil einer analytischhermeneutischen Methode. Das Wesen der Überlieferung ist zugleich die Wirkungsgeschichte, in deren Horizont sich die hermeneutische Tätigkeit vollzieht. Auch sie wird von der Diskursanalyse thematisiert, analysiert und ins rechte Licht gesetzt, womit sie die „Vielzahl von Stimmen, in denen die Vergangenheit widerklingt"[14], erst eigentlich und systematisch zugänglich macht. Foucaults eigentliches Anliegen, die Diskursanalyse müsse zugleich diese Wirkungsgeschichte dekonstruieren (vgl. oben Seite 45), d. h. ihre Wirkung aufheben, wird sich dabei allerdings, nach dem bisher Gesagten, als illusionär erweisen; sie kann sie jedoch soweit wie möglich entsubjektivieren und ihren unterschwellig immer vorhandenen Anspruch als Erklärungsprinzip mindern[15].

Zusammen mit der Forderung nach Offenheit, mit der Ablehnung der Sinnferne (bzw. spezifisch historisierenden Distanz) und mit der daraus resultierenden Horizontverschmelzung ergibt sich außerdem, daß die moderne Forschung nicht nur Forschung, sondern auch selbst ein Teil der Wirkungsgeschichte der untersuchten Phänomene ist, also selbst der *Vermittlung* von Überlieferung dient[16]. Dieser Gedanke liegt auch dem Ansatz Jacob Neusners zugrunde, der sich bei seiner wissenschaftlichen Untersuchung der jüdischen Gelehrsamkeit selbst als Teil dieser Gelehrsamkeit sieht:

„I also do not undertake a systematic, historical account of the thousand-year sequence of comments, because this is not a book about the exegetical tradition of Mishnah, but about the exegesis of Mishnah. Within the logic of the law and its problems, the various commentators live on a single, timeless plane and talk with one another without regard to priority or posteriority. And so do I"[17].

Dieser Standpunkt hat seine eigene Logik und einige Berechtigung, mag er auch zu dem überraschenden Ergebnis führen, daß in diesem Sinn die islamwissenschaftliche Untersuchung nicht nur die *Wissenschaft von der*

---

13 Geertz (1988), 45.
14 Gadamer (1990), 289.
15 Vgl. Kallweit (1988), 282f.
16 Vgl. Gadamer (1990), 289, und Bachtin (1979), 357: „Selbst ein *vergangener*, das heißt im Dialog früherer Jahrhunderte entstandener Sinn kann niemals stabil (ein für allemal vollendet, abgeschlossen) werden, er wird sich im Prozeß der folgenden, künftigen Entwicklung des Dialogs verändern (indem er sich erneuert)".
17 Neusner (1980), 26. Den gleichen Gedanken entwickelt Gadamer, wenn er die „hermeneutische Dimension" als „Überlieferung denkender Erfahrung" und „als ein einziges großes Gespräch" versteht (1993, 112).

islamischen Kultur, sondern auch die *Fortsetzung der islamischen Kultur selbst* wäre. Dies trifft in der Tat insofern zu, als wir zwar über das methodische Arsenal der Diskursanalyse, Rezeptionsforschung, Mentalitätsgeschichte, &c. verfügen, um den Wissens- und Symbolhaushalt der islamischen Kultur zu (re-)konstruieren, darüber hinaus aber selbst auch an diesem Material und seiner ihm eigenen Dynamik *teilhaben* müssen: Als Verstehende sind wir Teil der Wirkungsgeschichte, und zwar nicht nur der westlich-orientalistischen, *sondern vor allem auch der islamischen*; beides ist nicht voneinander zu trennen. Die Subjekt-Objekt-Dialektik erfährt hier, im Bereich der Islamwissenschaft, eine neue Wendung, denn es ist nicht nur die subjektive Bedingtheit des je Verstehenden und seiner Tätigkeit (eine Kernaussage der hermeneutischen Tradition), sondern die *Teilhabe* am zu Verstehenden im Verbund mit dem objektivierenden Wissen um den (re-)konstruktiven Charakter dieser Teilhabe, die Verstehen ermöglichen[18]. Paul Ricœur hat diesen Gedanken – wenn auch mit Blick auf die christliche Theologie und religiöse Mythologien – bewußt zugespitzt und provokativ formuliert, wenn er schreibt:

„C'est alors que se découvre ce que l'on peut appeler le cercle de l'herméneutique ... On peut énoncer brutalement ce cercle: «Il faut comprendre pour croire, mais il faut croire pour comprendre.» Ce cercle n'est pas un cercle vicieux, encore moins mortel; *c'est un cercle bien vivant et stimulant*. Il faut croire pour comprendre: jamais en effet l'interprète ne s'approchera de ce que dit son texte *s'il ne vit dans l'*aura *du sens interrogé*"[19].

Demgegenüber hat John Burton für den Bereich der Islamwissenschaft wiederholt programmatisch (wenn auch begrifflich anspruchsloser als Ricœur) formuliert, weshalb diese Teilhabe für das Verständnis der islamischen Kultur unerläßlich ist:

„The literature of the Islamic Tradition is vast. The language can be difficult, at times impenetrable, and the mode of presentation adopted by authors usually writing to convince others as expert as themselves in the minutiae of arguments normally spanning several generations *can frequently take for granted knowledge of the Islamic sources as wide or as profound as their own, though not always possessed by the modern Muslim or the non-Muslim reader*"[20].

„The approach to the study of the development of ideas and methods in the realm of the Islamic sciences is thus best made on the basis of a broad programme of rea-

---

18　Theoretisch wurde dies in der Soziologie bereits unter dem Namen „ethnographische Semantik" oder „Ethnotheorie" diskutiert, siehe Brosziewski/Maeder (1997).
19　Ricœur (1969), 294 (Hervorhebungen von mir).
20　Burton (1994), 18 (Hervorhebung von mir).

ding, *if the mental connections made by the Muslims themselves are not to be missed by the modern, especially the Western student*"[21].

Das Prinzip der Offenheit, das besagt, daß ein Interpret dem zu Verstehenden nicht distanziert gegenübersteht, sondern diesem als Teil der Wirkungsgeschichte und als Teilhaber an einer „sprachlich verfaßten Welterfahrung" zugehört, erhebt diese Subjekt-Objekt- bzw. Innensicht-Außensicht-Dialektik zu einem methodischen Prinzip. Hermeneutisches Verstehen, das vom Angesprochenwerden seinen Ausgang nimmt, bewahrt diese Dialektik in ihrem Charakter als dialogisches Geschehen[22]. Dialog aber ist einerseits Teilhabe und Teil*nahme*, durchaus auf der Ebene von Neusners „single, timeless plane", andererseits die Wechselrede auf der Basis verschiedener, unterschiedlichen Kontexten verhafteten Standpunkte, die sowohl den eigenen als auch den anderen Horizont als solche nicht zum Verschwinden bringen[23]. Louis Gardet nannte diese Teilhabe „une sorte de naturalisation spirituelle", ein intimes Interesse am Gegenüber, das geprägt sei „de respect, et donc de sympathie intellectuelle"[24].

Diese Prinzipien stehen, zusammengenommen mit dem Verfahren einer analytischen (Re-)konstruktion und was ihre Gestimmtheit betrifft, in engem Zusammenhang mit der „anthropologischen Methode", wie sie vor allem auf Bronislaw Malinowski zurückgeht. Sie umfaßt, nach der Darstellung bei Schwemmer[25], folgende Punkte: (a) Partizipation und Internalisierung, (b) Suche nach Schlüsselideen und Interesse für Kleinigkeiten, sowie (c) Verzicht auf logische Vorklärung und Aneignung von empirischem Material. Punkt (a) entspricht dabei dem sowohl dialogischen als auch teilnehmenden Charakter des Verstehens, Punkt (b)

---

21 Burton (1990), 210 (Hervorhebung von mir).
22 Dieser Dialogcharakter hat nichts zu tun mit Michail Bachtins Dialogik, obwohl Bachtin ihn durchaus als Voraussetzung jeder Verstehensleistung bestimmt hat (vgl. Bachtin 1979, 238 und die folgende Anm.). Die Dialogik Bachtins betrifft vielmehr das *dialogische Gegenüber*, womit der Verstehende als „Dritter im Dialog" oder als *Überadressat* erscheint (ebd. 47f.). Siehe auch Peytard (1995), 65ff.
23 Vgl. Gadamer (1993), 55: „Der Primat der Frage vor der Antwort bedeutet für die Hermeneutik, daß man jede Frage, die man versteht, selber fragt. Verschmelzung des Gegenwartshorizontes mit dem Vergangenheitshorizont ist das Geschäft der geschichtlichen Geisteswissenschaften". Ebenso Bachtin (1979), 351: „Das Eindringen in den Anderen (das Verschmelzen mit ihm) verbindet sich mit der Wahrung der Distanz (des eigenen Ortes), die den Erkenntnisüberschuß gewährleistet".
24 Gardet (1977), 16 und 23.
25 Schwemmer (1987), 158ff. Vgl. auch Köpping (1996), 110f. und 138ff.

entspricht der Aufgabe der Diskursanalyse, und Punkt (c) entspricht der Natur der hier vorgestellten Methode, die nicht auf eine Theorie$_2$-Bildung, wohl aber auf die Anwendung von Theorien$_3$ verzichtet[26]. Im literaturwissenschaftlichen Bereich wurde dieser Ansatz von Northrop Frye wie folgt beschrieben:

„The axioms and postulates of criticism ... have to grow out of the art it deals with. The first thing the literary critic has to do is to read literature, to make an inductive survey of his own field and let his critical principles shape themselves solely out of his knowledge of that field. Critical principles cannot be taken over ready-made from theology, philosophy, politics, science, or any combination of these"[27].

Dies schließt nicht aus, eine systematische Begrifflichkeit, als Teil der Methode, zu verwenden oder, wie Frye, von einer „theory of criticism" zu sprechen, da es sich hierbei wohl um eine Theorie$_1$ handelt, entsprechend der Forderung von Geertz „rendering mere occurences scientifically eloquent"[28].

Natürlich bedeutet dies alles nicht, daß man Phänomene der islamischen Kultur *nur* verstehen kann, wenn man ihr selbst angehört[29], und für die Erforschung vergangener Kulturen erübrigt sich diese Warnung ohnehin, denn es gibt niemanden mehr, der ihnen angehört; die Muslime der Gegenwart sind gegenüber der vergangenen islamischen Kultur *in der gleichen Position* wie die Islamwissenschaftler, obwohl sich die bewußte Verortung beider in der Wirkungsgeschichte der Überlieferung (und die daraus resultierende Dialogfähigkeit) unterscheiden. Es soll ebenfalls nicht bedeuten, daß hier dem interkulturellen oder interreligiösen Dialog das Wort geredet wird, der ein Dialog ganz anderer Art ist und anderen Zwecken dient als das hermeneutische Verstehen; es bedeutet schließlich nicht, daß Verstehen *nur* durch eine Art „einfühlender Teilnahme", das Sichhineinversetzen in eine andere Geistesart oder imitative Denkmuster möglich sei[30], oder daß man, der These des Anthropologen Ward Goodenough und seiner Ethnomethodologie zufolge, eine Kultur dann verstanden habe, wenn wir alles wissen „what-

---

26 Der anthropologischen Methode ähnliche Vorschläge machen Schröer (1997) und Eberle (1997). Ihre detaillierten und systematischen Aussagen zur Datenerhebung (bzw. Daten*konstruktion*) und -auswertung thematisieren viele Probleme der mit einer (re-)konstruktiven Diskursanalyse verbundenen hermeneutischen Tätigkeit und sollten bei einer späteren Ausarbeitung dieses Ansatzes berücksichtigt werden.
27 Frye (1973), 6f.
28 Geertz (1973), 28.
29 Zu dieser Problematik im anthropologischen Kontext vgl. Köpping (1996), 115f. und die Beiträge von H. Russell Bernard in Bernard (1998).
30 Vgl. Gurjewitsch (1993), 11f.

ever it is one has to know in order to communicate with its speakers as adequatly as they do with each other and in a manner which they will accept as corresponding to their own"[31]. Es bedeutet im Gegenteil, daß die ständige Dialektik zwischen Außen- und Innensicht, das heißt zwischen Deutung und (re-)konstruktiver Analyse, unaufhebbar ist und alles Verstehen determiniert: Innensicht ist immer zugleich Außensicht. Die Vermittlung, die Synthesis zwischen Innen- und Außensicht leistet die Sprache, und der spekulative Charakter der Sprache sperrt sich einer nur analytischen, vermeintlich nichtinterpretativen Methode.

Daraus ergeben sich zwei höchst wichtige Folgerungen, die zentrale Punkte der islamwissenschaftlichen Methode berühren: einerseits die Dichotomie Fremdheit/Vertrautheit, andererseits die Rolle der Philologie im Rahmen der Islamwissenschaft.

Fremdheit und Vertrautheit

Die islamische Kultur ist unter den Voraussetzungen einer analytisch-hermeneutischen Methode *weder fremd noch vertraut*. Diese Weder-noch-Position (oder Sowohl-als-auch-Position) aufrechtzuerhalten, leistet die Hermeneutik:

„Es besteht wirklich eine Polarität von Vertrautheit und Fremdheit, auf die sich die Aufgabe der Hermeneutik gründet ... Die Stellung zwischen Fremdheit und Vertrautheit, die die Überlieferung für uns hat, ist also das Zwischen zwischen der historisch gemeinten, abständigen Gegenständlichkeit und der Zugehörigkeit zu einer Tradition. In diesem Zwischen ist der wahre Ort der Hermeneutik"[1].

Den Kriterien der Fremdheit oder Vertrautheit darf deshalb kein eigener erkenntnistheoretischer, methodischer oder auch nur definitorischer Wert – wie beispielsweise in der Definition der Ethnologie als „Wissenschaft vom Fremden"[2] – zugestanden werden, und noch weniger ein existenzialer Wert im Sinn von Paul Valéry: „Toute vue de choses qui n'est pas étrange est fausse. Si quelque chose est *réelle*, elle ne peut que perdre de

---

31 Goodenough (1957), 168. Dazu vgl. auch die Kritik in Geertz (1973), 11 und Dworschak (1998), 74ff.
1 Vgl. Gadamer (1993), 63. In anderer Begrifflichkeit, aber doch ganz ähnlich hat Georg Simmel die Dialektik von Nähe und Ferne herausgearbeitet, die dem Begriff der Fremdheit innewohnt, siehe Simmel (1987). Vgl. dazu auch Waldenfels (1997), 67ff.
2 Kohl (1993), besonders 25ff. und 94ff.; vgl. auch Gurjewitsch (1993), 13; Hahn (1994), 143 mit Anm. 2; Waldenfels (1997), 101ff.; Dworschak (1998).

sa réalité en devenant familière"[3]. Die Dialektik zwischen Aneignung (Innensicht) und Fremdheit (Außensicht) versucht vielmehr, den essentialistischen Orientalismus zu überwinden, der, etwa im Verständnis Carl H. Beckers, den Islam als „das ganz Andere" sieht und diese historistische Fremderkenntnis kontrastiv als Mittel der Selbstkonstitution benützt[4]; gleichzeitig strebt sie die Überwindung des Gegenteils an, und zwar des dem herrschenden Zeitgeist verpflichteten Ansatzes einer Nivellierung aller kulturellen Unterschiede, der die Phänomene einer anderen Kultur entweder nur reduktionistisch oder, wie oben Seite 34f. am Beispiel von Raoul Schrott gezeigt, nach ihrer Verfremdung in Vertrautes wahrnimmt[5].

Das Konzept der Alterität kommt hier nur insoweit zum Tragen, als es beim dialogischen Verstehen immer ein Gegenüber gibt, das sich aber nicht durch *kulturelle* Andersheit definiert, sondern vielmehr durch seine Natur als *situatives* Gegenüber. Alterität so verstanden ist zugleich inter- und intrakulturell, das heißt, die Alterität (d. h. die Fremdheit) des zu Verstehenden ist diesem nicht, etwa aufgrund kultureller (sozialer, &c.) Spezifika, eigentümlich, sondern sie ist eine relationale Eigenschaft, „eine Zuschreibung, die oft auch anders hätte ausfallen können"[6]; sie ergibt sich aus der subjektiv-objektiven Dialektik der hermeneutischen Erfahrung:

> „Nur weil zwischen dem Verstehenden und seinem Text keine selbstverständliche Übereinstimmung besteht, kann uns am Text eine hermeneutische Erfahrung zuteil werden. Nur weil ein Text aus seiner Fremdheit ins Angeeignete versetzt werden muß, ist für den Verstehenwollenden überhaupt etwas zu sagen. Nur weil der Text es fordert, kommt es also zur Auslegung und nur so, wie er es fordert"[7].

Auch hier zeigt sich, daß die Zusammenstellung von Diskursanalyse und Hermeneutik fruchtbar erscheint, zumal das Problem der Fremdheit bzw.

---

3 Valéry (1996), 53.
4 Stauth (1993) 64 und 171ff. Siehe auch van Ess (1980), 43ff.
5 Hier verfängt sich auch Odo Marquard in den Fallstricken eines am Fremdheitsideal orientierten Konzepts der interkulturellen Kommunikation, wenn er schreibt, die „bunte Andersartigkeit" müsse „nicht getilgt, sondern gehegt und gepflegt werden" (1982b, 73): „Multiversalistische Kommunikation" sei ein „unendliches Gespräch", das „die Andersartigkeit des Anderen braucht und bewahrt" (ebd. 74). Das Bewahren der Fremdheit bzw. „die Entdeckung des Fremden gerade in seiner Fremdheit", von dem Schwemmer (1987), 70 spricht, weist in dieselbe Richtung, und nach Berger (1996), 106 gilt: „die Kategorie des Fremden ist von höchster Bedeutung für einen erneuerten Historismus, und eine moderne Hermeneutik muß eine Hermeneutik des Fremden sein".
6 Hahn (1994), 140. Vgl. auch Simmel (1987) und Gurjewitsch (1994), 307.
7 Gadamer (1990), 476.

Alterität ebenfalls ein Grundthema des Foucaultschen Denkens ist, allerdings nicht im Sinn einer kulturellen (ethnischen, linguistischen, &c.) Alterität, sondern im Sinn einer innerhalb der einzelnen diskursiven Formationen (bzw. innerhalb des Archivs) wirksamen Dialektik zwischen Einschließung und Ausgrenzung[8].

Wenn man weiter bedenkt, daß sich die kulturwissenschaftliche Untersuchung zunächst mit denjenigen Fragestellungen beschäftigen muß, auf die das zu Verstehende eine Antwort gibt und durch deren Charakter es bestimmt ist, dann tut es nichts zur Sache, ob diese Fragestellungen (bzw. Anworten) das herrschende westliche Verständnis fremd oder exotisch anmuten oder nicht. Im Einzelfall hängt das von der jeweiligen Mentalität ab, und die westliche Reaktion auf Gespräche von muslimischen Exorzisten mit Dämonen und Dschinnen, um ein Beispiel zu nennen, wäre im Mittelalter eine andere gewesen als heute; sie ist auch, soviel man weiß, unter Katholiken eine andere als unter Protestanten oder Atheisten. Aus der Perspektive der Diskursanalyse erscheint „das Fremde" daher als ein Begriff, der spezifischen Diskursordnungen eigen ist, in ihnen je verschieden bestimmt wird und daher nur kontextuellen (diskursabhängigen) Sinn beanspruchen kann: „So viele Ordnungen, so viele Fremdheiten"[9].

In einem gewissen Sinn ist es aber ein Zeichen von *heuristischer* Ehrlichkeit, etwas – im Rahmen eines bestimmten Diskurses – als fremd zu bezeichnen, was einer damit konfrontierten Mentalität fremd vorkommt: Dies leistet die Offenlegung einer bestehenden Sinnferne und macht sie damit erst sichtbar und überwindbar, macht sie also als Fremdheit bewußt und damit zum möglichen Gegenstand des Vertrautwerdens. Es ist deshalb aufrichtig, eine *für den allgemeinen Leser* geschriebene Einführung in die islamische Kultur mit dem Untertitel „Vorschläge, das Unvertraute zu verstehen" zu versehen[10], aber weniger glücklich, die Konferenzbeiträge *eines Orientalistentags* – zeitgeistnah – unter dem Titel „Annäherung an das Fremde" zu publizieren[11]. Wird man hingegen die Darstellung eines Phänomens so wählen, daß sein

---

8 Vgl. Harootunian (1988).
9 Waldenfels (1997), 33. Dasselbe gilt für die Sprache selbst: Zwar liefern verschiedene Sprachen unterschiedliche Weltansichten, aber diese sind weder, im Sinn eines radikalen linguistischen Relativismus, als „semantische Universen" miteinander inkommensurabel und in ihren Gegensätzen unüberbrückbar, noch sind sie, im Sinn des linguistischen Universalismus, nur „verschiedene Nomenklaturen" einer tatsächlich universalen, auf Tiefenstrukturen basierenden Semantik, siehe Trabant (1998), Kap. 1 und 9-10.
10 Rotter (1993).
11 Preissler/Stein (1998).

fremdartiges Erscheinen (z. B. aus politischen Gründen) negiert wird, dann wird man umso mehr Mühe haben zu erklären, *warum* dasjenige, was doch fremd anmutet, tatsächlich gar nicht fremd sei, sondern vielleicht vertraut oder „gewöhnlich". Was aber ist, bei Umgehung der Hermeneutik und vertrauend auf einen vorinterpretativen Realismus oder Naturalismus, vertraut und was gewöhnlich?[12]

Trotzdem hat es keinen Sinn, die islamische Kultur *per se* als fremd oder exotisch zu bezeichnen, um sie damit dem Zugriff universalisierender Theorien und rationalistischer Theoriebildung zu entziehen; gefordert ist vielmehr eine An-Erkennung des zu Verstehenden, das je nach Konstellation fremd oder vertraut erscheinen mag. Anders als Tilman Nagel schreibt, ist der „Gegenstand orientalistischer Studien" eben nicht „das Fremde"[13], das als solches durch seine Zugehörigkeit zu einer bestimmten Kultur als „fremd" definiert wird, noch sollte sich die Islamwissenschaft mit der „Andersartigkeit des fremden Glaubens"[14] oder der „Ergründung des Fremden"[15] beschäftigen. Ihr Forschungsgegenstand ist lediglich das sich bei der Untersuchung jeweils konstituierende (und konstituierte), zu verstehende Gegenüber[16].

Foucault hat eben diese Problematik des relationalen Begriffs „Fremdheit" am Beispiel des Wahnsinns dargestellt: wahnsinnig ist derjenige, der als Wahnsinniger konzeptualisiert wird; verschiedene Kulturen besitzen dafür verschiedene Konzeptionen[17]. Das schließt daher nicht aus, daß man im Rahmen der islamwissenschaftlichen Untersuchung, etwa mit Hilfe der Imagologie oder Xenologie[18], Konzeptionen des Fremden (bzw. der Fremdheit) als kulturelle Phänomene untersucht[19], wie dies, im europäischen Kontext, beispielhaft für die abendländische Wahrnehmung der Neuen Welt[20], die Rolle der „Orientalen" in der Renaissanceliteratur[21] oder für das Phänomen des Ethnozentrismus[22] gezeigt worden ist. Es soll allerdings ausschließen, daß dem Begriff von

---

12 Vgl. Bubner (1993) und oben Seite 31.
13 Nagel (1998b), 367.
14 Nagel (1994), 11.
15 Nagel (1998a), 224f.
16 Vgl. auch Rusch (1987), 451.
17 Foucault (1972). Vgl. auch Veyne (1992), 50ff. und Matejovski (1996), 9ff. und 270ff.
18 Vgl. Harth (1994) und (kritisch) Waldenfels (1997), Kap. 4.
19 Schoeler (1996).
20 Elliott (1970); Greenblatt (1991); Gewecke (1992); Todorov (1992).
21 Chew (1974); Zatti (1983); Hampton (1996). Vgl. auch Concina (1994) und Matar (1999).
22 Todorov (1989); Kristeva (1990); Waldenfels (1997), Kap. 6.

Fremdheit bei dieser Untersuchung kognitive oder heuristische Bedeutung zugesprochen wird, wenn also eine Konzeption von Fremdheit, sei es als Faszinosum (Exotismus) oder als Tremendum (Ethnozentrismus, Rassismus)[23], zur Grundlage einer essentialistischen Deutung des zu Verstehenden genommen wird. Oder wie es Clifford Geertz so treffend ausgedrückt hat: Aussagen über eine andere Kultur „are not privileged, just particular: another country heard from"[24].

Philologie und philologische Methoden

Die Philologie und ihre spezifischen Methoden sind bei der kulturwissenschaftlichen Forschung unverzichtbar. Dies gilt besonders für die Untersuchung einer vergangenen Kultur, die uns zu großen Teilen nur über Texte und nur in geringem Maß über andere Zeichen- und Symbolsysteme, etwa in der Kunst, zugänglich ist. Die Abhängigkeit von der sprachlichen Verfaßtheit der meisten zur Verfügung stehenden Daten[1], deren Aufbereitung die philologische Methode dient, kann nicht dadurch vermieden werden, daß man dieses Material zur Grundlage analytischer, nichthermeneutisch verfahrender Ansätze nimmt, denn seine sprachliche Aufarbeitung muß in jedem Fall *zuerst* geleistet werden. Mit anderen Worten: die den Sozialwissenschafter im allgemeinen interessierenden *Praktiken* sind, wenn sie der Vergangenheit angehören, nur über *Texte* (bzw. Diskurse) zu erfassen. Gegenwartsbezogene Forschung ist demgegenüber zwar weniger abhängig von Texten, basiert aber, neben der möglichen Analyse aktueller gesellschaftlicher (politischer, ökonomischer, &c.) Strukturen, der Anwendung statistischer Methoden und der direkten Beobachtung, immer noch weitgehend auf sprachlich vermitteltem Material und ähnelt der interpretativ-hermeneutischen Untersuchung weitaus mehr, als die Verfechter nichthermeneutischer Verfahren zugestehen[2].

Vor diesem Hintergrund erweist sich die in der Islamwissenschaft derzeit modische Gegenüberstellung von Philologie und Sozialwissenschaften nicht nur als unglücklich, sondern als unzulässig. Hier gilt es

---

23   Hahn (1994), 151. Vgl. auch Rodinson (1977), 84f., und Buch (1991).
24   Geertz (1973), 23.
1   „Daten" bedeutet hier durchaus nicht „Gegebenes", sondern „Gemachtes", die Schmidt (1998), 125 „Fakten" nennt. Vgl. auch Rusch (1987), 434ff. und oben Seite 61.
2   Vgl. Geertz (1973), 19f.; Eberle (1997), 257ff.; Ziegler (1998), 57f.

zunächst an die Bemerkung von Huizinga zu erinnern, der feststellt: „[D]ie Geschichte der Kultur hat es ebensoviel mit den Träumen von Schönheit und dem Wahn eines edlen Lebens zu tun wie mit den Bevölkerungszahlen und Steuern"[3]. Aber die Philologie ist nicht schon ein den Sozialwissenschaften gegenüberzustellendes, Theorie$_2$-fundiertes Konzept zur Erfassung kultureller Phänomene, sondern nichts als ein an den Eigenarten sprachlicher Ausdrucks- und Vermittlungsmöglichkeiten orientiertes Sammelsurium methodischer Instrumente oder, in den Worten Jürgen Trabants, „eine professionalisierte und gelehrte Art und Weise des Verstehens von Äußerungen"[4]. Die Philologie als solche ist daher keine kulturwissenschaftliche Herangehensweise *sui generis*, sondern sie hat rein instrumentellen Charakter und keinerlei den Sozialwissenschaften vergleichbaren Erklärungsanspruch. Dies ist nicht wenig, und es ist gewiß, ganz besonders in der Islamwissenschaft, „schweißtreibend"[5]; dennoch erschöpft sich der Wert der Philologie in der *materiellen* Rekonstruktion desjenigen Materials, auf dessen Basis die weiterführende kulturwissenschaftliche Untersuchung beruht.

Die Ablehnung der Philologie durch die Vertreter der Sozialwissenschaften erklärt sich aus der verfehlten Gleichsetzung philologischer Methoden mit weit darüber hinausgehenden interpretativen Ansätzen, etwa der Geistes- und Kulturgeschichte[6]. Unglücklicherweise haben sich auch die Verfechter einer derart hypostasierten „philologischen Disziplin" diese Gleichsetzung zu eigen gemacht und damit sowohl der eigentlichen Philologie als auch dem kulturwissenschaftlichen Ansatz im ganzen einen Bärendienst erwiesen. Dies umso mehr, als die eigentliche Philologie in einem kulturwissenschaftlichen Ansatz

---

3 Huizinga (1941), 126.
4 Trabant (1998), 57.
5 Nagel (1998b), 373. Vgl. auch Schoeler (1978).
6 Dazu Gadamer (1993), 20f.: „Das Ganze der Überlieferung, die den historischen Gegenstand darstellen mag, ist nicht in demselben Sinne Text, in dem das einzelne Textgebilde dem Philologen ein solcher ist. ... Ich möchte hier zur Klärung einen Sinn von Philologie einführen, der die wörtliche Übersetzung des griechischen Wortes sein könnte: Philologie ist Freude am Sinn, der sich aussagt. ... Aber selbst dieser weiteste Sinn von Philologie, die Sinn versteht, ist von der Historie, so sehr auch diese Sinn zu verstehen sucht, verschieden. Als Wissenschaften gebrauchen sie beide die Methoden ihrer Wissenschaft. Aber sofern es sich um Text handelt, wenn auch verschiedener Statur, sind diese Texte nicht nur auf dem Wege der methodischen Forschung zu verstehen. ... Der Unterschied von Freude am Sinn, der sich aussagt, und Forschung nach Sinn, der verhüllt ist, artikuliert bereits den Sinnraum, in dem sich beide Weisen des Verstehens bewegen". Grundlegend zu den Differenzen zwischen Historie und Philologie ist auch Jaeger (1916).

nur als ein zwar notwendiges, aber nicht hinreichendes Element im Rahmen einer umfassenderen Methode enthalten ist. Wenn man daher die Philologie zu einer Disziplin stilisiert, für die sie weder die methodischen noch die theoretischen₂ Voraussetzungen aufweist, wenn man also von ihr eine Leistung erwartet, die sie nicht erbringen kann und *für die sie nicht konzipiert ist*, dann ist zurecht Kritik angebracht: allerdings nicht Kritik an dem, was sie tatsächlich zu leisten imstande ist, sondern an der unzulässigen Ausweitung ihrer Anwendung und den daraus resultierenden Unzulänglichkeiten.

Kombiniert man analytische und hermeneutische Ansätze miteinander, dann muß die Philologie samt ihren Methoden vor allem im Bereich der analytischen (Re-)konstruktion (Stichwort: Diskursanalyse) angesiedelt werden (vgl. oben Seite 56). Die Diskursanalyse hat gegenüber anderen Ansätzen Priorität, weil sie das Material zuallererst aufbereitet. Eine historische oder auch wissenssoziologische Untersuchung des islamischen Wissenschaftsbetriebs zum Beispiel kann, weil sie ausschließlich auf Texte angewiesen ist, nicht auf die vorherige diskursanalytische (Re-)konstruktion des Materials verzichten, weil die Aussagekraft der Texte stets durch ihren diskursiven Charakter konditioniert ist. Es ist also naiv, wie es oft geschieht, gesellschaftsrelevante Informationen den Texten ohne Beachtung ihrer diskursiven Natur zu entnehmen, um auf dieser Basis soziologische Theorien und Modelle zu entwickeln oder anzuwenden[7]. Da die Philologie aber Bestandteil und Grundlage der (re-)konstruktiven Methode ist, geht sie in jedem Fall aller weiteren Untersuchung voraus, sei sie analytisch oder interpretativ orientiert; da sie sich mit der Sprache als unhintergehbarem Horizont der kulturwissenschaftlichen Untersuchung, ja des Verstehens überhaupt beschäftigt, ist sie selbst unverzichtbar. Auch hier wird also das Kind mit dem Bad ausgeschüttet, wenn die philologischen Methoden *als solche* mit Verweis auf die unzulässige Überdehnung ihrer Möglichkeiten kritisiert werden.

Ebenso unzulässig scheint, wie bereits gesagt, die Hypostasierung der herkömmlichen Philologie zu einer kulturwissenschaftlichen Disziplin. Im Gegenteil, der „Philologe wird ... sein Rolle wieder bescheidener auffassen, als wie sie ihm der humanistische Sendungsgedanke zu übertragen schien"[8]. Daneben treffen wir jedoch auf den schlimmeren Fall, und zwar die Beschränkung der kulturwissenschaftlichen Untersuchung auf diejenigen Elemente, mit denen sich die Philologie eigentlich und

---

7 Vgl. Bubner (1984), 156ff.
8 Oppermann (1970), xiv (zitiert nach U. Hölscher).

zurecht beschäftigt. Im ersten Fall führt dies zu einer ungerechtfertigten Ausweitung philologischer Methoden, die weithin unsystematisch und theoriefern erfolgt, weil die Philologie als Methode keinen Theorie_2-fundierten Deutungsanspruch im kulturwissenschaftlichen Sinn besitzt; im zweiten Fall ist eine Verarmung und unnötige Beschränkung der Erkenntnismöglichkeiten die Folge; es war dieses restriktive kulturwissenschaftliche Konzept, das Nietzsche in einem Brief an seine Schwester beklagte:

> „Mir graut vor der verdammten Philol<ogie>. Wie viel habe ich ausgedacht! Wie reich fühle ich mich! Und nun soll alles wieder unter die Moosdecke vergraben werden! Höchst widerlich!"[9]

Die dringend nötige Bewahrung philologischer Methoden wird daher nur möglich sein, wenn man einerseits darauf verzichtet, diese für einen vollgültigen kulturwissenschaftlichen Ansatz zu halten, der sie nicht sind, und andererseits nicht darauf besteht, die kulturwissenschaftliche Tätigkeit auf den Bereich der eigentlichen Philologie einzugrenzen. Die Philologie findet vielmehr ihren Platz innerhalb einer Methodik, die sowohl analytische als auch interpretative Verfahren umfaßt. Als solche ist die Philologie jedoch unabdingbar, und wiederum war es Nietzsche, der dies deutlich erkannt hat:

> „Philologie nämlich ist jene ehrwürdige Kunst, welche von ihrem Verehrer vor Allem Eins heischt, bei Seite gehn, sich Zeit lassen, still werden, langsam werden –, als eine Goldschmiedekunst und -kennerschaft des Wortes, die lauter feine vorsichtige Arbeit abzuthun hat und Nichts erreicht, wenn sie es nicht lento erreicht. Gerade damit aber ist sie heute nöthiger als je, gerade dadurch zieht sie und bezaubert sie uns am stärksten, mitten in einem Zeitalter der ‚Arbeit‘, will sagen: der Hast, der unanständigen und schwitzenden Eilfertigkeit, das mit Allem gleich ‚fertig werden‘ will, auch mit jedem alten und neuen Buche: – sie selbst wird nicht so leicht irgend womit fertig, sie lehrt gut lesen, das heisst langsam, tief, rück- und vorsichtig, mit Hintergedanken, mit offen gelassenen Thüren, mit zarten Fingern und Augen lesen ..."[10].

Es kann also nicht darum gehen, Philologie und Sozialwissenschaften (bzw. die Geschichtswissenschaft) gegeneinander auszuspielen[11], zumal

---

9 Nietzsche (1986), 279 (Der Brief wurde im August 1877 geschrieben).
10 Nietzsche (1988) III, 17.
11 Z. B. Nagel (1998b), 376f.: „Was aber jetzt als neue Herausforderung hinzukommt, ist die umsichtige und zielstrebige Herauslösung des Faches aus der etwa dreißigjährigen Umklammerung durch sozialwissenschaftliche Denkmuster". Die entgegengesetzte Haltung vertreten Thomas Philipp (in: *Saeculum* 45, 1994, 166-78) und Ekkehard Rudolph (in: *Orient* 39, 1998, bes. S. 560: „Der Bonner Orientalistentag hat deutlich gemacht, daß in den historischen und kulturwissenschaftlichen Disziplinen vielfältige Potentiale vorhanden sind, das noch gelegentlich

in einer solchen Methodik beide eine je eigene Funktion besitzen: Philologie liefert dabei ein Instrumentarium zur Erfassung und Beschreibung individueller sprachlicher Phänomene, wohingegen soziologische Ansätze bestimmte Möglichkeiten zur analytischen und ggf. erklärenden (Re-)konstruktion dieser Phänomene (und ihrer gesellschaftlichen Bedingtheit) liefern[12]. Das Resultat wird also ein multiperspektivischer Ansatz sein, der Verabsolutierungen ausschließt[13]; Rüsens Theorie der historischen Methode, die ebenfalls von einer „Mehrdimensionalität" des Ansatzes ausgeht, wurde bereits oben Seite 93ff. erwähnt.

Statt eines Gegensatzes sollte also von einem Bündnis zwischen philologischen und sozialwissenschaftlichen Methoden gesprochen werden[14].

Hier sei noch einmal auf Norbert Elias hingewiesen, der bei seinem Versuch, Geschichtsforschung und Sozialwissenschaft zusammenzubringen, zu einer begrifflich unterschiedlichen, aber inhaltlich durchaus ähnlichen Auffassung kommt:

„Das Selbst-verständnis mancher Historiker läßt es so erscheinen, als ob sie sich bei ihrer Arbeit ausschließlich mit Individuen befassen, und zwar vielfach mit Individuen ohne Figuration, mit Menschen, die in irgendeinem Sinne völlig unabhängig von anderen Menschen sind. Das Selbst-verständnis mancher Soziologen läßt es so erscheinen, als ob sie sich bei ihrer Arbeit ausschließlich mit Figurationen befassen, mit Figurationen ohne Individuen, mit Gesellschaften oder »Systemen«, die in irgendeinem Sinne völlig unabhängig von Einzelmenschen sind. Beide Formen des Selbst-verständnisses führen ... in die Irre. Bei genauer Betrachtung findet man, daß diese beiden Spezialwissenschaften ihr Augenmerk lediglich auf verschiedene Schichten oder Ebenen ein und desselben Geschehenszusammenhanges richten"[15].

Wenn man den Begriff der Philologie schließlich für das gesamte, kulturwissenschaftliche Vorgehen reklamieren möchte, etwa in der Nachfolge

---

verbreitete Bild der ‚Orchideenwissenschaft' in Richtung auf eine moderne historisch vergleichende Kultur- und Sozialwissenschaft zu verändern").
12 Problematisch bleibt aber die in fast allen soziologischen Ansätzen (einschließlich des Methodischen Kulturalismus und der Systemtheorie: vgl. Luhmann 1997, 16 und 36) deutlich vorhandene Ausrichtung auf *gegenwärtige* Phänomene und Strukturen der *westlichen* (modernen) Gesellschaften sowie der daraus resultierende mangelnde Sinn für historische Tiefe. Vgl. dazu die bekannte Kritik von Elias (1969), vii-lxx und die Essays in Braudel (1969).
13 Für die Religionswissenschaft hat Waardenburg (1986), 40f. vier verschiedene Perspektiven eines solchen Ansatzes benannt, die er als methodische Aspekte bei ein- und derselben Untersuchung versteht: ein diachronisch-geschichtlicher, ein deskriptiv-phänomenologischer, ein kontextuell-sozialwissenschaftlicher und ein hermeneutisch gewonnener Bedeutungs- oder Sinnaspekt.
14 Diese Forderung ist wegweisend formuliert in Endreß (1997), 31.
15 Elias (1983), 48.

von Giambattista Vico und seiner *filologia in forma di scienza (nuova)*[16], dann wird man hier einen neuen Begriff von Philologie geschaffen haben, der mit dem hergebrachten Begriff nur noch soviel gemeinsam hat, als er die hergebrachte, philologische Methode in sich einschließt, aber zugleich weit über sie hinausgeht. In diesem Fall wird „Philologie" nicht nur den diskursanalytischen Ansatz, sondern auch die kulturwissenschaftliche Hermeneutik umfassen, entsprechend ihrer globalen Definition bei Vico:

> „Philologie ist die Untersuchung des *Diskurses*. Sie richtet ihr Augenmerk auf die Wörter und übermittelt ihre Geschichte, indem sie ihre Ursprünge und ihre Evolution darstellt und so zu einer Periodisierung des Sprachgebrauchs gelangt, um damit die Eigenschaften, Übertragungen und Arten dieses Sprachgebrauchs zu *verstehen*. Weil aber die Dinge selbst nur immer über Worte zugänglich sind, kommt der Philologie vor allem die Aufgabe zu, die Geschichte der Dinge zu verstehen"[17].

Eine derartige Neufassung (oder Wiederherstellung) des Begriffs einer „universalen Philologie" viconianischer Prägung – eigentlich ein Synonym von „Kulturgeschichte" oder „Kulturwissenschaft" nicht anders als Ernst Cassirers „Theorie der symbolischen Formen"[18] –, ist zwar möglich, wäre aber lediglich die nostalgische Übernahme eines liebgewonnenen Begriffs und wissenschaftstheoretisch kaum zu rechtfertigen. Die Gefahr bei dieser Übernahme besteht im zu erwartenden, hartnäckigen Beharren des alten (engeren) Philologiebegriffs, dessen Implikationen das (weitere) Konzept der „kulturwissenschaftlichen Philologie" kontaminieren und daher bei der zukünftigen Methoden- und Theoriedebatte zu genau den Mißverständnissen führen wird, die bisher verhindert haben, die Rolle philologischer und konkurrierender Ansätze richtig einschätzen zu können.

Abschließend ergibt sich aus diesen Überlegungen die Einsicht, daß die Islamwissenschaft, wie jede Kultur- und Geisteswissenschaft, nur insofern eine Wissenschaft ist, als sie methodisch diszipliniert, Theorie$_2$-begründet und selbstreflexiv vorgeht[19]. Sie ist so wissenschaftlich, wie es eine „scientific phenomenology of culture", um den oben auf Seite 42

---

16 Philologie also als „dottrina di tutte le cose le quali dipendono dall'umano arbitrio" (Vico 1990, I, 419). Vgl. auch Vico (1974), 400. Zu Vicos Konzept der Philologie siehe Burke (1990), 101ff.; Lilla (1993), 117ff.; Trabant (1994), 19.
17 Vico (1974), 387: „Est enim philologia *sermonis* studium et cura quae circa verba versatur eorumque tradit historiam, dum eorum origines et progressus enarrat, et sic per linguae aetates dispensat, ut eorundem *teneat* proprietates, translationes et usus. Sed, cum rerum ideae quibusque verbis appictae sint, ad philologiam in primis spectat tenere rerum historiam" (Hervorhebungen von mir).
18 Vgl. Ricœur (1974), 23 und Trabant (1998), 47 Anm. 9.
19 Vgl. Duby (1988), 297f.

eingeführten Begriff von Clifford Geertz noch einmal aufzunehmen, sein kann, obwohl Geertz' Vorgehen mit der Bezeichnung „essayistisches Theoretisieren" gut umschrieben ist[20]. Ihre Theoretizität besteht in der Theorie$_2$-Bildung, nicht in der Adaption, Entwicklung oder Anwendung von Theorien$_3$. Aufgrund ihrer Ergebnisse, die sich einem in Anlehnung an die sogenannten strengen Naturwissenschaften geforderten Prüfbarkeitspostulat nicht unterwerfen lassen, kann sie nur empirisch sein, wenn Empirizität als Merkmal der analytischen und phänomenologischen Komponenten der ihr zukommenden Methode gelten darf[21].

Tatsächlich ähnelt sie aber eher einer Kunstform, wie dies von der Literaturwissenschaft[22] und der Historiographie[23] seit längerem, von der Anthropologie[24] vor allem in jüngster Zeit behauptet wurde. Man könnte aber auch von einer Kunstlehre sprechen, wollte man den methodischen Charakter und den kreativ-interpretativen Aspekt in einem Begriff zusammenbringen[25], wobei die Kritiker des hermeneutischen Ansatzes diesen Begriff – bei einseitiger Betonung des Elements „Lehre" und falsch gedeuteter Konnotationen des Elements „Kunst" – zu Unrecht usurpiert haben[26] und Gadamer die methodische Konnotation des Begriffs „Kunstlehre" nur bedingt anerkennt: „Es handelt sich also keineswegs um eine Kunstlehre, die sagen will, wie Verstehen sein müßte. ... Verstehen ist eben mehr als die kunstvolle Anwendung eines Könnens. Es ist immer auch Gewinn eines erweiterten und vertieften Selbstverständnisses"[27]. Ricœur spricht in diesem Zusammenhang von der Hermeneutik als einer „Theorie der Regeln, die eine Exegese leiten, d. h. die Interpretation eines besonderen Textes oder einer Gesamtheit von Zeichen, die sich als ein Text betrachten lassen"[28].

Der verwandte Begriff „Kulturpoetik" (*cultural poetics, poetics of culture*), der durch das Werk von Stephen Greenblatt bekannt wurde, das gemeinhin dem *New Historicism* zugerechnet wird[29], scheint mir eben-

20 Ziegler (1998), 54ff.
21 Vgl. Schmidt (1998), 125.
22 Eliot (1923); Barthes (1967); Frye (1973).
23 Ricœur (1986), 17ff.; Ricœur (1991); White (1994). Dagegen Rüsen (1990), 308ff. und Himmelfarb (1995).
24 Lévi-Strauss (1980), 256; Geertz (1973), 15f. und (1993), 127ff.
25 Vgl. Gadamer (1991), 84ff.
26 Namentlich Albert (1994).
27 Gadamer (1991), 108.
28 Ricœur (1974), 20. Nicht ganz zu Unrecht sieht deshalb Gianni Vattimo in Gadamers *Wahrheit und Methode* eine „allgemeine Theorie der Interpretation" (1997, 17).
29 Greenblatt (1990). Vgl. auch Hamilton (1996), 150-63 und Schlesier (1996), 52f.

falls naheliegend; desgleichen Foucaults Ansatz als „Poetologie des Wissens, die das Auftauchen neuer Wissensobjekte und Erkenntnisbereiche zugleich als Form ihrer Inszenierung begreift. Für diese Poetologie des Wissens sind die Wörter ebenso entfernt wie die Dinge, Wörter und Dinge kreuzen sich auf ein und derselben Ebene"[30]. Wenigstens in diesem Sinn werden wir auch Giambattista Vico zustimmen müssen, der die Hervorbringungen des menschlichen Geistes als poetisch versteht, weshalb auch ihre Untersuchung schlechterdings nichts anderes als eine Form der Poetik und ihr Ergebnis keine andere als eine *sapienza poetica* sein werden[31]; wenn es hier eine rational faßbare Logik gibt, dann nur als „Logik der Phantasie"[32].

Objektivität und Wahrheit

Vor dem Hintergrund des bisher Gesagten muß das Konzept der Objektivität neu gefaßt werden. Wie dieses neue Konzept aussehen kann, läßt sich aus dem Passus von Nietzsche entnehmen, der oben auf Seite 69 bereits *in extenso* zitiert wurde. Die abschließenden Zeilen lauten:

„Dazu gehört aber vor Allem eine grosse künstlerische Potenz, ein schaffendes Darüberschweben, ein liebendes Versenktsein in die empirischen Data, ein Weiterdichten an gegebenen Typen – dazu gehört allerdings Objektivität, aber als positive Eigenschaft"[1].

Objektivität *als positive Eigenschaft*: das heißt, mit und doch auch gegen Nietzsche gedacht, zugleich Innensicht („Versenktsein") und Außensicht („Darüberschweben"), zugleich objektivierende (Re-)konstruktion („empirische Data") und Teilhabe („Weiterdichten"), Sinnnähe („liebend") und Offenheit zur hermeneutischen Erfahrung („künstlerische Potenz"). Nietzsche faßt in diesen wenigen Zeilen in seinen Worten das ganze Programm einer analytisch-hermeneutischen Methodik der Kulturwissenschaften zusammen, wie sie von mir umrissen wurde: Das Miteinander von Elementen, die im Verständnis analytisch-strukturell orientierter, aber auch im Verständnis der meisten interpretativ-kulturalistisch orientierten Ansätze als unvereinbar gelten, aber tatsächlich *untrennbar* sind;

---

30 Vogl (1997), 560.
31 Vico (1990) I, 563ff. und 757ff.; vgl. auch Lilla (1993), 137ff. und Trabant (1994), 43ff. In einem anderen Zusammenhang spricht Rorty (1987), 390 dementsprechend von einer „»poetischen« Tätigkeit". Vgl. auch Vattimo (1997), 116f.
32 Blumenberg (1998), 8.
1 Nietzsche (1988) I, 291f.

es sind zum einen die analytischen Methoden, zum anderen die Gestimmtheit und hermeneutische Offenheit des Verstehenwollenden, die zusammengenommen Objektivität ermöglichen. Die Vereinbarkeit des Unvereinbaren beruht auf der Bewußtmachung der unaufhebbaren Dialektik von subjektiv und objektiv, auf der Horizontverschmelzung vor dem gemeinsamen Horizont der Sprache; Sprache aber ist „die allumfassende Vorausgelegtheit der Welt und daher durch nichts zu ersetzen"². Die Anerkennung dieser Dialektik und ihrer methodischen Produktivität führt zur Anerkennung der subjektiv-objektiven Natur jeder kulturwissenschaftlichen Forschung. Darin, und nicht in ihren eigentlichen Methoden oder Verstehensstrategien, liegt das Höchstmaß der erreichbaren Objektivität.

Bleibt abschließend das Problem der Wahrheit, das eng mit dem Konzept der Objektivität verbunden ist. Die immense Komplexität des Wahrheitsbegriffs und die bekannte Tatsache, daß er das menschliche Denken durch seine Aporien seit Jahrtausenden dazu provoziert hat, sich mit ihm auseinanderzusetzen, erübrigen es, hier mehr als das Nötige zu sagen. Was noch zu sagen bleibt, leitet sich mehr oder weniger zwingend aus dem Inhalt dieses Buches ab.

Wie es keinen archimedischen Standpunkt gibt, von dem aus die Grenzen dieser Welt und ihre Beschaffenheit absolut in den Blick kommen können, so gibt es keine absolute Wahrheit. Gegeben sind Wahrheitsansprüche, die sich, je nach Standpunkt, als Wahrheit *für* uns oder als Wahrheit *für* andere präsentieren. Die Erfahrung von Wahrheit ist deshalb eine interpretative Erfahrung³. Die Phänomenologie, die im Rahmen der hier vorgestellten Methode als Diskursanalyse ausgerichtet ist, verlangt dabei die Aufgabe kontextfreier Wahrheitsansprüche, nicht aber die Preisgabe ihres Sinns; vielmehr interessiert sie sich für die Bedingungen der Möglichkeiten von Wahrheitsansprüchen⁴. Dies bedeutet aber auch: „Für das Verstehen des Kulturlebens behält der Wahn selbst, in dem die Zeitgenossen lebten, den Wert einer Wahrheit"⁵. Im Bereich der Islamwissenschaft war es Bernd Radtke, der dies bereits programmatisch formuliert hat: „Nicht ob das Dargestellte im absoluten Sinn 'wahr' ist, erregt unser Interesse – sondern warum gerade dieses mitgeteilt wird und in welcher Absicht"⁶. (Re-)konstruktion und Deutung

---

2 Gadamer (1993), 79. Vgl. auch Grondin (1994), xiv.
3 Vattimo (1997), 18.
4 Vgl. (kritisch) Dreyfus/Rabinow (1987), 73; Kallweit (1988), 286f.; (für Foucaults spätere Arbeiten:) Hacking (1986).
5 Huizinga (1941), 74.
6 Radtke (1992), 7.

von Wahrheitsansprüchen bedeuten zudem, „daß die Wahrheitsfrage nicht mehr im Sinne einer essentialistischen Wahrheit-›in-der-Sache‹, sondern in kritischer Einstellung nur noch als das Aufstellen, Reflektieren und Begründen von Wahrheits*ansprüchen* gefaßt werden kann"[7]. Die grundlegende Norm- und Wertgebundenheit von Wahrheit wird dabei vorausgesetzt, und in der Perspektive der Diskursanalyse bedeutet dies: „Truth is relative to discourse"[8]. In der metatheoretischen Diskussion der Geistes- und Kulturwissenschaften sind dieser Standpunkt und seine Implikationen als Wertrelativismus oder, weiter gefaßt, als Kulturrelativismus bekannt[9]. Der wichtigste Rationalitätstheoretiker unserer Zeit, Hilary Putnam, hat wiederholt darauf aufmerksam gemacht, daß dieser Relativismus einer Position entspricht, die sich selbst *ad absurdum* führt, besonders wenn sie in einer „starken" Form, wie etwa von Foucault, vorgetragen wird, die weit über den „herkömmlichen" Relativismus, wie er etwa aus der Anthropologie bekannt ist, hinausgeht[10]; er hat außerdem auf die Gefahren hingewiesen, die dieser Position inhärent sind:

„There is something which makes cultural relativism a far more dangerous cultural tendency than materialism. At bottom, there is a deep irrationalism to cultural relativism, a denial of the possibility of *thinking* (as opposed to making noises in counterpoint or in chorus).[11]"

Und weiter:

„Just as the methodological solipsist can become a *real* solipsist, the cultural relativist can become a cultural imperialist. He can say, 'Well then, truth —the only notion of truth I understand— is defined by the norms of *my* culture.' ('After all', he can add, 'which norms should I rely on? The norms of *somebody else's* culture?') Such a view is no longer relativist at all. It postulates an *objective* notion of truth, although one that is said to be a product of our culture, and to be defined by our culture's criteria (I assume the culture imperialist is one of *us*)"[12].

Niemand wird bestreiten können, daß Putnam hier ein Problem sieht, wo wirklich ein Problem liegt. Es besteht aber dennoch ein wichtiger Unterschied zum rationalistischen, nicht-relativistischen Standpunkt: Obwohl beide Positionen zu ethnozentrischen (kulturimperialistischen) Denkmustern führen können, unterstützt der nichtrelativistische Standpunkt diese

---

7 Abel (1995a), 513.
8 Philp (1990), 70.
9 Vgl. Acham (1983), 250ff. und Kohl (1993), 145ff.
10 Putnam (1981), besonders 103ff. und 160f.; Putnam (1983), 192 und 234ff. Vgl. auch Himmelfarb (1995), 136f.
11 Putnam (1983), 235.
12 Ebd. 238.

Wendung mehr oder weniger explizit und kann ihr auch – bei der naheliegenden Verbindung einer Kultur mit bestimmten Rationalitätskriterien – eine theoretische Rechtfertigung anbieten, ja seine Einnahme macht es schwer zu erklären, im Gegensatz zur relativistischen Position, warum die ethnozentrische Perspektive eigentlich nicht statthaft ist (vgl. oben Seite 26ff.).

Der relativistische Ansatz führt im übrigen nicht dazu, daß kulturelle Systeme, mißverstanden als in sich abgeschlossene Individualitäten oder gar Organismen, miteinander *prinzipiell* inkommensurabel werden oder daß man die Beantwortung der Frage ausschließt, „[w]eshalb die eine Kultur diese, die andere Kultur jene Wahl aus dem ‚großen Bogen' der Möglichkeiten getroffen hat"[13]; der im Begriff „Relativismus" enthaltene Aspekt der Beziehung (*relatio*) deutet dies bereits an. Wohl aber führt dieser Ansatz zu der Einsicht, daß Norm- und Wertvorstellungen nur innerkulturell verbindlich und ggf. wahr sein können; auf der interkulturellen Ebene stehen sich sie sich als Norm- und Wahrheitsansprüche gegenüber.

Es ist eine Frage der Objektivität, im obigen Sinn, diesen Wahrheitsansprüchen mit aller Ernsthaftigkeit und mit größtem Bemühen gerecht zu werden, insofern Verstehen als „Begegnung mit etwas, das sich als Wahrheit geltend macht"[14], beschrieben werden kann. Vielleicht ist es dann das Bemühen um ein derartiges Verstehen, das *als Dienst* an der Wahrheit schwerer wiegt als die Wahrheit selbst.

---

13 Kohl (1993), 149.
14 Gadamer (1990), 493. Vgl. auch Grondin (1994), 40ff. und Vattimo (1997), 111ff.

Coda
(auch mit Blick auf die interkulturelle Kommunikation)

Kehren wir an den Ausgangspunkt zurück: zu Rüsens Theorie der interkulturellen Kommunikation. Wir müssen Rüsen dabei zustimmen, daß es ohne diese Kommunikation nicht geht, sie vielmehr aus grundsätzlichen Erwägungen wünschenswert und in Hinblick auf die zunehmende Globalisierung nicht nur notwendig ist, sondern in ihrem Rahmen längst und überall immer schon praktiziert wird. Allerdings werden, nach dem bisher Gesagten, die Mittel und die Bedingungen der interkulturellen Kommunikation nicht diejenigen sein können, die Rüsens entsprechender Theorie zugrundeliegen. Wenn das Gleichheitspostulat, auf dessen Boden wir weniger als Wissenschaftler denn als Menschen stehen, einen Sinn hat, dann kann diese Gleichheit nur, in den Worten Odo Marquards, bedeuten: „angstloses Andersseindürfen für alle"[1]. Dazu tut „Besonderungsfähigkeit" not, oder anders gesagt: „Buntheitskompetenz; und jede Universalisierung muß Buntheit fördern, oder sie taugt nichts"[2]. Die Islamwissenschaft ist also, so darf man mit einem Augenzwinkern folgern, eine Methode zur Farbbestimmung vor dem Hintergrund dieser Buntheitskompetenz. Sie ist so methodisch diszipliniert und Theorie$_2$-begründet wie möglich, aber auch so kunstvoll und interpretativ wie nötig —

Cela est bien dit, répondit Candide,
mais il faut cultiver notre jardin.

---

1 Marquard (1982b), 70.
2 *Loc. cit.*

Literaturverzeichnis

Abel (1995a) – Günter Abel, *Interpretationswelten. Gegenwartsphilosophie jenseits von Essentialismus und Relativismus*, Frankfurt/M.
Abel (1995b) – Ders., „Unbestimmtheit der Interpretation", in: Josef Simon (Hrsg.), *Distanz im Verstehen. Zeichen und Interpretation II*, Frankfurt/M., 43-71
Acham (1983) – Karl Acham, *Philosophie der Sozialwissenschaften*, Freiburg
Acham/Schulze (1990) – Karl Acham/Winfried Schulze (Hrsg.), *Teil und Ganzes. Zum Verhältnis von Einzel- und Gesamtanalyse*, München (Theorie der Geschichte: Beiträge zur Historik 6)
Adorno (1962) – Theodor W. Adorno, „Zur Logik der Sozialwissenschaften", in: *Positivismusstreit in der deutschen Soziologie*, 125-43
Ahmed/Hafez (1995) – Munir D. Ahmed/Kai Hafez, „Das Orient- und Islambild in Deutschland. Überlegungen zum Friedenspreis des Deutschen Buchhandels und ein Gespräch mit Annemarie Schimmel", in: *Orient* 36, 411-28
Albert (1964) – Hans Albert, „Der Mythos der totalen Vernunft", in: *Positivismusstreit in der deutschen Soziologie*, 193-234
Albert (1994) – Ders., *Kritik der reinen Hermeneutik. Der Antirealismus und das Problem des Verstehens*, Tübingen
Alexy (1991) – Robert Alexy, *Theorie der juristischen Argumentation. Die Theorie des rationalen Diskurses als Theorie der juristischen Begründung*, Frankfurt/M. 1991[2]
Amman (1998) – Ludwig Amman, „Geschichtsdenken und Geschichtsschreibung von Muslimen im Mittelalter", in: *Die Vielfalt der Kulturen*, 191-216
Arac (1988) – Jonathan Arac (Hrsg.), *After Foucault. Humanistic Knowledge, Postmodern Challenges*, New Brunswick-London
Arkoun (1996) – Mohammed Arkoun, *La pensée arabe*, Paris 1996[5] (1975[1])
Arnold/Detering (1996) – Heinz L. Arnold/Heinrich Detering (Hrsg.), *Grundzüge der Literaturwissenschaft*, München
Assmann (1988) – Jan Assmann, „Kollektives Gedächtnis und kulturelle Identität", in: Assmann/Hölscher (1988), 9-19
Assmann (1992) – Ders., *Das kulturelle Gedächtnis. Schrift, Erinnerung und politische Identität in frühen Hochkulturen*, München
Assmann (1993) – Aleida und Jan Assmann, „Schrift und Gedächtnis", in: Aleida Assmann/Ch. Hardmeier (Hrsg.), *Schrift und Gedächtnis. Beiträge zur Archäologie der literarischen Kommunikation I*, München 1993[2], 265-84
Assmann (1994) – Jan Assmann, „Unsichtbare Religion und Kulturelles Gedächtnis", in: Sprondel (1994), 404-21
Assmann (1995) – Ders., *Ma`at. Gerechtigkeit und Unsterblichkeit im Alten Ägypten*, München 1995[2]
Assmann (1996) – Ders., *Ägypten. Eine Sinngeschichte*, Darmstadt
Assmann (1999) – Aleida Assmann, *Erinnerungsräume. Formen und Wandlungen des kulturellen Gedächtnisses*, München
Assmann/Harth (1991) – Aleida Assmann/Dietrich Harth (Hrsg.), *Mnemosyne. Formen und Funktionen der kulturellen Erinnerung*, Frankfurt/M.
Assmann/Hölscher (1988) – Jan Assmann/Tonio Hölscher (Hrsg.), *Kultur und Gedächtnis*, Frankfurt/M.

al-Azm (1993) – Sadik J. al-Azm, *Unbehagen in der Moderne. Aufklärung im Islam*, hrsg. von K.-H. Gerlach, Frankfurt/M.

al-Azmeh (1982) – Aziz al-Azmeh, *Ibn Khaldūn: An Essay in Reinterpretation*, London

al-Azmeh (1996) – Ders., *Die Islamisierung des Islam. Imaginäre Welten einer politischen Theologie*, Frankfurt/M.-New York (= *Islams and Modernities* 1993)

al-Azmeh (1998) – Ders., „Geschichte, Kultur und die Suche nach dem Organischen", in: *Die Vielfalt der Kulturen*, 74-114

Bacher (1985) – Karl D. Bacher, *Zeit der Ideologien. Eine Geschichte politischen Denkens im 20. Jahrhundert*, München (1982¹)

Bachtin (1979) – Michail M. Bachtin, *Die Ästhetik des Wortes*, hrsg. von R. Gübel, Frankfurt/M.

Bailey/Vander Broek (1992) – James L. Bailey/Lyle D. Vander Broek, *Literary Forms in the New Testament. A Handbook*, Louisville

Banani/Vryonis (1977) – Amin Banani/Speros Vryonis (Hrsg.), *Individualism and Conformity in Classical Islam*, Wiesbaden

Barthes (1967) – Roland Barthes, *Kritik und Wahrheit*, Frankfurt/M. (= *Critique et vérité* 1966)

Bauer (1992) – Thomas Bauer, *Altarabische Dichtkunst. Eine Untersuchung ihrer Struktur und Entwicklung am Beispiel der Onagerepisode*, 2 Bände, Wiesbaden

Bauer (1996) – Ders., „Raffinement und Frömmigkeit. Säkulare Poesie islamischer Religionsgelehrter der späten Abbasidenzeit", in: *Asiatische Studien* 50, 275-95

Bauer (1998a) – Ders., *Liebe und Liebesdichtung in der arabischen Welt des 9. und 10. Jahrhunderts. Eine literatur- und mentalitätsgeschichtliche Studie des arabischen Ġazal*, Wiesbaden (Diskurse der Arabistik 2)

Bauer (1998b) – Ders., Rezension von: Udo Simon, *Mittelalterliche Sprachbetrachtung zwischen Grammatik und Rhetorik* (Heidelberg 1993), in: *Zeitschrift für Arabische Linguistik (ZAL)* 35 (1998), 86-90

Bauer (1998c) – Ders., „Al-ʿAbbās ibn al-Aḥnaf: Ein literaturgeschichtlicher Sonderfall und seine Rezeption", in: *Wiener Zeitschrift für die Kunde des Morgenlandes (WZKM)* 88, 65-107

Bauer (1999) – Ders., „Todesdiskurse im Islam", in: *Asiatische Studien* 53, 5-16

Berger (1987) – Klaus Berger, *Einführung in die Formgeschichte*, Tübingen

Berger (1996) – Ders., „Wahrheit und Geschichte", in: Borchmeyer (1996), 89-107

Berger/Luckmann (1977) – Peter L. Berger/Thomas Luckmann, *Die gesellschaftliche Konstruktion der Wirklichkeit. Eine Theorie der Wissenssoziologie*, Frankfurt/M. 1977⁵ (= *The Social Construction of Reality* 1966)

Berkey (1992) – Jonathan Berkey, *The Transmission of Knowledge in Medieval Cairo. A Social History of Islamic Education*, Princeton

Bernard (1998) – H. Russell Bernard (Hrsg.), *Handbook of Methods in Cultural Anthropology*, Walnut Creek-London

Betti (1990a) – Emilio Betti, *L'ermeneutica come metodica generale delle scienze dello spirito*, hrsg. von G. Mura, Rom 1990²

Betti (1990b) – Ders., *Teoria generale della interpretazione*, erweitert und neu hrsg. von G. Crifò, 2 Bände, Mailand

Bianco (1991) – Franco Bianco, *Pensare l'interpretazione. Temi e figure dell'ermeneutica contemporanea*, Rom

Bianco (1998) – Ders., *Introduzione all'ermeneutica*, Bari

Bichler (1990) – Reinhold Bichler, „Das Diktum von der historischen Singularität und der Anspruch des historischen Vergleichs. Bemerkungen zum Thema Individuelles versus Allgemeines und zur langen Geschichte deutschen Historikerstreits", in: Acham/Schulze (1990), 169-92

Bielefeldt/Heitmeyer (1998) – H. Bielefeldt/W. Heitmeyer (Hrsg.), *Politisierte Religion. Ursachen und Erscheinungsformen des modernen Fundamentalismus*, Frankfurt/M.

Blackburn (1984) – Simon Blackburn, *Spreading the Word. Groundings in the Philosophy of Language*, Oxford

Blair (1998) – Sheila S. Blair, *Islamic Inscriptions*, Edinburgh

Bloom (1994) – Harold Bloom, *The Western Canon. The Books and Schools of the Ages*, New York

Blumenberg (1990) – Hans Blumenberg, *Arbeit am Mythos*, Frankfurt/M. 1990[5]

Blumenberg (1998) – Ders., *Paradigmen einer Metaphorologie*, Frankfurt/M. (1960)

Böckelmann (1998) – Frank Böckelmann, *Die Gelben, die Schwarzen, die Weißen*, Frankfurt/M.

Bogdal (1996) – Klaus-Michael Bogdal, „Problematisierungen der Hermeneutik im Zeichen des Poststrukturalismus", in: Arnold/Detering (1996), 137-56

Böhme/Scherpe (1996) – Hartmut Böhme/Klaus R. Scherpe (Hrsg.), *Literatur und Kulturwissenschaften. Positionen, Theorien, Modelle*, Reinbek

Boisard (1979) – Marcel A. Boisard, *L'humanisme de l'Islam*, Paris (1979[3])

Booth (1979) – Wayne C. Booth, *Critical Understanding. The Powers and Limits of Pluralism*, Chicago-London

Borchmeyer (1996) – Dieter Borchmeyer (Hrsg.), *»Vom Nutzen und Nachteil der Historie für das Leben«. Nietzsche und die Erinnerung in der Moderne*, Frankfurt/M.

Borges (1994) – Jorge Luís Borges, *Fiktionen. Erzählungen*, hrsg. von G. Haefs und F. Arnold, Frankfurt/M. (= *Ficciones* 1974[1])

Borst (1997) – Arno Borst, *Lebensformen im Mittelalter*, Berlin (1973[1])

Boudon (1988) – Raymond Boudon, *Ideologie. Geschichte und Kritik eines Begriffs*, Reinbek (= *L'idéologie. L'origine des idées reçues* 1986)

Boyarin (1994) – Daniel Boyarin, *Intertextuality and the Reading of Midrash*, Bloomington (1990[1])

Braudel (1969) – Fernand Braudel, *Écrits sur l'histoire*, Paris

Brede (1985) – Rüdiger Brede, *Aussage und Discours.Untersuchungen zur Discours-Theorie bei Michel Foucault*, Frankfurt/M.

Brockes (1999) – Barthold H. Brockes, *Irdisches Vergnügen in Gott*, in Auswahl hrsg. von H.-G. Kemper, Stuttgart 1999

Brosziewski/Maeder (1997) – Achim Brosziewski/Christoph Maeder, „Ethnographische Semantik: Ein Weg zum Verstehen von Zugehörigkeit", in: Hitzler/Honer (1997), 335-62

Bublitz (1999) – Hannelore Bublitz, „Diskursanalyse als Gesellschafts-›Theorie‹", in: Bublitz/Bührmann (1999), 22-48

Bublitz/Bührmann (1999) – Hannelore Bublitz/Andrea D. Bührmann (Hrsg.), *Das Wuchern der Diskurse. Perspektiven der Diskursanalyse Foucaults*, Frankfurt/M.-New York

Bubner (1984) – Rüdiger Bubner, *Geschichtsprozesse und Handlungsnormen. Untersuchungen zur praktischen Philosophie*, Frankfurt/M.

Bubner (1993) – Ders., „Das Fremdwerden des Eigenen oder vom Kulturvergleich zur Binnenethnologie", in: Ders., *Zwischenrufe. Aus den bewegten Jahren*, Frankfurt/Main, 139-52

Buch (1991) – Hans Christoph Buch, *Die Nähe und die Ferne. Bausteine zu einer Poetik des kolonialen Blicks*, Frankfurt/M.

Bührmann (1999) – Andrea D. Bührmann, „Der Diskurs als Diskursgegenstand im Horizont der kritischen Ontologie der Gegenwart", in: Bublitz/Bührmann (1999), 49-62

Bultmann (1950) – Rudolf Bultmann, „Das Problem der Hermeneutik", in: Ders., *Glauben und Verstehen II: Gesammelte Aufsätze*, Tübingen 1993^6, 211-35

Bultmann (1967) – Rudolf Bultmann, *Jesus*, Tübingen 1967^3

Bunzl (1997) – Martin Bunzl, *Real History. Reflections on historical practice*, New York-London

Bürgel (1991) – Johann Ch. Bürgel, *Allmacht und Mächtigkeit. Religion und Welt im Islam*, München

Bürgel (1996) – Ders., „Die Profanisierung sakraler Sprache als Stilmittel in klassischer arabischer Dichtung", in: *Ibn an-Nadīm und die mittelalterliche arabische Literatur (Beiträge zum 1. Johann Wilhelm Fück-Kolloquium Halle 1987)*, Wiesbaden, 64-72

Burke (1990) – Peter Burke, *Vico. Philosoph, Historiker, Denker einer neuen Wissenschaft*, Frankfurt/M. (= *Vico* 1985)

Burton (1990) – John Burton, *The Sources of Islamic Law. Islamic Theories of Abrogation*, Edinburgh

Burton (1994) – Ders., *An Introduction to the Ḥadīth*, Edinburgh

Butterworth (1997) – Charles E. Butterworth, „Averroes. Der Beitrag der arabischen Philosophie zur Aufklärung im Mittelalter", in: K. Flasch/U. R. Jeck, *Das Licht der Vernunft. Die Anfänge der Aufklärung im Mittelalter*, München, 28-35

Büttner (1998) – Friedemann Büttner, „Islamischer Fundamentalismus: Politisierter Traditionalismus oder revolutionärer Messianismus?", in: Bielefeldt/Heitmeyer (1998), 188-210

Cachia (1998) – Pierre Cachia, *The Arch Rhetorician or The Schemer's Skimmer. A Handbook of Late Arabic badīʿ*, Wiesbaden

Cantarino (1975) – Vicente Cantarino, *Arabic Poetics in the Golden Age*, Leiden

Capezzone (1998) – Leonardo Capezzone, *La trasmissione del sapere nell'Islam medievale*, Rom

Carter (1997) – Michael G. Carter, „Humanism and the Language Sciences in Medieval Islam", in: A. Afsaruddin/A. Zahniser (Hrsg.), *Humanism, Culture, and Language in the Near East* (FS Georg Krotkoff), Winona Lake, 27-38

Chamberlain (1994) – Michael Chamberlain, *Knowledge and social practice in medieval Damascus, 1190-1350*, Cambridge

Chartier (1988) – Roger Chartier, „Geistesgeschichte oder *histoire des mentalités*?", in: *Geschichte denken*, 11-44

Cheddadi (1991) – Abdesselam Cheddadi, „A l'aube de l'historiographie arabo-musulmane: La mémoire islamique", in: *Studia Islamica (SI)* 74, 29-41

Chew (1974) – Samuel C. Chew, *The Crescent and the Rose. Islam and England during the Renaissance*, New York

Concina (1994) – Ennio Concina, *Dell'Arabico. A Venezia tra Rinascimento e Oriente*, Venedig

Daniel (1975) – Norman Daniel, *The Cultural Barrier. Problems in the Exchange of Ideas*, Edinburgh

Danneberg/Vollhardt (1992) – Lutz Danneberg/Friedrich Vollhardt (Hrsg.), *Vom Umgang mit Literatur und Literaturgeschichte. Positionen und Perspektiven nach der »Theoriedebatte«*, Stuttgart

Dean (1994) – Mitchell Dean, *Critical and effective histories. Foucault's methods and historical sociology*, London-New York

Deleuze (1992) – Gilles Deleuze, *Foucault*, Frankfurt/M. (= *Foucault* 1986)

Diaz-Bone (1999) – Rainer Diaz-Bone, „Probleme und Strategien der Operationalisierung des Diskursmodells im Anschluss an Michel Foucault", in: Bublitz/Bührmann (1999), 119-35

Diem (1995) – Werner Diem, *Arabische Geschäftsbriefe des 10.–14. Jahrhunderts aus der Österreichischen Nationalbibliothek in Wien*, Wiesbaden (Documenta Arabica Antiqua 1)

Dilger (1977) – Konrad Dilger, „Orientalistik und Rechtswissenschaft – Zum Verhältnis der Islamkunde zu anderen Fachgebieten", in: Voigt (1977), xxiii-xxxix

Dilthey (1983) – Wilhelm Dilthey, *Texte zur Kritik der historischen Vernunft*, hrsg. von H.-U. Lessing, Göttingen

Dinzelbacher (1993) – Peter Dinzelbacher (Hrsg.), *Europäische Mentalitätsgeschichte. Hauptthemen in Einzeldarstellungen*, Stuttgart

Dorpmüller-Wosap (2000) – Sabine Dorpmüller-Wosap, *Kitāb al-Muġarrabāt (Das Buch der probaten Mittel) von Muḥammad b. Yūsuf as-Sanūsī (gest. 895/1490). Textkritische Analyse, Edition und Übersetzung*, Diss. Münster

Dreyfus/Rabinow (1987) – Hubert L. Dreyfus/Paul Rabinow, *Michel Foucault. Jenseits von Strukturalismus und Hermeneutik*, Frankfurt/M. (= *Beyond Structuralism and Hermeneutics* 1983[2])

Drijvers/MacDonald (1995) – Jan W. Drijvers/Alasdair A. MacDonald (Hrsg.), *Centres of Learning: Learning and Location in Pre-Modern Europe and the Near East*, Leiden

Droysen (1972) – Johann G. Droysen, *Texte zur Geschichtstheorie*, hrsg. von G. Birtsch und J. Rüsen, Göttingen

Duby (1988) – Georges Duby, *Histoire et mémoire*, Paris

Duerr (1985) – Hans Peter Duerr, *Ni Dieu – ni mètre. Anarchische Bemerkungen zur Bewußtseins- und Erkenntnistheorie*, Frankfurt/M.

Dux (1982) – Günter Dux, *Die Logik der Weltbilder. Sinnstrukturen im Wandel der Geschichte*, Frankfurt/M.

Dworschak (1998) – Helmut Dworschak, „Vertrautheit und Staunen. Zur Problematik interkulturellen Verstehens", in: Fröhlich/Mörth (1998a), 67-80

Eberle (1997) – Thomas S. Eberle, „Ethnomethodologische Konversationsanalyse", in: Hitzler/Honer (1997), 245-79

Eco (1993) – Umberto Eco, *Lector in fabula. La cooperazione narrativa nei testi narrativi*, Mailand (1979[1])

Eco (1995) – Ders., *Interpretazione e sovrainterpretazione*, hrsg. von S. Collini, Mailand (= *Interpretation and Overinterpretation* 1992)

Elias (1969) – Norbert Elias, *Über den Prozeß der Zivilisation. Soziogenetische und psychogenetische Untersuchungen*, 2 Bände, Bern (Nachdruck Frankfurt/M. 1976)

Elias (1983) – Ders., *Die höfische Gesellschaft. Untersuchungen zur Soziologie des Königtums und der höfischen Aristokratie*, Frankfurt/M.

Eliot (1919) – Thomas S. Eliot, "Tradition and the Individual Talent", in: Eliot (1964), 3-11
Eliot (1923) – Ders., "The Function of Criticism", in: Eliot (1964), 12-22
Eliot (1964) – Ders., *Selected Essays*. New Edition, New York
Elliott (1970) – J. C. Elliott, *The Old World and the New, 1492–1650*, Cambridge
Empirische Literaturwissenschaft in der Diskussion, hrsg. von A. Barsch, G. Rusch und R. Viehoff, Frankfurt/M. 1994
Endreß (1997) – Gerhard Endreß, *Der Islam. Eine Einführung in seine Geschichte*, München 1997³
Escovitz (1976) – J. H. Escovitz, "Vocational Patterns of the Scribes of the Mamlūk Chancery", in: *Arabica* 23, 42-62
Faber (1975) – Karl-Georg Faber, "Objektivität in der Geschichtswissenschaft?", in: Rüsen (1975a), 9-32
Fähndrich (1977) – Hartmut Fähndrich, "Sinnvolle Vergleiche? Al-Fārābīs Musterstaat und Th. Hobbes' Leviathan", in: Voigt (1977), 354-61
Fähndrich (1988) – Ders., "Orientalismus und *Orientalismus*. Überlegungen zu Edward Said, Michel Foucault und westlichen ‚Islamstudien'", in: *Die Welt des Islams (WI)* 28, 178-86
Fähndrich (1990) – Ders., "Der Begriff »adab« und sein literarischer Niederschlag", in: Heinrichs (1990a), 326-45
Fichtenau (1992) – Heinrich Fichtenau, *Lebensordnungen des 10. Jahrhunderts. Studien über Denkart und Existenz im einstigen Karolingerreich*, München
Finkielkraut (1987) – Alain Finkielkraut, *La défaite de la pensée*, Paris
Fischer/Retzer/Schweitzer (1992) – Hans R. Fischer/Arnold Retzer/Jochen Schweitzer (Hrsg.), *Das Ende der großen Entwürfe*, Frankfurt/M.
Fish (1995), Stanley, *Is There a Text in This Class? The Authority of Interpretive Communities*, Cambridge/Mass. (1980¹)
Fohrmann/Müller (1992) – Jürgen Fohrmann/Harro Müller (Hrsg.), *Diskurstheorien und Literaturwissenschaft*, Frankfurt/M. 1992³
Foucault (1972) – Michel Foucault, *Histoire de la folie à l'âge classique*, Paris
Foucault (1981) – Ders., *Archäologie des Wissens*, Frankfurt/M. (= *L'archéologie du savoir* 1969)
Foucault (1990) – Ders., *Die Ordnung der Dinge. Eine Archäologie der Humanwissenschaften*, Frankfurt/M. 1990⁶ (= *Les mots et les choses* 1966)
Frank (1983) – Manfred Frank, *Was ist Neostrukturalismus?*, Frankfurt/M.
Frank (1987) – Ders., "Zwei Jahrhunderte Rationalitäts-Kritik und ihre »post-moderne« Überwindung", in: D. Kamper/W. van Reijen, *Die unvollendete Vernunft: Moderne versus Postmoderne*, Frankfurt/M. 99-121
Frank (1992) – Ders., "Zum Diskursbegriff bei Foucault", in: Fohrmann/Müller (1992), 25-44
Fröhlich/Mörth (1998a) – Gerhard Fröhlich/Ingo Mörth (Hrsg.), *Symbolische Anthropologie der Moderne. Kulturanalysen nach Clifford Geertz*, Frankfurt/M.-New York
Fröhlich/Mörth (1998b) – Dies., "geertz@symbolische-anthropologie.mo-derne. Auf Spurensuche nach der ‚informellen Logik tatsächlichen Lebens'", in: Fröhlich/Mörth (1998a), 7-50
Frye (1973) – Northrop Frye, *Anatomy of Crticism. Four Essays*, Princeton 1973³
Frye (1974) – Richard N. Frye, *Neue Methodologie in der Iranistik*, Wiesbaden

Furet (1974) – François Furet, „Le quantitatif en histoire", in: J. Le Goff/P. Nora (Hrsg.), *Faire de l'histoire I: Nouveaux problems*, Paris, 69-93
Gadamer (1990) – Hans-Georg Gadamer, *Hermeneutik I: Wahrheit und Methode. Grundzüge einer philosophischen Hermeneutik*, Tübingen 1990[5]
Gadamer (1991) – Ders., „Hermeneutik als praktische Philosophie", in: Ders., *Vernunft im Zeitalter der Wissenschaft. Aufsätze*, Frankfurt/M. 1991[3], 78-109
Gadamer (1993) – Ders., *Hermeneutik II: Wahrheit und Methode. Ergänzungen, Register*, Tübingen 1993[2]
Gane (1986) – Mike Gane (Hrsg.), *Towards a Critique of Foucault*, London
Gardet (1977) – Louis Gardet, *Les hommes de l'Islam*, Paris (ND Brüssel 1984)
Geertz (1966) – Clifford Geertz, *Person, Time, and Conduct in Bali: An Essay in Cultural Analysis*, New Haven (auch in: Geertz 1973, 360-411)
Geertz (1973) – Ders., *The Interpretation of Cultures. Selected Essays*, New York (ND 1999)
Geertz (1988) – Ders., *Religiöse Entwicklungen im Islam. Beobachtet in Marokko und Indonesien*, Frankfurt/M. (= *Islam Observed. Religious Developments in Morocco and Indonesia* 1968)
Geertz (1993) – Ders., *Die künstlichen Wilden. Der Anthropologe als Schriftsteller*, Frankfurt/M. (= *Works and Lives. The Anthropologist as Author* 1988)
Gellner (1977) – Ernest Gellner, „Concepts and Society", in: B. Wilson (Hrsg.), *Rationality*, Oxford 1977[3], 18-49
Genette (1993) – Gérard Genette, *Palimpseste. Die Literatur auf zweiter Stufe*, Frankfurt/M. (= *Palimpsestes. La littérature au second degré* 1982)
Gerber (1998) – Haim Gerber, „Rigidity versus Openness in Late Classical Islamic Law: The Case of the Seventeenth-Century Palestinian Muftī Khayr al-Dīn al-Ramlī", in: *Islamic Law and Society (ILS)* 5, 165-95
Gerber (1999) – Ders., *Islamic Law and Culture, 1600-1840*, Leiden
Geschichte denken. Neubestimmungen und Perspektiven moderner europäischer Geistesgeschichte, hrsg. von D. LaCapra und S. L. Kaplan, Frankfurt/M. 1988 (= *Modern European Intellectual History* 1982)
Geschichtsdiskurs 1: Grundlagen und Methoden der Historiographiegeschichte, hrsg. von J. Rüsen, W. Küttler und E. Schulin, Frankfurt/M. 1993
Gewecke (1992) – Frauke Gewecke, *Wie die neue Welt in die alte kam*, München (1986[1])
Gilliot (1998) – Claude Gilliot, „Mythe et théologie: calame et intellect, prédestination et libre arbitre", in: *Arabica* 45, 151-92
Goertz (1998) – Hans-Jürgen Goertz (Hrsg.), *Geschichte. Ein Grundkurs*, Reinbek
Goitein (1961) – Shlomo D. Goitein, „The Mentality of the Middle Class in Medieval Islam", in: Ders., *Studies in Islamic History and Institutions*, Leiden 1968[2], 242-54
Goldstein (1994) – Jan Goldstein (Hrsg.), *Foucault and the Writing of History*, Oxford
Gombrich (1991) – Ernst H. Gombrich, *Die Krise der Kulturgeschichte. Gedanken zum Wertproblem in den Geisteswissenschaften*, München (= *Ideals and Idols* 1979)
Goodenough (1957) – Ward H. Goodenough, „Cultural Anthropology and Linguistics", in: P. L. Garvin, *Report of the 7th Annual Round Table Meeting on Linguistics and Language Studies*, Washington, 167-73
Greenblatt (1990) – Stephen Greenblatt, *Learning to Curse: Essays in Modern Culture*, London-New York

Greenblatt (1991) – Ders., *Marvelous Possessions. The Wonder of the New World*, Chicago
Grondin (1994) – Jean Grondin, *Der Sinn für Hermeneutik*, Darmstadt
Gronke (1982) – Monika Gronke, *Arabische und persische Privaturkunden des 12. und 13. Jahrhunderts aus Ardabil*, Berlin (Islamkundliche Untersuchungen 72)
Gronke (1990) – Dies., „Lebensangst und Wunderglaube. Zur Volksmentalität im Iran der Mongolenzeit", in: W. Diem/A. Falaturi (Hrsg.), *XXIV. Deutscher Orientalistentag: Ausgewählte Vorträge*, Stuttgart, 391-99
Grunebaum (1944) – Gustav E. von Grunebaum, „The Concept of Plagiarism in Arabic Theory", in: Ders., *Themes in Medieval Arabic Literature*, hrsg. von D. S. Wilson, London 1981, Kap. VI
Grunebaum (1956) – Ders., „Der Islam und das Problem kultureller Beeinflussung", in: Grunebaum (1969), 107-24
Grunebaum (1962) – Ders., „Analyse der islamischen Kultur und Kulturanthropologie", in: Grunebaum (1969), 145-80
Grunebaum (1966) – Ders., „Das Problem wechselnder Perspektiven", in: Grunebaum (1969), 48-69
Grunebaum (1969) – Ders., *Studien zum Kulturbild und Selbstverständnis des Islams*, Zürich-Stuttgart
Gumbrecht/Link-Heer (1985) – Hans U. Gumbrecht/Ursula Link-Heer (Hrsg.), *Epochenschwellen und Epochenstrukturen im Diskurs der Literatur- und Sprachhistorie*, Frankfurt/M.
Günthner/Knoblauch (1997) – Susanne Günthner/Hubert A. Knoblauch, „Gattungsanalyse", in: Hitzler/Honer (1997), 281-307
Gurjewitsch (1993) – Aaron J. Gurjewitsch, *Stimmen des Mittelalters, Fragen von heute. Mentalitäten im Dialog*, Frankfurt-New York (= *Lezioni romane. Antropologia e cultura medievale* 1991)
Gurjewitsch (1994) – Ders., *Das Individuum im europäischen Mittelalter*, München
Gutmann (1996) – Mathias Gutmann, „Präliminarien zu einer Geschichte der Philosophie in systematischer Absicht", in: Hartmann/Janich (1996a), 346-89
Gutting (1989) – Gary Gutting, *Michel Foucault's Archaeology of Scientific Reason*, Cambridge
Haarmann (1971) – Ulrich Haarmann, „Auflösung und Bewahrung der klassischen Formen arabischer Geschichtsschreibung in der Zeit der Mamluken", in: *ZDMG* 121, 46-60
Haarmann (1978) – Ders., „Islamic Duties in History", in: *Muslim World* 68, 1-24
Habermas (1963) – Jürgen Habermas, „Analytische Wissenschaftstheorie und Dialektik", in: *Positivismusstreit in der deutschen Soziologie*, 155-91
Habermas (1968) – Ders., „Erkenntnis und Interesse", in: Ders., *Technik und Wissenschaft als ›Ideologie‹*, Frankfurt/M., 146-68
Habermas (1991) – Ders., *Der philosophische Diskurs der Moderne*, Frankfurt/M. 1991[3]
Hacking (1986) – Ian Hacking, „The Archaeology of Foucault", in: Hoy (1986), 27-40
Hafez (1993) – Sabry Hafez, *The Genesis of Arabic Narrative Discourse. A Study in the Sociology of Modern Arabic Literature*, London
Hagen/Seidensticker (1998) – Gottfried Hagen/Tilman Seidensticker, „Reinhard Schulzes Hypothese einer islamischen Aufklärung. Kritik einer historiographischen Kritik", in: *ZDMG* 148, 83-110

Hahn (1994) – Alois Hahn, „Die soziale Konstruktion des Fremden", in: Sprondel (1994), 140-63
Halbwachs (1985) – Maurice Halbwachs, *Das Gedächtnis und seine sozialen Bedingungen*, Frankfurt/M. (= *Les cadres sociaux de la mémoire* 1925)
Hamilton (1996) – Paul Hamilton, *Historicism*, London-New York
Hampton (1996) – Timothy Hampton, „»Türkenhunde«: Rabelais, Erasmus und die Rhetorik der Alterität", in: A. Assmann (Hrsg.), *Texte und Lektüren. Perspektiven in der Literaturwissenschaft*, Frankfurt/M., 191-214
Hansen (2000) – Klaus P. Hansen, *Kultur und Kulturwissenschaft. Eine Einführung*, Tübingen-Basel (1995[1])
Harb (1977) – Paul Harb, „Die UNESCO und ihr Projekt über den "Dialog der Kulturen" (Reformbestrebungen der Orientalistik)", in: Voigt (1977), 449-51
Hardtwig (1990) – Wolfgang Hardtwig, *Geschichtskultur und Wissenschaft*, München
Harootunian (1988) – H. D. Harootunian, „Foucault, Genealogy, History. The Pursuit of Otherness", in: Arac (1988), 110-37
Harth (1994) – Dietrich Harth (Hrsg.), *Fiktion des Fremden. Erkundung kultureller Grenzen in Literatur und Publizistik*, Frankfurt/M.
Harth (1996) – Ders., „Die literarische als kulturelle Tätigkeit: Vorschläge zur Orientierung", in: Böhme/Scherpe (1996), 320-341
Hartmann (1996) – Dirk Hartmann, „Kulturalistische Handlungstheorie", in: Hartmann/Janich (1996a), 70-114
Hartmann/Janich (1996a) – Dirk Hartmann/Peter Janich, *Methodischer Kulturalismus. Zwischen Naturalismus und Postmoderne*, Frankfurt/M.
Hartmann/Janich (1996b) – Dies., „Methodischer Kulturalismus", in: Hartmann/Janich (1996a), 9-69
Heath (1989) – Peter Heath, „Creative Hermeneutics: A Comparative Analysis of Three Islamic Approaches", in: *Arabica* 36, 173-210
Hegel (1986) – Georg W. F. Hegel, *Vorlesungen über die Philosophie der Geschichte*, hrsg. von E. Moldenhauer und K. M. Michel, Frankfurt/M. (Werke 12)
Heidegger (1986) – Martin Heidegger, *Sein und Zeit*, Tübingen 1986[15] (1927[1])
Heinen (1982) – Anton M. Heinen, *Islamic Cosmology*, Beirut (BTS 27)
Heinrichs (1990a) – Wolfhart Heinrichs (Hrsg.), *Neues Handbuch der Literaturwissenschaft 5: Orientalisches Mittelalter*, Wiesbaden
Heinrichs (1990b) – Ders., „Einführung – Methodische Bemerkungen zur kulturübergreifenden Literaturwissenschaft", in: Heinrichs (1990a), 13-30
Heinrichs (1995) – Ders., „The Classification of the Sciences and the Consolidation of Philology in Classical Islam", in: Drijvers/MacDonald (1995), 119-39
Heinrichs (1998) – Ders., „Klassisch-arabische Theorien dichterischer Rede", in: Preissler/ Stein (1998), 199-208
Heller/Mosbahi (1998) – E. Heller/H. Mosbahi, *Islam, Demokratie, Moderne. Aktuelle Antworten arabischer Denker*, München
Henrich (1996) – Dieter Henrich, „Die Grundstruktur der modernen Philosophie", in: Hans Ebeling (Hrsg.), *Subjektivität und Selbsterhaltung. Beiträge zur Diagnose der Moderne*, Frankfurt/M., 97-143
Herder (1953) – Johann G. Herder, *Werke II: Geschichtsphilosophische Werke*, hrsg. von K.-G. Gerold, München-Wien
Himmelfarb (1995) – Gertrude Himmelfarb, „Postmodernist History", in: Dies., *On Looking into the Abyss*, New York, 131-61

Hitzler/Honer (1997) – Ronald Hitzler/Anne Honer (Hrsg.), *Sozialwissenschaftliche Hermeneutik. Eine Einführung*, Opladen
Hodgson (1974) – Marshall G. S. Hodgson, *The Venture of Islam. Conscience and Science in a World Civilization*, Band I, Chicago-London
Hodgson (1993) – Ders., *Rethinking World History. Essays on Europe, Islam, and World History*, hrsg. von E. Burke III, Cambridge
Hoffmeister (1987) – Gerhart Hoffmeister, *Deutsche und europäische Barockliteratur*, Stuttgart
Holenstein (1985) – Elmar Holenstein, *Menschliches Selbstverständnis. Ichbewußtsein – Intersubjektive Wahrnehmung – Interkulturelle Verständigung*, Frankfurt/M.
Homerin (1994) – Th. Emil Homerin, *From Arab Poet to Muslim Saint. Ibn al-Fāriḍ, His Verse, and His Shrine*, Columbia
Horkheimer/Adorno (1988) – Max Horkheimer/Theodor W. Adorno, *Dialektik der Aufklärung. Philosophische Fragmente*, Frankfurt/M. (1947[1])
Hourani (1994) – Albert Hourani, *Der Islam im europäischen Denken. Essays*, Frankfurt/M. (= *Islam in European Thought* 1991)
Hoy (1986) – David Couzens Hoy (Hrsg.), *Foucault: A Critical Reader*, Oxford
Huizinga (1941) – Johan Huizinga, *Herbst des Mittelalters. Studien über Lebens- und Geistesformen des 14. und 15. Jahrhunderts in Frankreich und in den Niederlanden*, hrsg. von K. Köster, Stuttgart 1965[9] (= *Herfsttij der Middeleeuwen* 1941)
Humphreys (1991) – R. Stephen Humphreys, *Islamic History. A Framework for Inquiry*, London-New York 1991[2]
Hurvitz (1997) – Nimrod Hurvitz, „Biographies and Mild Asceticism: A Study of Islamic Moral Imagination", in: *SI* 85, 41-65
Husserl (1910) – Edmund Husserl, „Philosophie als strenge Wissenschaft", in: *Logos* 1, 289-341
Husserl (1977) – Ders., *Grundprobleme der Phänomenologie 1901/11*, hrsg. von I. Kern, Den Haag
Husserl (1982) – Ders., *Die Krisis der europäischen Wissenschaften und die transzendentale Philosophie*, hrsg. von E. Ströker, Hamburg 1982[2]
Inalcik (1992) – Halil Inalcik, „Comments on "Sultanism": Max Weber's Typification of the Ottoman Polity", in: *Princeton Papers in Near Eastern Studies* 1, 49-72
Insoll (1999) – Timothy Insoll, *The Archaeology of Islam*, Oxford
Iser (1993) – Wolfgang Iser, *Das Perspektive und das Imaginäre. Perspektiven literarischer Anthropologie*, Frankfurt/M. (1991[1])
Der Islam. Eine Einführung durch Experten, hrsg. von Ch. Burgmer, Frankfurt/M. 1998
Jaeger (1916) – Werner Jaeger, „Philologie und Historie", in: Oppermann (1970), 1-17
Jaeger (1998) – Friedrich Jaeger, „Geschichtstheorie", in: Goertz (1998), 724-56
Jamme (1997) – Christoph Jamme (Hrsg.), *Grundlinien der Vernunftkritik*, Frankfurt
Jamme/Pöggeler (1989) – Christoph Jamme/Otto Pöggeler (Hrsg.), *Phänomenologie im Widerstreit. Zum 50. Todestag Edmund Husserls*, Frankfurt/M.
Japp (1992) – Uwe Japp, „Der Ort des Autors in der Ordnung des Diskurses", in: Fohrmann/Müller (1992), 223-34
Jauß (1970) – Hans R. Jauß, *Literaturgeschichte als Provokation*, Frankfurt/M.
Jung (1999) – Thomas Jung, *Geschichte der modernen Kulturtheorie*, Darmstadt
Kallweit (1988) – Hilmar Kallweit, „Archäologie des historischen Wissens. Zur Geschichtsschreibung Michel Foucaults", in: Meier/Rüsen (1988), 267-99

Kammler (1986) – Clemens Kammler, *Michel Foucault. Eine kritische Analyse seines Werks*, Bonn
Kee (1982) – Howard C. Kee, *Das frühe Christentum in soziologischer Sicht. Methoden und Anstöße*, Göttingen (= *Christian Origins in Sociological Perspective* 1980)
Keller (1997) – Reiner Keller, „Diskursanalyse", in: Hitzler/Honer (1997), 309-33
Kerr (1980) – Malcolm H. Kerr (Hrsg.), *Islamic Studies: A Tradition and its Problems*, Malibu
Kiesant (1993) – Knut Kiesant, „Die Wiederentdeckung der Barockliteratur. Leistungen und Grenzen der Barockbegeisterung der zwanziger Jahre", in: Ch. König/E. Lämmert (Hrsg.), *Literaturwissenschaft und Geistesgeschichte 1910 bis 1925*, Frankfurt/M., 77-91
Kilpatrick (1995) – Hilary Kilpatrick, „Some Late ʿAbbāsid and Mamlūk Books about Women: A Literary Historical Approach", in: *Arabica* 42, 56-78
Kinberg (1996) – N. Kinberg, *A Lexicon of Fārābī's Terminology*, Leiden
Knusch (1991) – Martin Knusch, *Foucault's Strata and Fields. An Investigation into Archaeological and Genealogical Science Studies*, Dordrecht-Boston
Knysh (1999) – Alexander D. Knysh, *Ibn ʿArabi in the Later Islamic Tradition. The Making of a Polemical Image in Medieval Islam*, Albany
Kohl (1993) – Karl-Heinz Kohl, *Ethnologie – die Wissenschaft vom kulturell Fremden. Eine Einführung*, München
Köpping (1996) – Klaus-Peter Köpping, „Die Ethnologie als Gedächtnis »geschichtsloser« Völker. Kultur und Leben bei Nietzsche im Lichte der Postmoderne", in: Borchmeyer (1996), 108-145
Koren/Nevo (1991) – J. Koren/Y.D. Nevo, „Methodological Approaches to Islamic Studies", in: *Der Islam* 68, 87-107
Kraemer (1959) – Jörg Kraemer, *Das Problem der islamischen Kulturgeschichte*, Tübingen
Kraemer (1986) – Joel L. Kraemer, *Humanism in the Renaissance of Islam. The Cultural Revival During the Buyid Age*, Leiden
Kristeva (1990) – Julia Kristeva, *Fremde sind wir uns selbst*, Frankfurt/M. (= *Étrangers à nous-mêmes* 1988)
Kuper (1999) – Adam Kuper, *'Culture'. The Anthropologists' Account*, Cambridge (Mass.)
LaCapra (1988) – Dominick LaCapra, „Geistesgeschichte und Interpretation", in: *Geschichte denken*, 45-86
Lanczkowski (1992) – Günter Lanczkowski, *Einführung in die Religionsphänomenologie*, Darmstadt 1992^3
Lanigan (1992) – Richard L. Lanigan, *The Human Science of Communicology. A Phenomenology of Discourse in Foucault and Merleau-Ponty*, Pittsburgh
Lazarus-Yafeh (1984) – Hava Lazarus-Yafeh, „Some Differences between Judaism and Islam as Two Religions of Law", in: *Religion* 14, 175-91
Leach (1978) – Edmund Leach, *Kultur und Kommunikation. Zur Logik symbolischer Zusammenhänge*, Frankfurt/M. (= *Culture and communication. The logic by which symbols are connected* 1976)
Lenk (1986) – Hans Lenk, *Zwischen Wissenschaftstheorie und Sozialwissenschaft*, Frankfurt/M.
Lenk (1993) – Ders., *Philosophie und Interpretation. Vorlesungen zur Entwicklung konstruktionistischer Interpretationsansätze*, Frankfurt/M.

Lenk (1997) – Ders., „Interpretationen und Imprägnationen", in: Josef Simon (Hrsg.), *Orientierung in Zeichen. Zeichen und Interpretation II*, Frankfurt/M., 19-40
Lévi-Strauss (1973) – Claude Lévi-Strauss, *Das wilde Denken*, Frankfurt/M. (= *La pensée sauvage* 1962)
Lévi-Strauss (1980) – Ders., *Mythos und Bedeutung. Fünf Radiovorträge. Gespräche*, hrsg. von A. Reif, Frankfurt/M.
Lilla (1993) – Mark Lilla, *G. B. Vico. The Making of an Anti-Modern*, New York
Link (1983) – Jürgen Link, *Elementare Literatur und generative Diskursanalyse*, München
Link (1988) – Ders., „Literaturanalyse als Interdiskursanalyse. Am Beispiel des Ursprungs literarischer Symbolik in der Kollektivsymbolik", in: Fohrmann/Müller (1988), 284-307
Link (1999) – Ders., „Diskursive Ereignisse, Diskurse, Interdiskurse: Sieben Thesen zur Operativität der Diskursanalyse, am Beispiel des Normalismus", in: Bublitz/ Bührmann (1999), 148-61
Link-Heer (1997) – Ursula Link-Heer, „»Barbarus hic ego sum«. Figuren des Anderen bei Rousseau", in: Jamme (1997), 33-54
Lübbe (1996) – Hermann Lübbe, "Geschichtsinteresse. Über die wachsende Aufdringlichkeit der Vergangenheit in der modernen Kultur", in: Borchmeyer (1996), 15-27
Lüdtke (1998) – Alf Lüdtke, „Alltagsgeschichte, Mikro-Historie, historische Anthropologie", in: Goertz (1998), 557-78
Luhmann (1982) – Niklas Luhmann, *Funktion der Religion*, Frankfurt/M.
Luhmann (1991) – Ders., *Zweckbegriff und Systemrationalität. Über die Funktion von Zwecken in sozialen Systemen*, Frankfurt/M. 1991^5
Luhmann (1992) – Ders., *Die Wissenschaft der Gesellschaft*, Frankfurt/M.
Luhmann (1993) – Ders., „Die Ausdifferenzierung der Religion", in: Ders., *Gesellschaftsstruktur und Semantik. Studien zur Wissenssoziologie der modernen Gesellschaft*, Band 3, Frankfurt/M., 259-357
Luhmann (1994) – Ders., „Inklusion und Exklusion", in: Berding, Helmut (Hrsg.), *Nationales Bewußtsein und kollektive Identität. Studien zur Entwicklung des kollektiven Bewußtseins der Neuzeit 2*, Frankfurt/M., 15-45
Luhmann (1995) – Ders., *Liebe als Passion. Zur Codierung von Intimität*, Frankfurt/ Main 1995^2
Luhmann (1997) – Ders., *Die Gesellschaft der Gesellschaft*, Band I, Frankfurt/M.
Major-Poetzl (1983) – Pamela Major-Poetzl, *Michel Foucault's Archæology of Western Culture. Toward a New Science of History*, Chapel Hill
Makdisi (1990) – George Makdisi, *The Rise of Humanism in Classical Islam and the Christian West. With Special Reference to Scholasticism*, Edinburgh
Malinowksi (1961) – Bronislaw Malinowski, *The Dynamics of Cultural Change. An Inquiry into Race Relations in Africa*, hrsg. von P. M. Kaberry, New Haven
Marquard (1979) – Odo Marquard, „Lob des Polytheismus. Über Monomythie und Polymythie", in: Marquard (1981b), 91-116
Marquard (1981a) – Ders., „Frage nach der Frage, auf die die Hermeneutik die Antwort ist", in: Marquard (1981b), 117-46
Marquard (1981b) – Ders., *Abschied vom Prinzipiellen. Philosophische Studien*, Stuttgart 1981
Marquard (1982a) – Ders., *Schwierigkeiten mit der Geschichtsphilosophie. Aufsätze*, Frankfurt/M. (1973^1)

Marquard (1982b) – Ders., „Universalgeschichte und Multiversalgeschichte", in: Marquard (1986), 54-75

Marquard (1986) – Ders., *Apologie des Zufälligen. Philosophische Studien*, Stuttgart

Marrou (1962) – Henri-Irénée Marrou, *La conoscenza storica*, Bologna (= *De la connaissance historique* 1954)

Marzolph (1998) – Ulrich Marzolph, „Islamische Kultur als Gedächtniskultur. Fachspezifische Überlegungen anhand des Fallbeispiels Iran", in: *Der Islam* 75, 296-317

Matar (1999) – Nabil Matar, *Turks, Moors, and Englishmen in the Age of Discovery*, New York

Matejovski (1996) – Dirk Matejovski, *Das Motiv des Wahnsinns in der mittelalterlichen Dichtung*, Frankfurt/M.

Meier/Rüsen (1988) – Christian Meier/Jörn Rüsen (Hrsg.), *Historische Methode*, München (Theorie der Geschichte: Beiträge zur Historik 5)

Meisami (1999) – Julie Scott Meisami, *Persian Historiography to the End of the Twelfth Century*, Edinburgh

Meran (1988) – J. Meran, „Historische Methode oder Methoden in der Historie? Eine Frage im Lichte der Methodologiegeschichte", in: Meier/Rüsen (1988), 114-29

Merleau-Ponty (1974) – Maurice Merleau-Ponty, *Die Abenteuer der Dialektik*, Frankfurt/M. (= *Les aventures de la dialectique* 1955)

Meyer (1989) – Thomas Meyer (Hrsg.), *Fundamentalismus in der modernen Welt. Die Internationale der Unvernunft*, Frankfurt/M.

Meyer-Drawe (1997) – Käte Meyer-Drawe, „Merleau-Pontys Öffnung der Vernunft", in: Jamme (1997), 493-507

Mez (1922) – Adam Mez, *Die Renaissance des Islâms*, Heidelberg

Mommsen (1988) – Wolfgang Mommsen, „Wandlungen im Bedeutungsgehalt der Kategorie des »Verstehens«", in: Meier/Rüsen (1988), 200-26

Mongin (1998) – Olivier Mongin, *Paul Ricœur*, Paris

Montgomery (1998) – James E. Montgomery, „Abū Nuwās the Alcoholic", in: U. Vermeulen/D. De Smet (Hrsg.), *Philosophy and the Arts in the Islamic World*, Löwen (Orientalia Lovaniensia Analecta 87), 15-26

Motzki (1996) – Harald Motzki, „*Quo vadis Ḥadīṯ*-Foschung? Eine kritische Untersuchung von G.H.A. Juynboll: „Nāfiʿ the *mawlā* of Ibn ʿUmar, and his position in Muslim Ḥadīth Literature", in: *Der Islam* 73, 40-80 und 193-231

Motzki (1998) – Ders., „The Prophet and the Cat: On Dating Mālik's *Muwaṭṭaʾ* and Legal Traditions", in: *Jerusalem Studies in Arabic and Islam (JSAI)* 22, 18-83

Mounce (1973) – H. O. Mounce, „Understanding a Primitive Society", in: *Philosophy* 48, 347-62

Müller (1992) – Harro Müller, „Einige Notizen zu Diskurstheorie und Werkbegriff", in: Fohrmann/Müller (1992), 235-43

Nagel (1994) – Tilman Nagel, *Geschichte der islamischen Theologie. Von Mohammed bis zur Gegenwart*, München

Nagel (1998a) – Ders., *Die islamische Welt bis 1500*, München (Oldenbourg Grundriß der Geschichte 24)

Nagel (1998b) – Ders., „Die Ebenbürtigkeit des Fremden – Über die Aufgaben arabistischer Lehre und Forschung in der Gegenwart", in: *ZDMG* 148, 367-78

Neisser (1960) – H. P. Neisser, „The Phenomenological Approach in Social Science", in: *Philosophy and Phenomenological Research* 20, 198-212

Nelson (1986) – Benjamin Nelson, *Der Ursprung der Moderne. Vergleichende Studien zum Zivilisationsprozeß*, Frankfurt/M.
Neusner (1980) – Jacob Neusner, *Form-Analysis and Exegesis: A Fresh Approach to the Interpretation of Mishnah*, Minneapolis
Neusner/Sonn (1999) – Jacob Neusner/Tamara Sonn, *Comparing Religions Through Law. Judaism and Islam*, London-New York
Nietzsche (1988) – Friedrich Nietzsche, *Sämtliche Werke*, hrsg. von G. Colli und M. Montinari, 15 Bände (KSA), München-New York 1988[2]
Nünning (1998) – Ansgar Nünning (Hrsg.), *Metzler Lexikon Literatur- und Kulturtheorie*, Stuttgart-Weimar
Oesterdiekhoff (1997) – Georg W. Oesterdiekhoff, *Kulturelle Bedingungen kognitiver Entwicklung. Der strukturgenetische Ansatz in der Soziologie*, Frankfurt/M.
Oppermann (1970) – Hans Oppermann (Hrsg.), *Humanismus*, Darmstadt (Wege der Forschung XVII)
Ort (1994) – Claus-Michael Ort, „Texttheorie – Textempirie – Textanalyse. Zum Verhältnis von Hermeneutik, Empirischer Literaturwissenschaft und Literaturgeschichte", in: *Empirische Literaturwissenschaft in der Diskussion*, 104-122
Orth (1989) – Ernst W. Orth, „Einheit und Vielfalt der Kulturen in der Sicht Edmund Husserls und Ernst Cassirers", in: Jamme/Pöggeler (1989), 332-51
Paret (1979) – Rudi Paret, „Innerislamischer Pluralismus", in: U. Haarmann/P. Bachmann (Hrsg.), *Die islamische Welt zwischen Mittelalter und Neuzeit* (FS Hans R. Roemer), Beirut, 523-29
Pasternack (1992) – Gerhard Pasternack, „Zur Rationalität der Interpretation", in: Danneberg/Vollhardt (1992), 149-68
Pasternack (1994) – Gerhard Pasternack, „Empirische Literaturwissenschaft und ihre wissenschaftsphilosophischen Voraussetzungen", in: *Empirische Literaturwissenschaft in der Diskussion* (1994), 55-81
Payne (1997) – Michael Payne, *Reading Knowledge. An Introduction to Barthes, Foucault and Althusser*, Oxford
Petry (1981) – Carl F. Petry, *The Civilian Elite of Cairo in the Later Middle Ages*, Princeton
Peytard (1995) – Jean Peytard, *Mikhail Bakhtine. Dialogisme et analyse du discours*, Paris
Philp (1990) – Mark Philp, „Michel Foucault", in: Skinner (1990), 65-81
Porter (1997) – Stanley C. Porter (Hrsg.), *Handbook to Exegesis of the New Testament*, Leiden (New Testament Tools and Studies XXV)
Der Positivismusstreit in der deutschen Soziologie, München 1993 (1969[1])
Prado (1995) – C. G. Prado, *Starting with Foucault. An Introduction to Genealogy*, Boulder
Preissler/Stein (1998) – Holger Preissler/Heidi Stein (Hrsg.), *Annäherung an das Fremde (XXVI. Deutscher Orientalistentag Leipzig 1995, Vorträge)*, Stuttgart
Prim/Tilmann (1989) – Rolf Prim/Heribert Tilmann, *Grundlagen einer kritisch-rationalen Sozialwissenschaft. Studienbuch zur Wissenschaftstheorie*, Wiesbaden 1989[6]
Putnam (1981) – Hilary Putnam, *Reason, Truth and History*, Cambridge
Putnam (1983) – Ders., *Realism and Reason*, Cambridge (Philosophical Papers 3)
Radtke (1992) – Bernd Radtke, *Weltgeschichte und Weltbeschreibung im mittelalterlichen Islam*, Beirut (BTS 51)
Raulff (1987) – Ulrich Raulff (Hrsg.), *Mentalitäten-Geschichte*, Berlin

Reichertz (1997) – Jo Reichertz, „Objektive Hermeneutik", in: Hitzler/Honer (1997), 31-55
Reimann (1974) – Horst Reimann, *Kommunikations-Systeme. Umrisse einer Soziologie der Vermittlungs- und Mitteilungsprozesse*, Tübingen 1974[2]
Ricœur (1966), – Paul Ricœur, *Histoire et vérité*, Paris (1955[1], 1966[3])
Ricœur (1969) – Ders., *Le conflit des interprétations. Essais d'herméneutique*, Paris
Ricœur (1974) –Ders., *Die Interpretation. Ein Versuch über Freud*, Frankfurt/M. (= *De l'interprétation. Essai sur Freud* 1965)
Ricœur (1986) – Ders., *Du texte à l'action. Essais d'herméneutique II*, Paris
Ricœur (1991) – Ders., *Temps et récit*, 3 Bände, Paris (1983-85[1])
Riedel (1978) – Manfred Riedel, *Erklären oder Verstehen? Zur Theorie und Geschichte der hermeneutischen Wissenschaften*, Stuttgart
Riedel (1989) – Ders., „Die Urstiftung der phänomenologischen Hermeneutik. Heideggers frühe Auseinandersetzung mit Husserl", in: Jamme/Pöggeler (1989), 215-33
Rodinson (1983) – Maxime Rodinson, „Orientalisme et ethnocentrisme", in: Steppat (1983), 77-86
Rodinson (1991) – Ders., *Die Faszination des Islam*, München 1991[2] (= *La fascination de l'Islam* 1980)
Roemer (1988) – Hans R. Roemer, „Spezialisierung, Integration und Innovation in der deutschen Orientalistik", in: *WI* 28, 475-95
Rohbeck (2000) – Johannes Rohbeck, *Technik – Kultur – Geschichte. Eine Rehabilitierung der Geschichtsphilosophie*, Frankfurt/M.
Rorty (1986) – Richard Rorty, „Foucault and Epistemology", in: Hoy (1986), 41-9
Rorty (1987) – Ders., *Der Spiegel der Natur: Eine Kritik der Philosophie*, Frankfurt/Main (= *Philosophy and the Mirror of Nature* 1979)
Rosenthal (1983a) – Franz Rosenthal, *"Sweeter than Hope". Complaint and Hope in Medieval Islam*, Leiden
Rosenthal (1983b) – Ders., „Die Krise der Orientalistik", in: Steppat (1983), 10-21
Rosenthal (1994) – Ders., „Muslim Social Values and Literary Criticism. Reflections on the Ḥadīth of Umm Zarʿ", in: *Oriens* 34, 31-56
Rothe (1988) – Arnold Rothe, „Kulturwissenschaften und kulturelles Gedächtnis", in: Assmann/Hölscher (1988), 265-90
Rotter (1993) – Gernot Rotter (Hrsg.), *Die Welten des Islam. Neunundzwanzig Vorschläge, das Unvertraute zu verstehen*, Frankfurt/M.
Rotter (1996) – Ders., „Islam versus Westen – historische Realität und ideologischer Reflex", in: K. J. Bade (Hrsg.), *Die multikulturelle Herausforderung. Menschen über Grenzen – Grenzen über Menschen*, München, 67-83
Rotter (1998) – Ders., „Das Islambild im Westen und das islamische Bild vom Westen", in: *Der Islam. Eine Einführung*, 97-110
Royster (1970) – James E. Royster, *The Meaning of Muḥammad for Muslims. A Phenomenological Study of Recurrent Images of the Prophet*, Diss. Hartford
Rusch (1987) – Gebhard Rusch, *Erkenntnis –Wissenschaft –Geschichte. Von einem konstruktivistischen Standpunkt*, Frankfurt/M.
Rüsen (1975a) – Jörn Rüsen (Hrsg.), *Historische Objektivität. Aufsätze zur Geschichtstheorie*, Göttingen
Rüsen (1975b) – Ders., „Werturteilsstreit und Erkenntnisfortschritt. Skizzen zur Typologie des Objektivitätsproblems", in: Rüsen (1975a), 68-101

Rüsen (1983) – Ders., „Die Kraft der Erinnerung im Wandel der Kultur, Zur Innovations- und Erneuerungsfunktion der Geschichtsschreibung", in: B. Cerquiglini/H. U. Gumbrecht (Hrsg.), *Der Diskurs der Literatur- und Sprachhistorie. Wissenschaftsgeschichte als Innovationsvorgabe*, Frankfurt/M., 29-46

Rüsen (1986) – Ders., „Vernunftpotentiale der Geschichtskultur" (1988), in: *Die Zukunft der Aufklärung*, hrsg. von J. Rüsen, E. Lämmert und P. Glotz, Frankfurt/M.

Rüsen (1988) – Ders., „Historische Methode", in: Meier/Rüsen (1988), 62-80

Rüsen (1990) – Ders., „Der Teil des Ganzen. Über historische Kategorien", in: Acham/Schulze (1990), 299-322

Rüsen (1994) – Ders., „Historische Methode und religiöser Sinn – Vorüberlegungen zu einer Dialektik der Rationalisierung des historischen Denkens in der Moderne", in: *Geschichtsdiskurs 2: Anfänge modernen historischen Denkens*, hrsg. von J. Rüsen, W. Küttler und E. Schulin, Frankfurt/M., 344-77

Rüsen (1998a) – Ders., „Für eine interkulturelle Kommunikation in der Geschichte. Die Herausforderungen des Ethnozentrismus in der Moderne und die Antwort der Kulturwissenschaften", in: *Vielfalt der Kulturen*, 12-36

Rüsen (1998b) – Ders., „Theoretische Zugänge zum interkulturellen Vergleich historischen Denkens", in: *Vielfalt der Kulturen*, 37-73

Said (1978) – Edward E. Said, *Orientalism*, London-New York

Said (1988) – Ders., „Michel Foucault, 1926-1984", in: Arac (1988), 1-11

Said (1995) – Ders., „East isn't East. The impending end of the age of orientalism", in: *Times Literary Supplement (TLS)* 4792, 3-6

Sandkühler (1991) – Hans J. Sandkühler, *Die Wirklichkeit des Wissens. Geschichtliche Einführung in die Epistemologie und Theorie der Erkenntnis*, Frankfurt/M.

Schäfer (1995) – Thomas Schäfer, *Reflektierte Vernunft. Michel Foucaults philosophisches Projekt einer antitotalitären Macht- und Wahrheitskritik*, Frankfurt/M.

Schaff (1975) – Adam Schaff, „Der Streit um die Objektivität der historischen Erkenntnis", in: Rüsen (1975a), 33-47

Schiller (1789) – Friedrich Schiller, „Was heißt und zu welchem Ende studiert man Universalgeschichte?", in: *Gesammelte Werke III*, hrsg. von R. Netolitzky, Gütersloh (o. J.), 71-88

Schimmel (1985) – Annemarie Schimmel, *And Muhammad is His Messenger. The Veneration of the Prophet in Islamic Piety*, Chapel Hill

Schimmel (1994) – Dies., *Deciphering the Signs of God. A Phenomenological Approach to Islam*, Edinburgh

Schlesier (1996) – Renate Schlesier, „Das Staunen ist der Anfang der Anthropologie", in: Böhme/Scherpe (1996), 47-59

Schluchter (1987) – Wolfgang Schluchter (Hrsg.), *Max Webers Sicht des Islams. Interpretationen und Kritik*, Frankfurt/M.

Schmidt (1991) – Siegfried J. Schmidt, *Grundriß der Empirischen Literaturwissenschaft*, Frankfurt/M.

Schmidt (1992a) – Ders., „Diskurs und Literatursystem. Konstruktivistische Alternativen zu diskurstheoretischen Alternativen", in: Fohrmann/Müller (1992), 134-153

Schmidt (1992b) – Ders., „Vom Text zum Literatursystem. Skizze einer konstruktivistischen (empirischen) Literaturwissenschaft", in: *Einführung in den Konstruktivismus*, München-Zürich (1985[1])

Schmidt (1998) – Ders., *Die Zähmung des Blicks. Konstruktivismus – Empirie – Wissenschaft*, Frankfurt/M.

Schneider (1993) – Irene Schneider, „Die Merkmale der idealtypischen qāḍī-Justiz – Kritische Anmerkungen zu Max Webers Kategorisierung der islamischen Rechtsprechung", in: *Der Islam* 70, 145-59
Schoeler (1975) – Gregor Schoeler, *Einige Grundprobleme der autochthonen und der aristotelischen arabischen Literaturtheorie*, Wiesbaden
Schoeler (1978) – Ders., Arabistische Literaturwissenschaft und Textkritik", in: *Der Islam* 55, 327-39
Schoeler (1996) – Ders., „Der Fremde im Islam", in: M. Schuster (Hrsg.), *Die Begegnung mit dem Fremden. Wertungen und Wirkungen in Hochkulturen vom Altertum bis zur Gegenwart*, Stuttgart-Leipzig, 117-30
Schöller (1998) – Marco Schöller, *Exegetisches Denken und Prophetenbiographie. Eine quellenkritische Analyse der Sīra-Überlieferung zu Muḥammads Konflikt mit den Juden*, Wiesbaden (Diskurse der Arabistik 3)
Schöllgen (1998) – Gregor Schöllgen, *Max Weber*, München
Schöttler (1992) – Peter Schöttler, „Sozialgeschichtliches Paradigma und historische Diskursanalyse", in: Fohrmann/Müller (1992), 159-99
Schrage (1999) – Dominik Schrage, „Was ist ein Diskurs? Zu Michel Foucaults Versprechen,»mehr« ans Licht zu bringen", in: Bublitz/Bührmann (1999), 63-74
Schröer (1997) – Norbert Schröer, „Wissenssoziologische Hermeneutik", in: Hitzler/Honer (1997), 109-29
Schrott (1997) – Raoul Schrott, *Die Erfindung der Poesie*, Frankfurt/M.
Schrott (1999) – Ders., „Die Poesie ist älter als der Acker. Der Dadaismus des Korans und die Anagramme der Troubadours: Die ästhetischen Grundlagen der Religion", in: *Frankfurter Allgemeine Zeitung* Nr. 304 (30. Dezember 1999), 46
Schulz-Buschhaus (1985) – Ulrich Schulz-Buschhaus, „Gattungsmischung - Gattungskombination - Gattungsnivellierung. *Überlegungen zum Gebrauch des literarhistorischen Epochenbegriffs »Barock«*", in: Gumbrecht/Link-Heer (1985), 213-33
Schulze (1998) – Reinhard Schulze, „Die islamische Moderne", in: *Der Islam. Eine Einführung*, 7-23
Schweizer (1993) – Thomas Schweizer/M. Schweizer/W. Kokot (Hrsg.), *Handbuch der Ethnologie*, Berlin
Schwemmer (1987) – Oswald Schwemmer, *Handlung und Struktur. Zur Wissenschaftstheorie der Kulturwissenschaften*, Frankfurt/M.
Simm (1988) – Hans Joachim Simm (Hrsg.), *Literarische Klassik*, Frankfurt/M.
Simmel (1987) – Georg Simmel, „Der Fremde", in: Ders., *Das individuelle Gesetz. Philosophische Exkurse*, hrsg. von M. Landmann, Frankfurt/M., 63-70
Simson (1997) – Uwe Simson, „Samuel P. Huntington, der Islam und wir", in: *Orient* 38, 517-34
Skinner (1990) – Quentin Skinner (Hrsg.), *The Return of Grand Theory in the Human Sciences*, Cambridge (1985[1])
Sprondel (1994) – Walter M. Sprondel (Hrsg.), *Die Objektivität der Ordnungen und ihre kommunikative Konstruktion. Für Thomas Luckmann*, Frankfurt/M.
Stauth (1993) – Georg Stauth, *Islam und westlicher Rationalismus. Der Beitrag des Orientalismus zur Entstehung der Soziologie*, Frankfurt/M.-New York
Steppat (1983) – Fritz Steppat (Hrsg.), *XXI. Deutscher Orientalistentag. Vorträge*, Wiesbaden (ZDMG Supplement V)
Stetkevych (1975) – „The Arabic Lyrical Phenomenon in Context", in: *Journal of Arabic Literature (JAL)* 6, 57-77

Stetkevych (1989) – Jaroslav Stetkevych, „Arabic Hermeneutical Terminology: Paradox and the Production of Meaning", in: *Journal of Near Eastern Studies (JNES)* 48, 81-96

Ströker (1990) – Elisabeth Ströker, „Über die mehrfache Bedeutung der Rede von Ganzen und Teilen. Bemerkungen zum sogenannten hermeneutischen Zirkel", in: Acham/Schulze (1990), 278-298

Talmon (1997) – Rafael Talmon, *Arabic Grammar in its Formative Age*, Leiden

Tessitore (1998) – Fulvio Tessitore, *Lo storicismo*, Bari

Tibi (1992) – Bassam Tibi, *Islamischer Fundamentalismus, moderne Wissenschaft und Technologie*, Frankfurt/M.

Tibi (1996) – Ders., *Der wahre Imam. Der Islam von Mohammed bis zur Gegenwart*, München-Zürich

Todorov (1989) – Tzvetan Todorov, *Nous et les autres. La réflexion française sur la diversité humaine*, Paris

Todorov (1992) – Ders., *La conquista dell'America. Il problema dell'altro*, Turin (= *La conquête de Amerique* 1982)

Trabant (1994) – Jürgen Trabant, *Neue Wissenschaft von alten Zeichen: Vicos Sematologie*, Frankfurt/M.

Trabant (1998) – Ders., *Artikulationen. Historische Anthropologie der Sprache*, Frankfurt/M.

Trigg (1985) – Roger Trigg, *Understanding Social Science. A Philosophical Introduction to the Social Sciences*, Oxford

Urvoy (1978) – Dominique Urvoy, *Le monde des ulémas andalous du V/XIe au VII/XIIIe siècle. Étude sociologique*, Genf

Valéry (1996) – Paul Valéry, *Tel quel*, Paris (1910^1 und 1941/43^1)

van Ess (1980) – Josef van Ess, „From Wellhausen to Becker: The Emergence of *Kulturgeschichte* in Islamic Studies", in: Kerr (1980), 27-51

van Gelder (1995) – Geert J. van Gelder, „Arabic Didactic Verse", in: Drijvers/MacDonald (1995), 103-17

van Nieuwenhuijze (1993) – C.A.O. van Nieuwenhuijze, „Religion versus Science in Islam: A Past and Future Question", in: *WI* 33, 276-88

Vansina (1985) – Jan Vansina, *Oral Tradition as History*, London

Vattimo (1997) – Gianni Vattimo, *Jenseits der Interpretation. Die Bedeutung der Hermeneutik für die Philosophie*, Frankfurt-New York (= *Oltre l'interpretazione. Il significato dell'ermeneutica per la filosofia* 1994)

Ventola (1991) – Eija Ventola (Hrsg.), *Approaches to the Analysis of Literary Discourse*, Åbo

Vernoit (1997) – Stephen Vernoit, "The Rise of Islamic Archaeology", in: *Muqarnas. An Annual on the Visual Culture of the Islamic World* 14, 1-10

Veyne (1992) – Paul Veyne, *Foucault: Die Revolutionierung der Geschichte*, Frankfurt/M. (= *Foucault révolutionne l'histoire* 1978)

Die Vielfalt der Kulturen. Erinnerung, Geschichte, Identität 4, hrsg. von J. Rüsen, M. Gottlob und A. Mittag, Frankfurt/M. 1998

Vico (1974) – Giambattista Vico, *Opere giuridiche. Il diritto universale*, hrsg. von P. Cristofolini, Florenz

Vico (1990) – Ders., *Opere*, hrsg. von A. Battistini, 2 Bände, Mailand

Viola/Zaccaria (1999) – Francesco Viola/Giuseppe Zaccaria, *Diritto e interpretazione. Lineamenti di teoria ermeneutica del diritto*, Bari

Vogl (1997) – Joseph Vogl, „Der historische Kreis: Michel Foucault", in: Jamme (1997), 550-68
Voigt (1977) – Wolfgang Voigt (Hrsg.), *XIX. Deutscher Orientalistentag. Vorträge*, 2 Bände, Wiesbaden (*ZDMG* Supplement III, 1-2)
Vossler (1983) – Otto Vossler, *Geschichte als Sinn*, Frankfurt/M.
Waardenburg (1962) – Jean-Jacques Waardenburg, *L'Islam dans le miroir de l'occident*, Paris-Den Haag
Waardenburg (1974) – Jacques Waardenburg, „Islam studied as a symbol and signification system", in: *Humaniora Islamica* 2, 267-85
Waardenburg (1983) – Ders., „Islamforschung aus religionswissenschaftlicher Sicht", in: Steppat (1983), 197-211
Waardenburg (1986) – Ders., *Religionen und Religion. Systematische Einführung in die Religionswissenschaft*, Berlin-New York
Waldenfels (1997) – Bernhard Waldenfels, *Topographie des Fremden. Studien zur Phänomenologie des Fremden I*, Frankfurt/M.
Warning (1975) – Rainer Warning (Hrsg.), *Rezeptionsästhetik. Theorie und Praxis*, München
Weber (1904) – Max Weber, „Die »Objektivität« sozialwissenschaftlicher und sozialpolitischer Erkenntnis", in: Weber (1988), 146-214
Weber (1913) – Ders., „Über einige Kategorien der verstehenden Soziologie", in: Weber (1988), 427-74
Weber (1917), – Ders., „Der Sinn der »Wertfreiheit« der soziologischen und ökonomischen Wissenschaften", in: Weber (1988), 489-540
Weber (1988) – Ders., *Gesammelte Aufsätze zur Wissenschaftslehre*, hrsg. von J. Winckelmann, Tübingen 1988[7]
Wegmann (1988) – Nikolaus Wegmann, *Diskurse der Empfindsamkeit. Zur Geschichte eines Gefühls in der Literatur des 18. Jahrhunderts*, Stuttgart
Wegmann (1992) – Ders., „Zurück zur Philologie? Diskurstheorie am Beispiel einer Geschichte der Empfindsamkeit", in: Fohrmann/Müller (1992), 349-64
Wehler (1998) – Hans-Ulrich Wehler, *Die Herausforderung der Kulturgeschichte*, München
Weiss (1998) – Bernard G. Weiss, *The Spirit of Islamic Law*, Athens-London
Weisstein (1968) – Ulrich Weisstein, *Einführung in die vergleichende Literaturwissenschaft*, Stuttgart
Weninger (1992) – Stefan Weninger, *Qanāʿa (Genügsamkeit) in der arabischen Literatur, anhand des Kitāb al-Qanāʿa wa-t-taʿaffuf von Ibn Abī d-Dunyā*, Berlin (Islamkundliche Untersuchungen 154)
White (1994) – Hayden White, *Metahistory. Die historische Einbildungskraft im 19. Jahrhundert in Europa*, Frankfurt/M. (= *Metahistory* 1973)
Wild (1986) – Stefan Wild, „Eine Kritik der islamischen Vernunft. Zu den gesammelten Schriften Mohammed Arkouns", in: *WI* 26, 163-66
Wild (1994) – Ders., „'Die schauerliche Öde des heiligen Buches'. Westliche Wertungen des koranischen Stils", in: A. Giese/J. Ch. Bürgel (Hrsg.), *Gott ist schön und Er liebt die Schönheit* (FS Annemarie Schimmel), Bern-Frankfurt/M., 429-47
Wild (1996) – Ders., „Der Friedenspreis und Annemarie Schimmel: Eine Nachlese", in: *WI* 36, 107-22
Winch (1988) – Peter Winch, *The Idea of a Social Science and its Relation to Philosophy*, London-New York (1963[2])

Winko (1996) – Simone Winko, „Diskursanalyse, Diskursgeschichte", in: Arnold/ Detering (1996), 463-78

Wirth (1977) – Eugen Wirth, „Orientalistik und Orientforschung. Aufgaben und Probleme aus der Sicht der Nachbarwissenschaften", in: Voigt (1977), lv-lxxxii

Wittgenstein (1979) – Ludwig Wittgenstein, „Remarks on Frazer's *Golden Bough*", in: C. G. Luckhardt (Hrsg.), *Wittgenstein. Sources and Perspectives*, Hassocks, 61-81

Woköck (1999) – Ursula Woköck, „Wer macht Geschichte nach Ibn Ḫaldūns Modell der Geschichtsschreibung?", in: *Der Islam* 76, 253-84

Zatti (1983) – Sergio Zatti, *L'uniforme cristiano e il multiforme pagano. Saggio sulla »Gerusalemme Liberata«*, Mailand

Ziegler (1998) – Meinrad Ziegler, „Überlegungen zur Forschungslogik eines methodologischen Nonkonformisten", in: Fröhlich/Mörth (1998a), 51-66

Zima (1978) – Peter V. Zima, *Kritik der Literatursoziologie*, Frankfurt/M.

Zima (1992) – Ders., *Komparatistik. Einführung in die vergleichende Literaturwissenschaft*, Tübingen

Zitterbarth (1996) – Walter Zitterbarth, „Reflexionen zu einer kulturalistischen Theorie der Lebenswelt", in: Hartmann/Janich (1996a), 264-84

Personenregister

Abel, Günter 100
Acham, Karl 88
Adorno, Theodor 13
Albert, Hans 66, 98
Arkoun, Mohammed 45 Anm. 23
Assmann, Aleida 71f.
Assmann, Jan 47, 71f.
Averroes, s. Ibn Rušd
Bachtin, Michail 107 Anm. 22
Becker, Carl H. 110
Berger, Peter L. 73, 75
Betti, Emilio 12
Borges, Jorge L. 31, 54 Anm. 67
Brockes, Barthold Heinrich 36-8
Bührmann, Andrea 58
Bultmann, Rudolf 17 Anm. 30
Burton, John 106
Carter, Michael 20
Cassirer, Ernst 72, 118
Cervantes, Miguel de 54 Anm. 67
Dean Mitchell 42 Anm. 6
Descartes, Réné 98
Dilthey, Wilhelm 18, 86f.
Droysen, Gustav 9f., 38
Duerr, Hans P. 2 Anm. 5, 28 Anm. 17
Dux, Günter 61
Elias, Norbert 25 Anm. 5, 76, 117
Eliot, Thomas S. 63, 81
al-Fārābī, Abū Naṣr Muḥammad b. Muḥammad 23
Finkielkraut, Alain 9f.
Foucault, Michel 29, 31, 41-5, 46 Anm. 27, 48, 50-8, 60, 62-5, 68, 70, 72, 74-7, 78 Anm. 53, 90, 92, 103-5, 111f., 120-2
Frye, Northrop 108
Gadamer, Hans-Georg 12, 15, 17, 31f., 53, 66, 81, 95 Anm. 1, 96, 98, 101-3, 105 Anm. 17, 119
Gardet, Louis 17 Anm. 29, 107
al-Ġazālī, Abū Ḥāmid Muḥammad b. Muḥammad 23
Geertz, Clifford 4f., 42, 56f., 68, 93f., 103f., 108, 113, 119
Genette, Gérard 46

Ghazel, s. al-Ġazālī
Goodenough, Ward H. 108
Greenblatt, Stephen 119
Grotius, Hugo 23
Grunebaum, Gustav E. von 102
Gurjewitsch, Aaron J. 17
Habermas, Jürgen 8, 25, 68 Anm. 130
Hegel, Georg W. F. 10, 14
Heidegger, Martin 45 Anm. 25
Herder, Johann Gottfried 8 Anm. 9
Hintze, Otto 36
Hirsch, E. D. 95 Anm. 1
Hodgson, Marshall G. S. 11 Anm. 26
Huizinga, Johan 80, 114
Huntington, Samuel 9 Anm. 14
Husserl, Edmund 28 Anm. 19, 72, 85
Ibn Ḫaldūn, Abū Zayd ʿAbd ar-Raḥmān b. Muḥammad 21-3
Ibn Rušd, Abū l-Walīd Muḥammad b. Aḥmad (Averroes) 22
Ibn Taymīya, Taqīy ad-Dīn Abū l-ʿAbbās Aḥmad b. ʿAbd al-Ḥalīm 23
Ketelsen, Uwe 38
Kraemer, Jörg 38
Kuhn, Thomas 99
Leach, Edmund 92
Lévi-Strauss, Claude 91
Link, Jürgen 48 Anm. 38, 49 Anm. 41
Luckmann, Thomas 73, 75
Luhmann, Niklas 12 Anm. 30, 24, 60 Anm. 90, 80
Luther, Martin 23
Makdisi, George 3 Anm. 10
Malinowksi, Bronislaw 107
Mannheim, Karl 73
Marquard, Odo 110 Anm. 5, 125
Marzolph, Ulrich 40
Matejovski, Dirk 47
al-Māwardī, Abū l-Ḥasan ʿAlī b. Muḥammad 23
Miquel, André 34 Anm. 12
Mittelstraß, Jürgen 102 Anm. 1
Motzki, Harald 67
Muḥammad (Prophet) 18 Anm. 34

Nagel, Tilman 16, 112
Neusner, Jacob 105, 107
Nietzsche, Friedrich 68f., 116, 120
Nöldeke, Theodor 19
Oevermann, Ulrich 88 Anm. 11
Philipp, Thomas 116 Anm. 11
Putnam, Hilary 122
Radtke, Bernd 121
Ranke, Leopold von 11, 69 Anm. 132
Ricœur, Paul 12 Anm. 30, 56, 58, 89 Anm. 15, 90-3, 95 Anm. 1, 101, 103, 106, 119
Rorty, Richard 41
Rousseau, Jean-Jacques 79
Rudolph, Ekkehard 116 Anm. 11
Rüsen, Jörn 7-12, 24-30, 32f., 35, 48, 59, 61, 74 Anm. 27, 93-5, 104, 117, 125
Rushdie, Salman 3
Said, Edward 45 Anm. 23, 68
Savonarola, Girolamo 23
Scheler, Max 73
Schiller, Friedrich 8 Anm. 9, 9

Schimmel, Annemarie 3
Schlegel, Friedrich 31
Schleiermacher, Friedrich 18
Schmidt, Siegfried J. 46
Schrott, Raoul 34f., 110
Schulze, Reinhard 1, 3 Anm. 10
Schwemmer, Oswald 40, 68, 107
Simmel, Georg 109 Anm. 1
Stauth, Georg 18
Thomas von Aquin 23
Tibi, Bassam 14, 22f.
Trabant, Jürgen 46, 114
Valéry, Paul 109
Vattimo, Gianni 119 Anm. 28
Veyne, Paul 43, 76
Vico, Giambattista 23, 88, 118, 120
Waardenburg, Jacques 42, 103
Weber, Max 13, 25 Anm. 5, 26 Anm. 9, 27 Anm. 13, 28 Anm. 19, 89
Wild, Stefan 82
Wittgenstein, Ludwig 85
Yorck, Graf 31